国家自然科学基金资助成果

基于属性值的
概率语言多属性决策方法

廖虎昌 吴性丽 徐泽水 著

科学出版社
北京

内 容 简 介

作为一种复杂语言评估表达模型，概率语言术语集通过赋予各语言项不同的权重，可深入地反映评估中的模糊、犹豫、偏好、不完整等不确定情形，进而能有效地刻画专家个体或群体给出的复杂语言评估信息。与其他语言评估表达模型相比，概率语言术语集更具一般性，能刻画多数语言评估表达模型所不能刻画的评估信息，从而使得概率语言术语集在实际评估及决策过程中可以得到广泛应用。基于概率语言术语集的决策理论与方法受到了国内外学者的广泛关注，并已成功应用于决策分析、质量控制、绩效评估、工程管理、供应链管理、服务管理、医疗管理等诸多领域，本书主要介绍近年来国内外学者，特别是作者所在研究团队在概率语言术语集的基本运算、信息测度、集成算法以及基于概率语言评估信息的复杂决策模型和应用等方面的最新研究成果。

本书可以作为高等院校运筹学、管理科学、信息科学、模糊数学、系统工程、工业工程等专业的高年级本科生和研究生教材，也可以作为工程技术人员、管理干部、教师以及相关学者的参考用书。

图书在版编目（CIP）数据

基于属性值的概率语言多属性决策方法 / 廖虎昌，吴性丽，徐泽水著. —北京：科学出版社，2022.8

ISBN 978-7-03-071726-9

Ⅰ. ①基… Ⅱ. ①廖… ②吴… ③徐… Ⅲ. ①决策方法－研究 Ⅳ. ①C934

中国版本图书馆 CIP 数据核字（2022）第 034676 号

责任编辑：陶 璇 / 责任校对：贾娜娜
责任印制：张 伟 / 封面设计：无极书装

科学出版社 出版
北京东黄城根北街 16 号
邮政编码：100717
http://www.sciencep.com

北京建宏印刷有限公司 印刷

科学出版社发行 各地新华书店经销

*

2022 年 8 月第 一 版 开本：720×1000 1/16
2023 年 1 月第二次印刷 印张：12
字数：240 000

定价：126.00 元

（如有印装质量问题，我社负责调换）

前　言

决策问题往往包含多个相互冲突且不能相互替代的准则、属性或目标等（本书将它们统称为准则）。只考虑单一准则的单目标决策方法通常对现有问题进行过度简化，可能导致不合理的决策。多准则决策（multiple criteria decision making，MCDM）致力于同时考虑与问题相关的所有因素，寻求有效的工具和方法来解决带有多个准则的复杂决策问题。1896 年，Pareto 最优解概念的提出标志着多准则决策的诞生。20 世纪 60 年代，查恩斯（Charnes）和库伯（Cooper）对目标规划的研究，以及罗伊（Roy）提出的 ELECTRE（elimination et choix traduisant laréalité）方法使多准则决策逐渐成为规范化的方法并被引入决策分析领域。经过 60 余年的发展，多准则决策已成为运筹学领域的一个热门研究方向，其主要由多目标决策（multiple objective decision making，MODM）和多属性决策（multiple attribute decision making，MADM）两部分组成。多目标决策主要解决具有明确的目标但有无限备择方案的决策问题，可以看作是多准则决策的连续形式。多属性决策主要是基于多个属性对有限个预先给定的方案进行排序或分类。本书主要研究有限个备择方案在不同属性下的评价信息为概率语言信息的多属性决策方法及其应用。也就是说，除非特殊说明，本书下文中提到的“多准则决策”实际上特指“多属性决策”。

在实际决策问题中，许多属性本身具有定性性质，其取值无法定量刻画，如汽车的舒适性、应聘者的技术能力、科研项目的创新性等。此外，在某些情况下，定量属性的取值无法精确地获取或其测量成本过高，如股票风险系数、产品次品率等。因此，多属性决策问题中通常包含不精确、不完整、模糊或不确定的信息。决策是人类的一种固有能力，不一定需要完全理性的指导，有时也不需要可行替代方案的精确或完整的测量信息；也就是说，一定程度内的非精确性是可以被决策过程所容忍的。因此，不确定环境下的多属性决策研究对解决实际问题具有重要意义。定性决策过程的重要特征就是专家根据个人知识或经验主观地评估一系列备选方案在指定准则下的优劣表现。从这个意义上来说，选择专家评估信息的表达方式，准确表达专家的真实意见至关重要。

语言是最贴近人类思维认知与习惯的表达方式。因此，专家往往倾向于用语言术语来表达评估意见，如“高”的质量、“有一点儿差”的技术能力和“十分低”的创新性。经典决策方法使用具体数值，如 1、3、5 等来量化定性属性的取值，这需要人们在思维上进行一定转换，例如，将“差”的质量对应的数值定为“1”，将“高”的质量对应的数值定为“3”。该转换过程增加了专家评估的难度；同时，在很多情况下，精确的数值难以刻画专家的复杂评估意见，如“40%的程度上产品质量为高，60%的程度上产品质量为非常高”。基于语言的决策方法允许以更个性化的方式对人类的感知和偏好进行表征，并且可以借助计算机模拟人类的决策过程、开发决策支持系统，以帮助决策者找到解决方案。模糊语言方法是一种模糊逻辑，它并非对客观事物进行模糊化处理，而是对研究对象的模糊性进行精确建模和近似推理。它可以看作是人类尝试在不精确、不确定、不完整甚至相互冲突的信息环境下进行分析、计算和推理的工具。用模糊语言方法处理决策信息增加了决策的可行性、灵活性和可信度。

概率语言术语集是具备一般性的模糊语言方法，它不仅能刻画专家个体给出的带犹豫的或带偏好的复杂语言评估信息，也能全面地表达专家群体中不确定的或不一致的综合评估意见。它能表达许多模糊语言表达模型，如 2-元语义表达模型、比例型 2-元语义表达模型、虚拟语言表达模型、犹豫模糊语言术语集、语言分布式评估等所不能表征的评估信息。概率语言术语集自提出以来受到了研究人员的广泛关注。学者在该方向上取得了一系列原创性研究成果。本书主要介绍近年来国内外学者，特别是作者所在研究团队在概率语言术语集的基本运算、信息测度、集成算法以及属性值为概率语言评估信息的复杂决策模型和应用等方面的最新研究成果。本书介绍的多属性决策方法主要基于多属性价值理论。全书共分为七章。

第 1 章主要介绍语言评估方法及概率语言术语集的基本理论。首先，介绍了模糊语言方法并对比分析了常用的 12 种语言评估表达模型，梳理了语言信息在多属性决策中的运算框架，包括基于扩展原理的运算框架、基于序关系的运算框架和基于特征值的运算框架。其次，介绍了概率语言术语集的相关概念，包括概率语言信息的采集与转换和概率语言术语集的标准化方法，分析了概率语言术语集的几种运算法则及对比方法。最后，为深入探讨概率语言术语集在多属性决策中的应用，介绍了多属性决策的基本特征以及多属性价值理论，分析了概率语言环境下多属性决策的研究现状。

第 2 章主要介绍概率语言信息的测度方法，包括概率语言信息的距离测度、相似性测度、关联测度及熵测度。首先，介绍了几种概率语言距离测度法，分析了各方法的优缺点，并在此基础上提出了一些混合概率语言测度法。其次，介绍了两种概率语言相似性测度法，并提出了基于概率调整的概率语言相似性测度法。再次，研究了基于皮尔逊相关系数的概率语言关联测度法。最后，研究了概率语言熵测度，介绍了一种基于犹豫模糊熵测度的概率语言犹豫熵测度和概率语言模糊熵测度，分析了其不足之处，并提出了基于香农熵的概率语言熵测度。

第 3 章主要介绍基于集成算子的概率语言多属性决策方法。首先，介绍了几种基于线性关系的概率语言集成算子：为有效地处理非均匀分布的语言术语集，基于语言标度函数，提出了概率语言数的一般化加权平均算子以及一般化加权几何平均算子。接着，梳理了基于非线性关系的概率语言集成算子，定义了概率语言幂均值算子以及概率语言幂几何算子，提出了一种基于概率语言幂均值算子的多属性群决策方法，并通过对共享单车创新设计方案选择问题的分析，验证了该方法的实用性。

第 4 章介绍了两种基于理想解的概率语言 TOPSIS（technique for order preference by similarity to an ideal solution）法和概率语言 VIKOR（vlsekriterijumska optimizacija i kompromisno resenje）法。首先，在分析了 TOPSIS 法和 VIKOR 法的理论基础和研究进展后，介绍了三种概率语言环境下的 TOPSIS 法：PL[①]-TOPSIS Ⅰ、PL-TOPSIS Ⅱ 和 PL-TOPSIS Ⅲ，通过企业项目方案选择的案例对这三种算法进行了对比分析。然后，介绍了考虑目标值的概率语言 VIKOR 法（PL-VIKOR Ⅰ）和考虑方案属性不一致性的概率语言 VIKOR 法（PL-VIKOR Ⅱ），并通过民营医院评估和不同类型科技人才评价的案例验证了这两种方法的实用性。

第 5 章主要介绍概率语言环境下的 MULTIMOORA（multi-objective optimization on the basis of a ratio analysis plus the full multiplicative form）法——PL- MULTIMOORA。首先，介绍概率语言决策信息的采集与标准化过程。其次，提出概率语言信息的三种集成模型，包括概率语言比率系统、概率语言参考点法和概率语言全乘模型，并构建基于拓展的 Borda 法则的子排序聚合法。在此基础上，给出 PL-MULTIMOORA 方法的基本框架，并梳理其与传统 MULTIMOORA 方法相比的改进之处。最后，通过风险投资选择案例验证 PL-MULTIMOORA 方法的实用性。

第 6 章主要介绍基于概率语言信息的双标准化多集成（double normalization-based multiple aggregation，DNMA）方法。概率语言 DNMA 法可同时处理决策信息表示为数值和概率语言数的混合决策问题，包含两种标准化技术、三种效用集成模型和一种效用及排序集成方法。首先，该章分析了 DNMA 法的基本框架。然后，通过中小钢铁企业绿色生产评估和浅埋隧道挖掘方案选择的案例验证了 DNMA 方法的实用性，并分别从实证和理论角度将概率语言 DNMA 法与 TOPSIS 法、VIKOR 法、MULTIMOORA 法进行了对比分析，演示了概率语言 DNMA 法具有适用范围广、可靠性高、灵活性大的优势。

第7章介绍了概率语言环境下的属性权重确定方法。首先，介绍了两种基于多

① PL 即 probabilistic language，概率语言。

目标优化的概率语言客观赋权法——概率语言多目标优化法Ⅰ和概率语言多目标优化法Ⅲ。这两种赋权法在概率语言数的运算上存在一些不足。为此，采用基于语言标度函数的概率语言距离测度对上述方法进行改进，提出了基于语言标度函数和概率语言距离测度的概率语言多目标优化法Ⅱ和概率语言多目标优化法Ⅳ，通过水安全评估以及企业跨界发展战略选择问题验证了所提方法的实用性。接着，分别介绍了概率语言主观赋权法——概率语言乘性层次分析（PL-multiplicative analytic hierarchy process，PL -MAHP）法和基于准则关联度的客观赋权法。最后，进一步讨论了概率语言组合赋权法，并通过供应商选择的案例验证了概率语言组合赋权法的可行性。

本书可以作为高等院校运筹学、管理科学、信息科学、模糊数学、系统工程、工业工程等专业的高年级本科生和研究生教材，也可以作为工程技术人员、管理干部、教师以及相关学者的参考用书。在本书撰写过程中，参考了国内外许多同行的著作和文献，并引用了部分资料，特向这些作者表示感谢！因为时间原因，部分文献可能未全面引用；此外，限于作者的学识和水平，书中不足之处在所难免，恳请各位读者朋友赐教和指正。

本书的有关研究得到国家自然科学基金面上项目（项目编号：71771156、71971145、72171158）、四川大学一流学科建设经费（20827044B3011）和四川大学哲学社会科学“青年杰出人才培育项目”（项目编号：SKSYL201820）等的资助。在此特向国家自然科学基金委员会和四川大学表示感谢！

廖虎昌　吴性丽　徐泽水

2022 年 5 月

目　　录

第1章　概率语言术语集

决策存在于现实生活的方方面面，如国家资源分配、政府科技评价、企业风险投资、个人绩效考核等均离不开决策过程。鉴于客观事物的复杂性，衡量方案优劣时往往需要综合考虑多个相互制约或无法相互替代的属性。本书所讨论的决策问题主要是多属性决策问题，它是指根据多个相互冲突且不可公度的属性对多个备选方案进行评估，并采用特定决策方法对备选方案进行排序或择优的问题。在实际决策过程中，定性属性往往必不可少。方案在定性属性下的优劣程度难以直接用精确数值来衡量，只能通过专家主观地做出评价。模糊理论被引入多属性决策问题中用来处理带有主观性和不确定性的决策信息。此外，由于单个专家在知识和经验上的局限性，为确保决策信息的可靠性，通常需要多位专家参与评价。

语言是最贴近人类思维与认知的表达方式。在评估中，专家倾向于用语言来表达意见，如“快”的速度、“高”的价格、“低”的温度和“好”的疗效等。与数值相比，用语言进行评价不仅降低了评估难度且更能反映专家的真实意见。为规范化语言评价在决策中的应用，Zadeh[1-3]在1975年提出了语言变量的概念和模糊语言方法。语言变量的取值是自然语言中的词或句子，而非具体数字，它由语言描述算子及其语义构成，如外观的取值可描述为{不时尚、不太时尚、时尚、较时尚、十分时尚}。模糊语言方法用语言术语来表达评估信息，增强了评估的可行性、灵活性和可信度，同时，将决策分析推进到了一个新的研究领域——语言决策分析[4]。

然而，由于决策问题的复杂性和人类认知的模糊性，基于单个语言术语评价的传统模糊语言方法在实际应用中具有一定局限性。一方面，用单个语言术语难以全面地表达专家个体的评估意见，例如，在评价应聘者的管理能力时，专家可能会给出复杂的表达形式，如“中等偏下水平”、“介于中等与差之间”或“30%的可能性为中等，70%的可能性为差”等。另一方面，决策小组内部的专家通常持有不同的意见并且难以达成共识；此时，单值语言术语的表达方式难以适用于群体决策。个体和群体的评估信息往往呈现为复杂语言形式。基于简单语言术语评估的多属性决策理论已无法满足解决复杂语言多属性决策问题的需要。

准确刻画和表达评估信息是解决复杂不确定决策问题的基础。传统模糊语言方法[1-3]将评估值描述为单一语言术语，如“高”的稳定性、“差”的质量等，是最简单的语言评估表达工具。为反映语言表达的多样化和个性化，近年来，学者纷纷提出了模糊语言方法的扩展形式。考虑到语言术语的计算结果通常与定义的语言术语集不匹配，Herrera 和 Martínez[5]提出了二元语义表达模型，通过引入精确数刻画计算得出的值与最接近的语言术语间的差额，避免了传统模糊语言方法在计算中的信息丢失。进一步地，Wang 和 Hao[6]提出了比例二元语义表达模型，以表征非均衡分布的语言术语集。受直觉模糊集理论的启发，王坚强和李婧婧[7]提出了直觉语言集的概念，指出专家在进行评价时可能会对某个语言术语同时做出正面和反面的描述，如“该产品质量属于‘好’的隶属度是 0.6，不属于‘好’的隶属度是 0.4”。随后，Liu 和 Jin[8]将直觉语言集拓展为区间形式，如“该科研项目的创新性属于‘一般与较大之间’的隶属度为 0.8，不属于‘一般与较大之间’的隶属度为 0.2”。然而，这种带有隶属度和非隶属度的表达方式运算量较大，因此其未得到很好的应用。由于主观事物的不确定性，专家经常在多个语言术语间犹豫不决，例如“介于好与不好之间”“至少好”“优于中等”等。为此，Rodríguez 等[9]提出了犹豫模糊语言术语集的概念用于表达专家的犹豫信息。为进一步描述专家个体的不确定信息以及专家组中的不一致信息，Pang 等[10]提出了概率语言术语集，通过引入概率来表达不同语言术语的偏好度、置信度、比例、概率或权重等含义。例如，“五位专家认为质量是好，两位专家认为质量是非常好，三位专家认为质量介于好与非常好之间”，此时，可根据具有不同语言评价信息的专家的比例为语言术语“好”和“非常好”分配不同的权重。此外，专家个体在做评估时也会对不同的语言术语有不同的偏好，如“某产品质量好的可能性为 80%，差的可能性为 20%”。概率语言术语集是一个具备一般性的语言评估表达模型，能有效地刻画个体或群体给出的复杂语言评估信息。

本章主要阐述概率语言术语集的来源、定义、运算法则及其在多属性决策中的应用。首先，介绍语言评估方法的理论基础、12 种代表性语言表达模型以及语言信息的运算框架；其次，介绍概率语言数的基本概念、运算法则和比较方法，分析概率语言术语集与其他语言评估表达模型相比的优势；最后，引入多属性决策和价值理论，并梳理概率语言多属性决策方法的研究进展。

1.1 语言评估方法概述

本节对语言评估方法的表达模型和运算框架进行概述。模糊语言方法是对语言评估信息进行表征的基本方法。首先，本节介绍模糊语言方法的基本原理，包括语言评估信息的五元组表达和基于语言标度函数的语言术语的语义刻画。其次，介绍 12 种常用的语言评估表达模型，将其分为 4 种类型，并对不同类型的语言评估表达模型进行对比分析，概括各模型的主要特征。最后，将语言信息的运算框架分为 3 类，分别是基于扩展原理、序关系和特征值的运算框架，并对其进行对比分析。基于特征值的语言信息运算框架是本书作者在语言标度函数的基础上提出来的，它可以对均衡和非均衡语义形式的语言术语集进行灵活运算。

1.1.1　模糊语言方法

当专家用语言自由地表达评估意见时，评价信息的真实含义可能令人难以理解，例如，专家可能会评估某位候选人“基本上是合格的”或“他成功的机会有点弱”。事实上，“基本合格”“有点弱”这样的表达式在没有参考对象进行比较的情况下是很难被度量的。为此，Zadeh[1]提出了模糊语言方法，其核心思想是利用语言变量来管理和刻画语言描述算子内在的模糊性和不确定性，通过模拟人类认知过程来表达定性信息。其中，语言变量的可能取值是一系列可相互比较的语言术语。

定义 1.1[1]　语言变量可用一个五元组 $(X,S(X),U,G,M)$ 来表征。其中，X 表示语言变量的名称；$S(X)$（可简写为 S）表示刻画 X 的语言术语集，由 X 的可能语言取值组成；U 表示一个语言变量 X 对应的基变量 x 的论域，其中，x 表示变量 X 的实际数值；G 表示生成 $S(X)$中语言术语的语法规则；M 表示生成 $S(X)$中的每个语言术语 s 的含义的一个语义规则，其中，$M(s)$ 表示 U 的一个模糊子集。

集合 S 是论域 U 的一个模糊划分，也可表示一个语言变量不确定性的粒度。语言变量的语法规则和语义规则应根据实际情况而定。当使用语言变量表示自然语言信息时，每个对象只使用一个由语法规则创建的具有隶属函数的语言值。例如，当判断人的年龄时，人们只会用“年轻”“中年”“年老”当中的一个术语来表示。下面举例说明语言变量五元组的具体含义。

例 1.1　令某产品的“价格”为一个语言变量，记为 X；其对应的基变量记为 x，表示该产品的具体价格，用定量数字表示。假设该产品价格的取值范围为 50~100 元，即基变量 x 的论域为 $U=[50,100]$。语言变量“价格”的语言术语集为 $S(X)$={s_0=极低，s_1=低，s_2=有点低，s_3=一般，s_4=有点高，s_5=高，s_6=极高}。该语言术语集由 7 个语言术语组成，表示语言变量“价格”的可能取值，这些取值也称为语言标度或语言标签。假设 S 中每个语言术语用三角模糊数表示，如语言术语“一般”对应的三角模糊数为 $G(\text{一般})=(0.33,0.5,0.67)$。图 1.1 展示了该语言变量的语法规则。假设这些语言术语的语义为均衡分布，以语言术语“一般”为例，“$M(\text{一般})$”表示将基变量 x 的取值分配给语言术语“一般”的一种规则，即 $M(\text{一般})=\{<x,\mu_{\text{一般}}(x)>|x\in[60,80]\}$，其中，

$$\mu_{一般}(x)=\begin{cases}1-\dfrac{2|x-70|}{80-60}, & x\in[60,80]\\ 0, & 其他\end{cases}$$

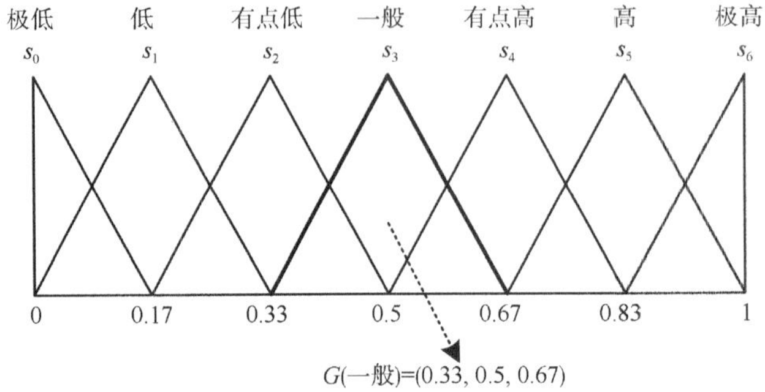

图 1.1 下标对称且均衡分布的七值语言术语集的语法

对于给定的价格 75 元，其属于“一般”的隶属度为 0.5，62 元属于“一般”的隶属度为 0.2，而 60 元属于“一般”的隶属度为 0。图 1.2 展示了下标对称且均衡分布下语言变量“价格”的语义。

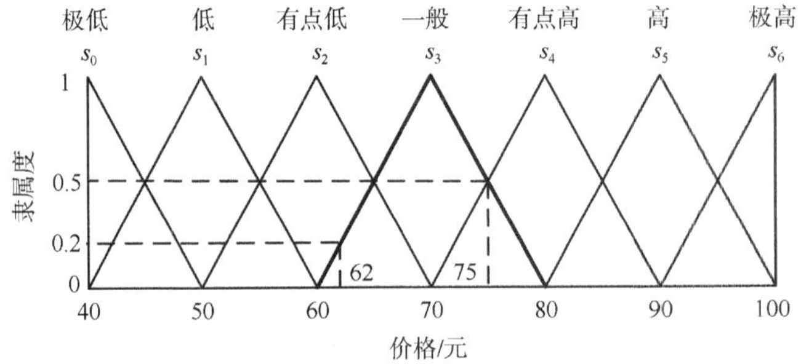

图 1.2 下标对称且均衡分布下语言变量“价格”的语义

在利用语法规则的映射来识别非线性隶属函数之间的关系时，具体的映射关系是难以确定的。为了直观地确定语言值的隶属函数并对语言值进行比较，Herrera 等[11]提出了另一种语言描述方法，即多粒度语言术语集，简称为语言术语集。常用的语言术语集 S 可定义为[11]

$$S=\{s_0,s_1,\cdots,s_g\} \tag{1.1}$$

其中，s_α（$\alpha\in\{0,1,\cdots,g\}$）表示 S 中的语言术语。g 为一个正整数，其取值不宜过高或过低。过低会使对语言变量值的划分过于模糊，过高会使相邻语言术语之间的语义难以区分，从而增加评估难度。$g+1$ 表示 S 的粒度。一般情况下，粒度的取值是 5~9 中的整数。图 1.1 展示了粒度为 7 的情形。

现实问题中，语言变量的取值一般具有对称性，如外观的美与丑、食物味道的好与坏、身高的高与矮等。为了便于计算，Xu[12]定义了下标对称的语言术语集为

$$S=\{s_{-\tau},\cdots,s_0,\cdots,s_\tau\} \tag{1.2}$$

其中，中间项 s_0 表示语言值为“无差别”，正面和反面值在 s_0 两边对称分布，$s_{-\tau}$ 和 s_τ 分别表示语言变量取值的下界和上界，$2\tau+1$ 为 S 的粒度。

上述语言术语集是离散形式的，即各语言值下标取值为整数。然而，在语言值的运算过程中，计算得出的语言术语的下标可能会出现含小数点的结果，该结果无法对应于离散型语言术语集中的任何一项。为了有效地表示在语言运算过程中出现的语言值，Xu[13] 提出了虚拟语言术语集，表示为

$$\overline{S}=\{s_q \mid q\in[0,g]\} \text{ 或 } \overline{S}=\{s_q \mid q\in[-\tau,\tau]\} \tag{1.3}$$

它们分别为上述两种离散型语言术语集的连续形式。需要指出的是，虚拟语言术语集不仅可用来表示运算过程中出现的语言值，也可直接用于刻画相对精确的语言评估值[14]。例如，设“质量”的语言术语集为 $S(Y)$={s_0=极低，s_1=低，s_2=有点低，s_3=一般，s_4=有点高，s_5=高，s_6=极高}。某专家认为“某产品质量 70%的比例贴近于高，30%的比例贴近于极高”，则该评估信息可用连续语言术语 $s_{5.3}$ 表示。

在决策问题中，同一个语言术语可能会因为专家的评判标准不同而具有不同的语义。此外，人们的思维认知通常具有非线性特征。前景理论指出，人们面对得失时的风险偏好是不一致的。因此，语言术语集的语义可能是非均衡或非对称分布的。Wang 等[15]提出了语言标度函数的概念，它是确定非均衡分布的语言术语集语义的有效工具。随后，Liao 等[16]、Wu 和 Liao[17]对语言标度函数的性质进行了详细分析，并给出了各语言标度函数的适用范围。

定义 1.2[16,17]　令 s_α 为语言术语集 S 中的一个语言术语，θ_α 为 s_α 的特征值，使得 θ_α 属于 s_α 的隶属度为 1。语言标度函数可表示为

$$f:\ s_\alpha\to\theta_\alpha \tag{1.4}$$

其中，$s_\alpha\in\{s_{-\tau},\cdots,s_\tau\}$ 或 $\{s_0,\cdots,s_g\}$，$\theta_\alpha\in[0,1]$，f 为一个严格单调递增的函数。

三种常用的语言标度函数分别用来确定均衡分布的语言术语集、对称且相邻语言术语的语义差随中间值向边界移动而增大的语言术语集、对称且相邻语言术语的语义差随中间值向边界移动而减小的语言术语集的语义，如公式（1.5）~公式（1.7）所示。

（1）当语言术语集的语义均衡分布时，语言标度函数为

$$\begin{cases} f_1(s_\alpha)=\alpha/g, & s_\alpha\in[s_0,s_g]\text{时} \\ f_1(s_\alpha)=(\alpha+\tau)/2\tau, & s_\alpha\in[s_{-\tau},s_\tau]\text{时} \end{cases} \tag{1.5}$$

令一个对称的七值语言术语集为 S={s_{-3}=非常差，s_{-2}=差，s_{-1}=有点差，s_0=中

等，s_1=有点好，s_2=好，s_3=非常好}。图 1.3 呈现了 S 的语义均衡分布的情况。

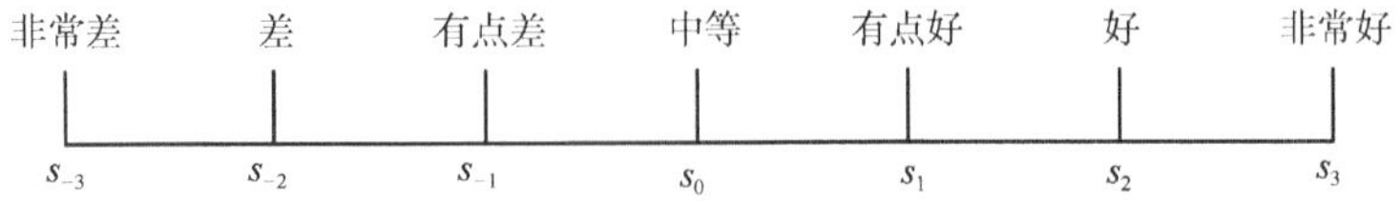

图 1.3　均衡分布的语言术语集

(2)当语言术语集对称且相邻语言术语的语义差随中间值向边界移动而增大时，语言标度函数为

$$\begin{cases} f_2(s_\alpha)=\dfrac{\psi^{g/2}-\psi^{g/2-\alpha}}{2\psi^{g/2}-2}\times 1_{\{\alpha\in[0,g/2]\}}+\dfrac{\psi^{g/2}+\psi^{\alpha-g/2}-2}{2\psi^{g/2}-2}\times 1_{\{\alpha\in(g/2,g]\}}, & s_\alpha\in[s_0,s_g]\text{时} \\ f_2(s_\alpha)=\dfrac{\psi^{\tau}-\psi^{-\alpha}}{2\psi^{\tau}-2}\times 1_{\{\alpha\in[-\tau,0]\}}+\dfrac{\psi^{\tau}+\psi^{\alpha}-2}{2\psi^{\tau}-2}\times 1_{\{\alpha\in(0,\tau]\}}, & s_\alpha\in[s_{-\tau},s_\tau]\text{时} \end{cases} \tag{1.6}$$

其中，$1_{\{\alpha\in[0,g/2]\}}$表示一个指示函数，当$\alpha\in[0,g/2]$时，$1_{\{\alpha\in[0,g/2]\}}=1$；当$\alpha\notin[0,g/2]$时，$1_{\{\alpha\in[0,g/2]\}}=0$。指示函数$1_{\{\alpha\in(g/2,g]\}}$、$1_{\{\alpha\in[-\tau,0]\}}$和$1_{\{\alpha\in(0,\tau]\}}$具有相似的含义。$\psi$表示一个大于 1 的敏感性系数，$\psi$越大，相邻语言术语的特征值差异越大。$\psi$的取值应根据实际情况而定。图 1.4 呈现了此情况下的语言术语集语义的分布情况。

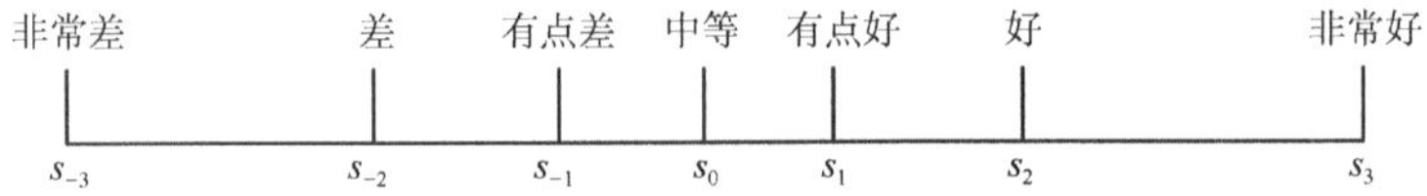

图 1.4　非均衡分布的语言术语集

(3)当语言术语集对称且相邻语言术语的语义差随中间值向边界移动而减小时，语言标度函数为

$$\begin{cases} f_3(s_\alpha)=\dfrac{(g/2)^{\gamma}-(g/2-\alpha)^{\gamma}}{2(g/2)^{\gamma}}\times 1_{\{\alpha\in[0,g/2]\}}+\dfrac{(g/2)^{\lambda}+(\alpha-g/2)^{\lambda}}{2(g/2)^{\lambda}}\times 1_{\{\alpha\in(g/2,g]\}}, & s_\alpha\in[s_0,s_g]\text{时} \\ f_3(s_\alpha)=\dfrac{\tau^{\gamma}-(-\alpha)^{\gamma}}{2\tau^{\gamma}}\times 1_{\{\alpha\in[0,\tau]\}}+\dfrac{\tau^{\lambda}+(\alpha)^{\lambda}}{2\tau^{\lambda}}\times 1_{\{\alpha\in(\tau,2\tau]\}}, & s_\alpha\in[s_{-\tau},s_\tau]\text{时} \end{cases} \tag{1.7}$$

其中，γ表示专家对待“差”的风险态度；λ表示专家对待“好”的风险态度。γ和λ的取值越小，表示专家的风险偏好度越高。γ和λ可取不同的值。若$\gamma=\lambda=1$，则公式（1.7）表示的语言标度函数与公式（1.5）表示的一致。图 1.5 呈现了$\gamma<\lambda$时语言术语集语义的分布情况。

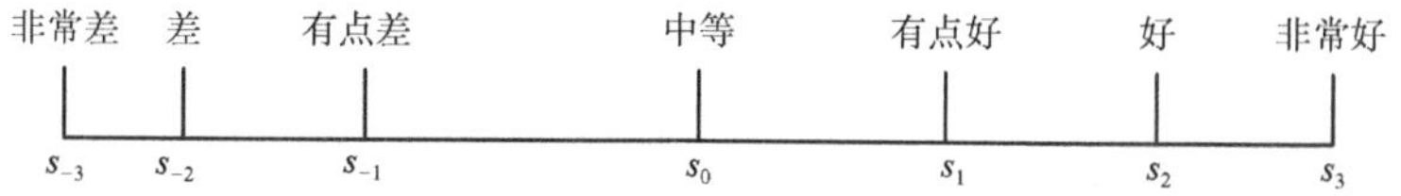

图 1.5　非均衡分布的语言术语集（$\gamma < \lambda$）

有了语言标度函数，就可以根据语言术语的特征值大小来确定其对应的三角模糊数。具体方法如下。

（1）若 $s_\alpha \in (s_0, s_g)$ 或 $s_\alpha \in (s_{-\tau}, s_\tau)$，则 $G(s_\alpha) = (f(s_{\alpha-1}), f(s_\alpha), f(s_{\alpha+1}))$。

（2）若 $s_\alpha = s_0$（当 $S = \{s_0, s_1, \cdots, s_g\}$ 时）或 $s_{-\tau}$（当 $S = \{s_{-\tau}, \cdots, s_\tau\}$ 时），则 $G(s_\alpha) = (0, 0, f(s_{\alpha+1}))$。

（3）若 $s_\alpha = s_g$ 或 s_τ，则 $G(s_\alpha) = (f(s_{\alpha-1}), 1, 1)$。

1.1.2　代表性语言表达模型

在定性决策问题中，为便于比较和运算，一般假定专家基于给定的语言术语集进行评估。由于客观事物的复杂性、专家知识和经验的差异性，以及专家思维认知与表达习惯的个性化特征，专家往往给出形式多样的语言评估信息。如何规范且准确地刻画和表达专家给出的语言评估信息是进行决策分析的前提。迄今为止，学者已提出了多种语言表达模型以刻画不同类别的语言评估信息。Wang 等[18]将复杂语言评估表达模型分为自然语言表达模型和人工语言表达模型两种类型。自然语言表达模型是只包含语言信息的评估表达模型，而人工语言表达模型则是在自然语言的基础上，根据需要添加一些附加信息（可采用数值形式）来尽可能精确地表达个体意见。

根据各语言评估表达模型刻画的信息类型，本书将已有的语言表达模型分为以下 4 种类别。

（1）基于单值语言术语的表达模型，主要包括传统模糊语言法（fuzzy linguistic approach，FLA）[1-3]、二元语义表达模型（2-tuple linguistic representation model，2TLRM）[5]、虚拟语言术语模型（virtual linguistic term model，VLTM）[13]、比例二元语义表达模型（proportional 2-tuple linguistic representation model，P2TLRM）[6]等。这是一类基础的语言表达模型，主要用单个的语言术语来刻画评估信息。

（2）含多个语言术语的表达模型，主要包括不确定语言变量（uncertain linguistic variable，ULV）[19]、犹豫模糊语言术语集（hesitant fuzzy linguistic term set，HFLTS）[9]和连续区间值语言术语集（continuous interval-valued linguistic term set，CIVLTS）[14]。与基于单值语言术语的表达模型相比，含多个语言术语的表达模型能够表达专家在多个语言术语之间犹豫不决的信息。

（3）含隶属度和非隶属度的语言表达模型，主要包括直觉语言集（intuitionistic linguistic set，ILS）[7]和直觉不确定语言集（intuitionistic uncertain linguistic set，IULS）[8]。基于直觉模糊集的思想，这类模型能刻画语言术语的隶属度和非隶属度。

（4）含有偏好信息的多值语言术语表达模型，主要包括语言分布式评估（linguistic distribution assessment，LDA）模型[20]、语言犹豫模糊集（linguistic hesitant fuzzy set，LHFS）[21]和概率语言术语集（probabilistic linguistic term set，PLTS）[10]。该类模型是第二类模型的进一步深化，其主要特征是将每个语言术语赋予一个标量来进一步表示该语言术语的置信度、可能度、比例、概率或权重等。

下面分别介绍 12 种代表性的语言表达模型。

（1）传统模糊语言法

令 $x_i \in X$（$i=1,2,\cdots,m$）为给定集合中的一个元素，S 为语言术语集。一个模糊语言数的数学形式可表示为[1-3]

$$\mathrm{FLA}=\{<x_i,s_\alpha^i>\mid x_i\in X\} \tag{1.8}$$

其中，s_α^i 表示 S 中的一个语言术语。例如，令一个语言术语集为 $S=\{s_0=$ 不重要，$s_1=$ 一般，$s_2=$ 有点重要，$s_3=$ 很重要，$s_4=$ 极其重要$\}$，假设专家对三个指标 a_1、a_2 和 a_3 重要性的评价分别为一般、很重要和不重要。此评估信息用模糊语言数可表示为 $\mathrm{FLA}=\{<a_1,s_1>,<a_2,s_3>,<a_3,s_0>\}$。

（2）二元语义表达模型

二元语义表达模型是在经典的模糊语言法的基础上引入一个属于 $[-0.5,0.5)$ 的精确数值来表示在运算中出现的连续语言值，其数学形式为[5]

$$\mathrm{2TLR}=(s_\alpha^i,t_i),\ s_\alpha^i\in S,t_i\in[-0.5,0.5) \tag{1.9}$$

二元语义表达模型在数学形式上等价于虚拟语言术语集[13]。它们均可看作是传统模糊语言数的一般形式。当 $t_i=0$ 时，2TLR 退化为传统模糊语言数。

（3）虚拟语言术语模型

虚拟语言术语模型是在连续语言术语集 $\bar{S}=\{s_\alpha\mid\alpha\in[-\tau,\tau]\}$ 中取单个语言值，其数学形式为[13]

$$\mathrm{VLT}=\{s_\alpha^i\},\ s_\alpha^i\in\bar{S} \tag{1.10}$$

其中，若 $s_\alpha^i\in S$，则 s_α^i 称为原始语言术语；否则，s_α^i 称为虚拟语言术语。

（4）不确定语言变量

不确定语言变量是在连续语言术语集 $\bar{S}=\{s_\alpha\mid\alpha\in[-\tau,\tau]\}$ 中取区间语言值，其数学形式为[19]

$$\mathrm{ULV}=[s_\alpha^i,s_\beta^i],\ s_\alpha^i,s_\beta^i\in\bar{S} \tag{1.11}$$

其中，s_α^i 和 s_β^i 分别表示不确定语言变量 ULV 的下限和上限，存在 $\alpha\leqslant\beta$。

（5）比例二元语义表达模型

比例二元语义表达模型是二元语义表达模型的拓展形式，它可以刻画较为精确的语言评估值。例如，专家给出的精确评估信息为“指标 a_2 的重要性处于有点重要和很重要之间，比有点重要高 60%，且比很重要低 40%”。此时，仅用语言术语 s_2 或 s_3 表示上述评估信息是不准确的，而一对成比例的语言术语 $(0.6s_2, 0.4s_3)$ 能表达该评估信息（需要注意的是，这里的系数 0.6 和 0.4 仅用于反映语言术语的比例，而不能直接用来与语言术语构成数乘运算）。用一对相加为 1 的数值来刻画语言术语集中的连续语言术语是比例二元语义表达模型的核心思想，其数学形式可表示为[6]

$$\text{P2TLR} = (t_i s_\alpha^i, (1-t_i) s_{\alpha+1}^i), s_\alpha^i, s_{\alpha+1}^i \in S, t_i \in [0,1] \tag{1.12}$$

（6）犹豫模糊语言术语集

犹豫模糊语言术语集致力于刻画专家在评估中给出的犹豫信息。例如，由于信息不完整或出于对风险的考虑，专家只能模糊地判断指标 a_2 “至少有点重要”。该专家的隐含意思是指标 a_2 的重要性可能为有点重要、很重要或者极其重要，但是该专家无法给出具体的评估值。因此，可以用多个语言术语构成的集合 $\{s_2, s_3, s_4\}$ 来表示该评估信息。犹豫模糊语言数的数学形式如下[9]：

$$\text{HFLE} = \{s_{\varphi_l}^i \mid s_{\varphi_l}^i \in S; l = 1, 2, \cdots, L_i\} \tag{1.13}$$

其中，L_i 表示该犹豫模糊语言数中语言术语的个数。HFLE 中的语言术语应是有序排列的，即 $s_{\varphi_l}^i \leqslant s_{\varphi_{l+1}}^i$。集合 X 中所有元素的 HFLE 构成一个犹豫模糊语言术语集 $\{< x_i, \{s_{\varphi_l}^i \mid s_{\varphi_l}^i \in S\} > \mid x_i \in X\}$。

（7）连续区间值语言术语集

连续区间值语言术语集是犹豫模糊语言术语集的连续形式，能表示相对精确的语言评估信息。例如，专家评价指标 a_2 的重要性“处于有点重要和很重要之间，且 60%的比例倾向于很重要”。仅用离散的语言术语 $\{s_2, s_3\}$ 无法表达“60%的比例倾向于很重要”这样的精确化评估，而用连续的形式 $[s_{2.6}, s_3]$ 可以表达此信息。连续区间值语言数是连续形式的语言术语集的一个子集，其数学形式可表示为[14]

$$\text{CIVLE} = [s_{L_i}, s_{U_i}], L_i, U_i \in [0, g] \text{ 且 } L_i \leqslant U_i \tag{1.14}$$

若 $L_i, U_i \in \{s_\alpha \mid \alpha = 0, 1, \cdots, g\}$ 或 $L_i, U_i \in \{s_\alpha \mid \alpha = -\tau, \cdots, \tau\}$，则该连续区间值语言数为一个犹豫模糊语言数的包络。集合 X 中所有元素的 CIVLE 构成一个连续区间值语言术语集 $\{< x_i, [s_{L_i}, s_{U_i}] > \mid x_i \in X\}$。连续区间值语言数在数学形式上等价于不确定语言变量[13]。它们均在连续语言术语集 $\overline{S}$ 上取区间语言值。连续区间值语言数旨在刻画含有比例信息等精确化的语言评估信息以及群体综合评估信息，而不确定语言变量多用于语言变量的数学运算。

（8）直觉语言集

受直觉模糊集的思想启发，王坚强和李婧婧[7]指出，专家在选定一个语言术语作为评估值时，可能会因为不确定性的存在而同时赋予该语言术语隶属度和非隶属度。例如，某专家认为指标 a 属于很重要的隶属度是 0.7，不属于很重要的隶属度为 0.2（表示很重要的非隶属度）。该评估信息用一个直觉语言数可表示为 $<s_3,(0.7,0.2)>$。直觉语言数的数学形式为[7]

$$\text{ILE}=<s_\alpha^i,(\mu(s_\alpha^i),v(s_\alpha^i))> \quad (1.15)$$

其中，$\mu(s_\alpha^i)$ 和 $v(s_\alpha^i)$ 分别表示元素 x_i 属于语言术语 s_α^i 的隶属度和非隶属度，存在 $0<\mu(s_\alpha^i)+v(s_\alpha^i)\leqslant 1$。若 $\mu(s_\alpha^i)=1$，则直觉语言数退化为传统模糊语言数。集合 X 中所有元素的 ILE 构成一个直觉语言集 $\{<x_i,<s_\alpha^i,(\mu(s_\alpha^i),v(s_\alpha^i))>>|\,x_i\in X\}$。

（9）直觉不确定语言集

在直觉语言集的基础上，为进一步表达不确定信息，可将隶属度和非隶属度分配给语言区间而非单个语言术语。例如，指标 a 的重要性为“处于有点重要和很重要之间，且属于该区间的隶属度为 0.9，不属于该区间的隶属度为 0.1”。该评估可用一个直觉不确定语言数表示为 $<[s_2,s_3],(0.9,0.1)>$。直觉不确定语言数的数学形式为[8]

$$\text{IULE}=<[s_\alpha^i,s_\beta^i],(\mu([s_\alpha^i,s_\beta^i]),v([s_\alpha^i,s_\beta^i])> \quad (1.16)$$

其中，$\alpha,\beta\in[0,g]$ 或 $\alpha,\beta\in[-\tau,\tau]$，$0<\mu([s_\alpha^i,s_\beta^i])+v([s_\alpha^i,s_\beta^i])\leqslant 1$。集合 X 中所有元素的 IULE 构成一个直觉不确定语言集 $\{<x_i,<[s_\alpha^i,s_\beta^i],(\mu([s_\alpha^i,s_\beta^i]),v([s_\alpha^i,s_\beta^i])>>|\,x_i\in X\}$。

（10）语言分布式评估模型

比例二元语义表达模型用和为 1 的两个数作为比例分配给两个相邻的语言术语。Zhang 等[20]认为应将比例分配给给定语言术语集中的所有语言术语。例如，令一个语言术语集为 S={s_0=差，s_1=有点差，s_2=中等，s_3=有点好，s_4=好}。假设一个学生参加了五门考试，一门考试成绩为“有点差”，三门考试成绩被判断为“中等”，最后一门考试成绩为“好”。该学生的综合考试成绩可用语言分布式评估模型表示为 $\{(s_0,0),(s_1,0.2),(s_2,0.6),(s_3,0),(s_4,0.2)\}$。分布式评估模型的数学形式可表示为[20]

$$\text{LDA}=\{(s_\alpha^i,\beta_\alpha^i)|\alpha=0,1,\cdots,g\} \quad (1.17)$$

其中，β_α^i 表示语言术语 s_α^i 在所有语言术语中的比例，$\beta_\alpha^i\in[0,1]$ 且 $\sum_{\alpha=0}^{g}\beta_\alpha^i=1$。语言分布式评估模型中分配给语言术语的比例可以被视为元素 x_i 属于该语言术语的可能性。语言分布式评估模型主要用于表示一个对象的集成评估信息或综合表现情况。在个人评价中，专家通常不会为每个语言术语分配一个比例，这不符合人们的思维过程和表达习惯。因此，语言分布式评估模型在实际应用中表达单个专家的评价信息方面的可解释性存在一定局限。

（11）语言犹豫模糊集

Meng 等[21]认为，语言术语赋予的比例在很多情况下是不确定的，这种不确定性可用多个可能的数值而非单一的数值来表示。例如，在评估产品质量时，令语言术语集为 S={s_0=低，s_1=一般，s_2=有点高，s_3=高，s_4=非常高}，专家可能会认为 0.4 或 0.5 的比例为“高”，0.3 的比例为“有点高”，0.1 或 0.2 的比例为“一般”。该语言评估信息用语言犹豫模糊数可表示为 $\{(s_1,0.1,0.2),(s_2,0.3),(s_3,0.4,0.5)\}$。语言犹豫模糊数的数学形式为[21]

$$\text{LHFE}=\{(s_{\varphi_l}^i,\text{lh}(s_{\varphi_l}^i))\,|\,s_{\varphi_l}^i\in S;l=1,2,\cdots,L_i\}\tag{1.18}$$

其中，$\text{lh}(s_{\varphi_l}^i)=\{t_1^i,\cdots,t_{m_{\varphi_l}}^i\}$ 表示由 m_{φ_l} 个属于 $(0,1]$ 的数值构成的集合；L_i 表示一个语言犹豫模糊数中语言术语的个数。集合 X 中所有元素的 LHFE 构成一个语言犹豫模糊集 $\{<x_i,\{(s_{\varphi_l}^i,\text{lh}(s_{\varphi_l}^i))\,|\,s_{\varphi_l}^i\in S\}>\,|\,x_i\in X\}$。

（12）概率语言术语集

受犹豫模糊语言术语集思想的启发，Pang 等[10]认为，当评估专家在多个语言术语之间犹豫不决时，可能会对不同的语言术语持有不同的偏好。例如，当评估某项目的风险程度时，令语言术语集为 S={s_{-2}=低，s_{-1}=有点低，s_0=中等，s_1=有点高，s_2=高}，专家可能会认为某项目的风险“40%的可能性为有点高，50%的可能性为高”。犹豫模糊语言数 $\{s_1,s_2\}$ 无法表达专家对不同语言术语间的偏好信息，而概率语言数 $\{s_1(0.4),s_2(0.5)\}$ 能准确地表达该评估信息。概率语言数也是表达多专家集成信息或评估对象综合表现的有效工具。例如，五位具有相同重要度的专家分别评估某项目的风险程度，一位专家给出的评估信息是该项目的风险程度“处于有点高和高之间”，两位专家认为该项目的风险程度是“中等”，一位专家认为该项目的风险程度“30%的确定度为有点高，40%的确定度为高”，最后一位专家由于知识和经验有限或其他原因而无法给出任何评估信息。该群组的集成评估信息可用概率语言数表示为 $\{s_0(0.4),s_1(0.16),s_2(0.18)\}$，即该项目的风险程度最可能是中等。由于有一位专家未做出评价，该概率语言数的概率和小于 1。

概率语言数的数学形式可表示为[10]

$$\text{PLE}=\left\{s_{\varphi_l}^i(p_{\varphi_l}^i)\,|\,s_{\varphi_l}^i\in S,p_{\varphi_l}^i\geqslant 0,l=1,2,\cdots,L_i,\sum_{l=1}^{L_i}p_{\varphi_l}^i\leqslant 1\right\}\tag{1.19}$$

其中，$p_{\varphi_l}^i\in[0,1]$ 表示语言术语 $s_{\varphi_l}^i$ 的偏好度；L_i 表示该概率语言数中语言术语的

个数，且令 $s_{\varphi_l}^i \leqslant s_{\varphi_{l+1}}^i$。概率语言数可以表达评估信息缺失的情况，从而使得所有语言术语的偏好度之和小于等于 1。当 $\sum_{l=1}^{L} p_{\varphi_l}^i = 1$ 时，表示偏好信息完整；当 $\sum_{l=1}^{L} p_{\varphi_l}^i < 1$ 时，表示部分偏好信息缺失。

需要指出的是，概率语言数中的概率 $p_{\varphi_l}^i \in [0,1]$ 并非传统意义上的“概率”，而是用来表达不同语言术语的偏好度、置信度、比例、概率或权重等含义。这是概率语言数区别于其他语言表达模型的显著特征，也是概率语言数在信息表达方面的主要优势。集合 X 中所有元素的 PLE 构成一个概率语言术语集 $\{< x_i, \{s_{\varphi_l}^i(p_{\varphi_l}^i) \mid s_{\varphi_l}^i \in S\} > \mid x_i \in X\}$。

上述 12 种语言表达模型能刻画个体或群体的复杂语言评估信息。各模型被提出的时间路线图见图 1.6，其中“基于单值语言术语的语言表达模型”对应刻画语言变量的取值为单个语言术语的语言表达模型，而“基于多值语言术语的语言表达模型”对应能刻画语言变量的取值为多个语言术语的语言表达模型。各表达模型的特征可用表 1.1 概括。

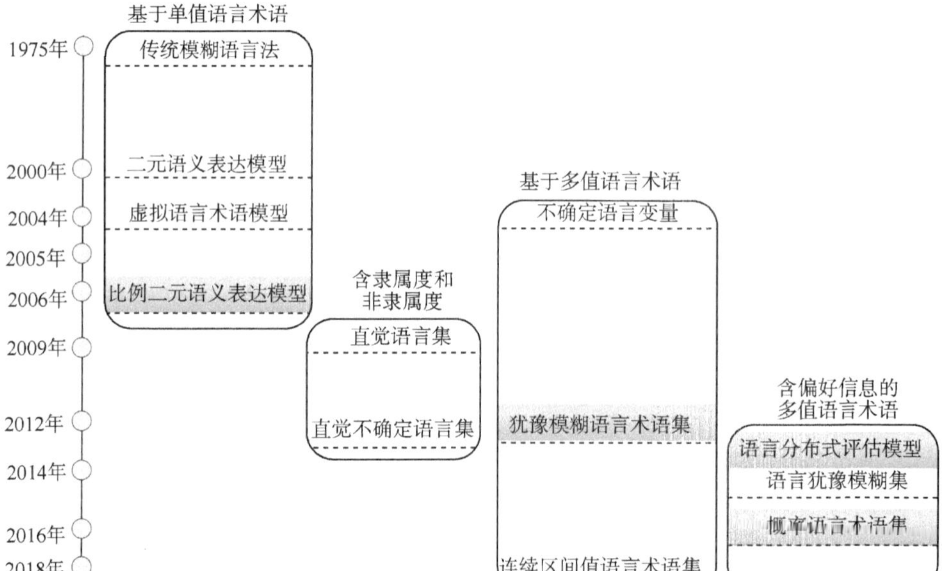

图 1.6　各模型被提出的时间路线图

表 1.1　12 种常用的语言表达模型的特征

类型	语言表达模型	数学形式	例子
（1）	FLA	$\{< x_i, s_\alpha^i >\| x_i \in X\}$	(x, s_1)
	2TLRM	$(s_\alpha^i, t_i), s_\alpha^i \in S, t_i \in [-0.5, 0.5)$	$(s_1, 0.3)$
	VLTM	$\{s_\alpha^i\}, s_\alpha^i \in \bar{S}$	$\{s_{1.3}\}$
	P2TLRM	$(t_i s_\alpha^i, (1-t_i) s_{\alpha+1}^i), s_\alpha^i, s_{\alpha+1}^i \in S, t_i \in [0,1]$	$(0.3s_1, 0.7s_2)$
（2）	ULV	$[s_\alpha^i, s_\beta^i], s_\alpha^i, s_\beta^i \in \bar{S}$	$[s_1, s_2]$
	HFLE	$\{s_{\varphi_l}^i \mid s_{\varphi_l}^i \in S; l = 1,2,\cdots,L_i\}$	$\{s_1, s_2, s_3\}$
	CIVLE	$[s_{L_i}, s_{U_i}], L_i, U_i \in [0, g], L_i \leqslant U_i$	$[s_{1.5}, s_2]$
（3）	ILE	$< s_\alpha^i, (\mu(s_\alpha^i), v(s_\alpha^i)) >, s_\alpha^i \in S, 0 < \mu(s_\alpha^i) + v(s_\alpha^i) \leqslant 1$	$< s_1, (0.7, 0.2) >$
	IULE	$< [s_\alpha^i, s_\beta^i], (\mu([s_\alpha^i, s_\beta^i]), v([s_\alpha^i, s_\beta^i]) >, \alpha, \beta \in [0, g]$ 或 $\alpha, \beta \in [-\tau, \tau]$ $0 < \mu([s_\alpha^i, s_\beta^i]) + v([s_\alpha^i, s_\beta^i]) \leqslant 1$	$< [s_1, s_2], (0.6, 0.3) >$
（4）	LDA	$\{(s_\alpha^i, \beta_\alpha^i) \mid \alpha = 0,1,\cdots,g\}$, $\beta_\alpha^i \in [0,1]$, $\sum_{\alpha=0}^{g} \beta_\alpha^i = 1$	$\{(s_0,0),(s_1,0.2),(s_2,0.5),(s_3,0.3),(s_4,0)\}$
	LHFE	$\{(s_{\varphi_l}^i, \mathrm{lh}(s_{\varphi_l}^i)) \mid s_{\varphi_l}^i \in S; l = 1,2,\cdots,L_i\}$, $\mathrm{lh}(s_{\varphi_l}^i) = \{t_1^i, \cdots, t_{m_{\varphi_l}}^i\}$, $t_1^i, \cdots, t_{m_{\varphi_l}}^i \in (0,1]$	$\{(s_1, 0.2, 0.5), (s_2, 0.4)\}$
	PLE	$\{(s_{\varphi_l}^i(p_{\varphi_l}^i)) \mid s_{\varphi_l}^i \in S, p_{\varphi_l}^i \geqslant 0, l = 1,2,\cdots,L_i, \sum_{l=1}^{L_i} p_{\varphi_l}^i \leqslant 1\}$	$\{s_1(0.2), s_2(0.5), s_3(0.2)\}$

以上 12 种语言表达模型在刻画专家的评估信息时有不同侧重点，同时也具有一定的包含性。

（1）当含有偏好信息的多值语言术语表达模型赋予各语言术语相同的比例或偏好度时，它们能表达传统模糊语言法和犹豫模糊语言术语集表达的所有语言评估信息。

（2）二元语义表达模型、虚拟语言术语模型、不确定语言变量、比例二元语义表达模型和连续区间值语言术语集致力于刻画属于连续语言术语集的较为精确的评估信息。已有研究者将概率语言集中离散的语言术语拓展为连续的语言术语。从这一点来说，概率语言术语集也能刻画较为精确的评估信息。

（3）含隶属度和非隶属度的语言表达模型是较为特殊的形式。由于同时给出隶属度和非隶属度增加了专家评估的难度，此类模型并未吸引大量研究人员的注意。

（4）概率语言术语集与语言分布式评估模型从形式上看似乎有相似之处，即均赋予各语言术语一个定量指标。但两者之间有明显区别，主要表现在以下方面。

第一，来源不同。语言分布式评估模型是从不确定语言变量[19]及 Wang 和 Hao[6]提出的比例二元语义表达模型拓展而来的，将比例二元语义表达模型对两个相邻语言术语的比例分配（symbolic proportions）拓展到对整个语言术语集中的语言术语的比例分配，并要求列出给定语言术语集中所有语言术语的比例（见作者原文陈述[19]：*"For proportional 2-tuples, symbolic proportions are assigned to two successive ordinal terms in a linguistic term set. As a natural generalization, this paper proposes the concept of the distribution assessment in a linguistic term set. For distribution assessments in a linguistic term set, symbolic proportions are assigned to all the linguistic terms."*）。而概率语言术语集是在结合了犹豫模糊语言集[9]和概率偏好集[22]的优点之后提出的一种刻画决策者复杂语言偏好信息的表达方式。

第二，两者的表达形式不同。语言分布式评估模型要求列出给定语言术语集所有语言术语的比例，且从其定义可知，所有语言术语对应的比例之和必须为 1。而概率语言术语集只需列出偏好度大于 0 的语言术语，且并不要求偏好度之和为 1。概率语言术语集的各语言术语概率之和小于等于 1 借鉴了证据理论中对证据的信度的表达思想[23]，能够全面反映决策者完全无知、部分无知和不存在无知的情形，更加符合实际决策场景。

第三，两者的可解释性不同。语言分布式评估模型中的比率仅表示语言术语的分布，其难以用来表示决策者的主观评价信息。以文献[20]中给出的例子为例，在 10 次足球比赛中，某运动员 5 次表现为"非常好"（s_2），2 次表现为"好"（s_1），3 次表现为"差"（s_{-1}），则该运动员的评分可用语言分布式评估表示为 $\{(s_{-2},0),(s_{-1},0.3),(s_0,0),(s_1,0.2),(s_2,0.5)\}$。在该评价信息中，$s_0$ 的比率为 0，也就是说，从 s_{-1} 到 s_1 的过渡出现了跳跃，这种评价信息如果出现在个体评价中将令人难以理解。概率语言术语集是从犹豫模糊语言集发展而来的，用来刻画和反映决策者的模糊认知。由于人类思维的连续性，一般来说，用于表达信息的语言术语不会出现跳跃，只会在相邻的多个术语之间犹豫不决。而概率语言术语集中的概率正是用来表示评估专家的主观偏好程度以及对语言术语的置信度、权重等信息。只有将概率语言术语集用于描述决策群体的复杂语言信息时，概率语言术语集中的概率才用于反映决策群体的评价信息中出现的语言术语的频率。由此可见，概率语言术语集具有更强的可解释性，能更灵活且合理地表达个体或群体的评估意见。

（5）语言犹豫模糊集可以看作是概率语言术语集的特殊形式，它允许用多个数值来表达语言术语的不确定偏好度。然而，其理论基础尚待深入研究。

一个理想的语言表达模型要求能在信息刻画准确性和多样性以及运算简便性和合理性之间权衡。与其他三种类别的模型相比，含有偏好信息的多值语言术语表达模型能相对完整和灵活地刻画个体和群体的复杂评估信息。语言犹豫模糊集虽然比概率语言术语集包含更多信息，但是其运算复杂度高且理论体系尚不完善。

概率语言术语集作为一种较为理想的语言评估表达模型，受到了越来越多的关注和应用，其运算法则、比较规则、测度方法等理论体系逐渐丰富。因此，本书主要介绍概率语言术语集的相关基础理论及其决策方法和应用。

1.1.3　语言信息的运算框架

Herrera 和 Martínez[5]将传统的模糊语言运算框架分为基于扩展原理[24]的运算框架和基于序关系的运算框架，并将二元语义表达模型的运算作为一种新的运算框架，这种框架能够减少运算过程中的信息丢失。此外，虚拟语言术语集也能刻画含连续信息的语言术语。随着语言标度函数的研究逐渐深入，决策者能够采用均衡或非均衡形式的语言标度函数对专家给出的语言评估信息的语义进行刻画，从而使得语言评估信息的运算逐渐趋于精确化，提升了语言运算与人类认知的贴合程度。本书将语言信息的运算法则分为三种运算框架，包括基于扩展原理的运算框架、基于序关系的运算框架和基于特征值的运算框架。

1. 基于扩展原理的运算框架

该运算框架的主要特征是将语言术语转换为模糊数，利用模糊数的运算法则进行运算。以三角模糊数为例，模糊数的运算法则如下所示。

定义 1.3[25]　设三个三角模糊数分别为(a,b,c)、(a_1,b_1,c_1)和(a_2,b_2,c_2)，则

（1）加法运算：$(a_1,b_1,c_1)\oplus(a_2,b_2,c_2)=(a_1+a_2,b_1+b_2,c_1+c_2)$。

（2）乘法运算：$(a_1,b_1,c_1)\odot(a_2,b_2,c_2)=(a_1a_2,b_1b_2,c_1c_2)$，$a_1\geqslant 0$，$a_2\geqslant 0$。

（3）数乘运算：$\lambda\odot(a,b,c)=(\lambda,\lambda,\lambda)\odot(a,b,c)=(\lambda a,\lambda b,\lambda c)$，$\lambda\in[0,1]$。

（4）减法运算：$(a_1,b_1,c_1)\ominus(a_2,b_2,c_2)=(a_1-a_2,b_1-b_2,c_1-c_2)$。

基于扩展原理的语言信息运算框架可概括为[5]

$$S^n \xrightarrow{\tilde{F}} F(R) \xrightarrow{\mathrm{app}_1(\cdot)} S$$

其中，S^n表示语言术语集S的n笛卡儿积；$\tilde{F}$表示模糊集的集成算子[26]；$F(R)$表示实数集合R上的集成函数。由于集成后的结果往往难以对应于原始语言术语集S中的语言术语，需要借助近似计算过程$\mathrm{app}_1(\cdot)$将计算结果转换为原始语言术语，以确保集成结果的可解释性。

2. 基于序关系的运算框架[27-29]

（1）线性序：若$\alpha>\beta$，则$s_\alpha>s_\beta$。

（2）最大-最小算子：若$s_\alpha\geqslant s_\beta$，则$\max(s_\alpha,s_\beta)=s_\alpha$，$\min(s_\alpha,s_\beta)=s_\beta$。

（3）逆序运算：当 $\alpha \in [0,g]$ 时，$\mathrm{neg}(s_\alpha) = s_{g-\alpha}$；当 $\alpha \in [-\tau,\tau]$ 时，$\mathrm{neg}(s_\alpha) = s_{-\alpha}$。

Xu[12]提出了基于序关系的语言术语运算法则，如下所示。

定义 1.4 [12] 设 s_α 和 s_β 为语言术语集 S 中的任意两个语言术语，$\lambda \in [0,1]$。

（1）加法运算：$s_\alpha \oplus s_\beta = s_{\alpha+\beta}$。

（2）乘法运算：$s_\alpha \otimes s_\beta = s_{\alpha\beta}$。

（3）数乘运算：$\lambda s_\alpha = s_{\lambda\alpha}$。

（4）指数运算：$(s_\alpha)^\lambda = s_{\alpha^\lambda}$。

基于序关系的语言信息运算框架可概括为

$$S^n \xrightarrow{C} [0,g] \xrightarrow{\mathrm{app}_2(\cdot)} \{0,\cdots,g\} \longrightarrow S$$

或

$$S^n \xrightarrow{C} [-\tau,\tau] \xrightarrow{\mathrm{app}_2(\cdot)} \{-\tau,\cdots,\tau\} \longrightarrow S$$

其中，S^n 表示语言术语集 S 的 n 笛卡儿积；C 表示基于语言术语的一个序关系（如语言术语的下标）的集成算子；$[0,g]$ 和 $[-\tau,\tau]$ 表示通过集成算子 C 集成后的值的取值范围；$\mathrm{app}_2(\cdot)$ 表示将集成算子 C 的集成结果转换为原始语言术语集 S 中离散的语言术语的近似运算。

基于二元语义表达模型和虚拟语言术语集的运算均是对语言术语的下标的运算。因此，本书将建立在这两者基础上的相关运算方法归类于基于序关系的运算框架之下。

3. 基于特征值的运算框架

该运算框架的主要特征是基于语言术语的特征值展开运算。其中，语言术语的特征值可由语言标度函数计算而得。基于特征值的语言信息运算法则可定义如下。

定义 1.5 设 s_α 和 s_β 为语言术语集 S 中的任意两个语言术语，f 为一个语言标度函数。

（1）加法运算：$f\left(s_\alpha \oplus s_\beta\right) = f(s_\alpha) + f(s_\beta)$。

（2）减法运算：$f\left(s_\alpha \ominus s_\beta\right) = f(s_\alpha) - f(s_\beta)$。

（3）乘法运算：$f\left(s_\alpha \odot s_\beta\right) = f(s_\alpha) \times f(s_\beta)$。

（4）除法运算：$f\left(s_\alpha \oslash s_\beta\right) = f(s_\alpha) \div f(s_\beta)$。

（5）数乘运算：$f(\lambda s_\alpha) = \lambda f(s_\alpha)$，$\lambda \geqslant 0$。

（6）指数运算：$f((s_\alpha)^\lambda)=\left(f(s_\alpha)\right)^\lambda$，$\lambda\geqslant 0$。

语言信息的运算主要用于集成多名专家的评估信息或集成同一方案在不同属性下的评估信息。信息集成的本质是计算专家给出的综合意见或方案在各属性下的综合表现。考虑到专家或属性具有不同的重要度，不同语言术语通常会被赋予一个权系数。于是，在语言术语的加法和乘法运算中，常会结合数乘运算或指数运算，即

（7）$f\left(\lambda_1 s_\alpha\oplus\lambda_2 s_\beta\right)=\lambda_1 f(s_\alpha)+\lambda_2 f(s_\beta)$。

（8）$f\left({s_\alpha}^{\lambda_1}\otimes {s_\beta}^{\lambda_2}\right)=f(s_\alpha)^{\lambda_1}\times f(s_\beta)^{\lambda_2}$。

加权的语言运算可使计算结果仍在给定的语言术语集范围内。语言术语的减法和除法运算并不常用，因为该类运算的可解释性不强。这是语言信息运算与数学运算的区别之处。换句话说，语言信息的运算不能完全对照算术运算法则，对语言信息的运算需要结合人类的主观认知和思维过程。

基于特征值的语言信息运算框架可概括为

$$S^n\xrightarrow{\ G\ }[0,1]\xrightarrow{\ \mathrm{app}_3(\cdot)\ }S$$

其中，S^n 表示语言术语集 S 的 n 笛卡儿积；G 表示基于语言标度函数的集成算子，集成后的值属于 $[0,1]$；$\mathrm{app}_3(\cdot)$ 表示将集成算子 G 的集成结果转换为原始的语言术语集 S 中的语言术语的近似运算。

基于扩展原理的语言信息运算框架在运算过程中保留了语言值固有的模糊性，在早期的语言决策研究中获得了广泛应用。在不同的情况下，相同的语言术语可能对应不同的模糊数，从而难以合理地确定一个语言术语对应的模糊数。此外，基于扩展原理的语言信息运算计算量较大，这也是其并未被广泛应用于复杂语言表达模型的运算中的重要原因。基于序关系的语言信息运算框架具有最简单的运算过程，它是对语义均衡分布的语言术语进行运算的高效方法，在语言决策问题的求解中得到了广泛应用。然而，该运算框架下获得的计算结果通常会超出原先定义的语言术语集的范围，使得计算结果的解释性较弱。此外，该运算框架无法有效处理语义分布非均衡的语言术语集。基于特征值的语言信息运算框架能弥补基于序关系的语言信息运算框架在处理语义不均衡的语言术语集时的不足以及解释性弱的缺陷。基于序关系和特征值的语言信息运算框架均未考虑语言值固有的模糊性。在精度要求不高的情况下，基于序关系和特征值的语言信息运算方法能高效地判断方案的优劣关系或选择出最优方案。当两方案综合表现接近的情况下，基于序关系和特征值的语言信息运算方法无法反映两方案间的不确定偏好关系。表 1.2 展示了三种语言运算框架的主要特征。

表 1.2　三种语言运算框架的主要特征

运算框架	运算简便性	可处理的语言术语集	不确定信息保留	使用情况
基于扩展原理	复杂	均衡和非均衡	完整	不常用
基于序关系	简单	均衡	不完整	最常用
基于特征值	中等	均衡和非均衡	不完整	逐渐受关注

1.2　概率语言术语集及其运算法则

本节主要介绍概率语言数的信息采集与表达方式及其运算法则和对比方法。首先，给出将语言评估信息转换为概率语言数的方法，介绍概率语言数的专家集成方法、缺失信息补充方法（标准化法）和概率调整方法。这些方法是概率语言数运算的基础。其次，对现有的几种概率语言数运算法则进行深入分析并指出其优缺点。最后，介绍概率语言数的对比方法，主要包括基于得分函数和离差函数的对比法和基于可能度的对比法，并分析这些方法的优缺点。

1.2.1　概率语言信息的采集与表达

概率语言数由二元组构成，包括语言描述部分及数值修饰部分。根据人类的思维过程，专家在评估时先会判断出被评估对象所属的语言术语，再用 0~1 中的数值来表达其对所选语言术语的偏好度。因此，将专家给出的语言评估信息转换为概率语言数包括两个步骤：首先是表达可能的语言术语，其次是确定每个语言术语的偏好度（概率）。

Rodríguez 等[9]提出了文本自由语法来生成贴近人类思维和表达习惯的语言表达式信息。然而，该语法生成的语言表达式信息无法直接进行运算。转换函数 E_S 可用于将文本自由语法生成的表达式转化为可进行运算的犹豫模糊语言术语集。

定义 1.6[9]　令 S 为一个语言术语集，E_S 为将基于语言术语集 S 生成的语言表达式 $ll \in S_{ll}$ 转化为犹豫模糊语言数 $h_S \in H_S$ 的函数，即

$$E_S:\ S_{ll} \to H_S$$

其中，S_{ll} 表示文本自由语法生成的语言表达式的集合。常用的语言转化函数有：① $E(s_t)=\{s_t \mid s_t \in S\}$；② $E(\text{至多}s_m)=\{s_t \mid s_t \in S\text{且}s_t \leqslant s_m\}$；③ $E(\text{劣于}s_m)=\{s_t \mid s_t \in S\text{且}s_t < s_m\}$；④ $E(\text{至少}s_m)=\{s_t \mid s_t \in S\text{且}s_t \geqslant s_m\}$；⑤ $E(\text{优于}s_m)=\{s_t \mid s_t \in S\text{且}s_t > s_m\}$；⑥ $E(\text{在}s_m\text{和}s_n\text{之间})=\{s_t \mid s_t \in S\text{且}s_m \leqslant s_t \leqslant s_n\}$。

在人们的表达习惯中，对于“好”和“差”的评价具有不一致的地方。例如，当人们表达“至少好”时，一般认为是“大于等于”“好”；而当人们表达“至少

差”时，实际上是认为“小于等于”“差”，即比“差”更差，而非比“差”更好。因此，转换函数④应调整如下。

当 $S=\{s_0,\cdots,s_g\}$ 时，

（1）若 $s_m < s_{g/2}$，则 $E(\text{至少}s_m)=\{s_t \mid s_t \in S\text{且}s_t \leqslant s_m\}$。

（2）若 $s_m \geqslant s_{g/2}$，则 $E(\text{至少}s_m)=\{s_t \mid s_t \in S\text{且}s_t \geqslant s_m\}$。

当 $S=\{s_{-\tau},\cdots,s_\tau\}$ 时，

（1）若 $s_m < s_0$，则 $E(\text{至少}s_m)=\{s_t \mid s_t \in S\text{且}s_t \leqslant s_m\}$。

（2）若 $s_m \geqslant s_0$，则 $E(\text{至少}s_m)=\{s_t \mid s_t \in S\text{且}s_t \geqslant s_m\}$。

转换函数②也可以根据实际情况类似地进行调整。

上述六种常用的转换函数是将语言表达式转换为犹豫模糊语言集，其各语言术语的偏好度相同。假设通过转换函数得到的语言术语的集合为

$$h_S=\left\{s_{\varphi_l} \middle| s_{\varphi_l} \in S, l=1,2,\cdots,L\right\} \tag{1.20}$$

其中，L 表示 h_S 中不同语言术语的个数。

为采集概率语言信息，需要确定每个语言术语的概率，存在以下两种情况。

（1）专家不再进一步表达对语言术语的偏好。此时，赋予各语言术语相同的偏好度，并可将语言评估信息转换为概率语言数，即

$$h_S(p)=\left\{s_{\varphi_l}(1/L) \mid s_{\varphi_l} \in S, l=1,2,\cdots,L\right\} \tag{1.21}$$

（2）专家为每个语言术语赋予不同的偏好度。此时，概率语言数可表示为

$$h_S(p)=\left\{s_{\varphi_l}(p_{\varphi_l}) \mid s_{\varphi_l} \in S, l=1,2,\cdots,L, \sum_{l=1}^{L} p_{\varphi_l} \leqslant 1\right\} \tag{1.22}$$

其中，p_{φ_l} 表示语言术语 s_{φ_l} 的偏好度，由专家的评估信息直接获取。

需要指出的是，转换函数 E_S 只能处理离散的语言术语。当专家给出较为精确的评估信息时，可用连续的语言术语进行表达，并根据实际情况将其转换为概率语言数。

上述生成概率语言数的方法仅限于对单个专家的语言评估信息进行转换。为有效地表征专家群体的决策信息，Wu 和 Liao[30]提出了概率集成法来将多个专家的语言评估信息转化为群体概率语言数。

定义 1.7[30]　设 Q 位专家组成的专家集体 $E=\{e_q \mid q=1,2,\cdots,Q\}$，其权重向量 $(\gamma^{(1)},\gamma^{(2)},\cdots,\gamma^{(Q)})^{\mathrm{T}}$ 满足 $\sum_{q=1}^{Q}\gamma^{(q)}=1$。令 S 为给定的语言术语集。假设其中 T 位专家分别给出了语言评估信息，用概率语言数表示为

$$h_S^{(q)}(p)=\left\{s_{\varphi_l}^{(q)}(p_{\varphi_l}^{(q)}) \middle| s_{\varphi_l}^{(q)} \in S, l=1,2,\cdots,L^{(q)}, \sum_{\varphi_l=1}^{L^{(q)}} p_{\varphi_l}^{(q)} \leqslant 1\right\} \ (q=1,2,\cdots,T) \tag{1.23}$$

另外 $Q-T$ 位专家未给出评估意见。于是，专家组的集体意见用概率语言数

可表示为

$$h_S(p)=\left\{s_\alpha^{(l')}(p^{(l')})\left|s_\alpha^{(l')}\in S,l'=1,2,\cdots,L,p^{(l')}=\sum_{q=1}^{T}v_\alpha^{(q)}\gamma^{(q)}\right.\right\} \tag{1.24}$$

其中，$v_\alpha^{(q)}$ 表示概率语言数 $h_S^{(q)}(p)$ 中语言术语 $s_\alpha^{(l')}$ 的权重（$s_\alpha^{(l')}=s_{\varphi_l}^{(q)}$），且

$$v_\alpha^{(q)}=\begin{cases}p_{\varphi_l}^{(q)}, & \text{若 } s_\alpha^{(l')}\in h_S^{(q)}(p)\\ 0, & \text{若 } s_\alpha^{(l')}\notin h_S^{(q)}(p)\end{cases} \tag{1.25}$$

当专家重要性相同或未给出专家重要度时，可假设 $\gamma^{(q)}=1/Q$，$q=1,2,\cdots,Q$。

1.2.2 概率语言信息的标准化

偏好信息完整的概率语言数称为标准概率语言数。

定义 1.8 设 $h_S(p)=\{s_\alpha^{(l)}(p^{(l)})\,|\,s_\alpha^{(l)}\in S,l=1,2,\cdots,L,\sum_{l=1}^{L}p^{(l)}\leqslant 1\}$ 为一个概率语言数，其标准形式可表示为

$$\hat{h}_S(p)=\left\{s_\alpha^{(l)}(\hat{p}^{(l)})\left|s_\alpha^{(l)}\in S,l=1,2,\cdots,L,\sum_{l=1}^{L}\hat{p}^{(l)}=1\right.\right\} \tag{1.26}$$

其中，$\hat{p}^{(l)}$ 表示语言术语 $s_\alpha^{(l)}$ 的调整概率。

设 $h_S^1(p)=\{s_\alpha^{1(l)}(p^{1(l)})\big|s_\alpha^{1(l)}\in S,l=1,2,\cdots,L_1\}$ 和 $h_S^2(p)=\{s_\alpha^{2(l)}(p^{2(l)})\big|s_\alpha^{2(l)}\in S,l=1,2,\cdots,L_2\}$ 为两个概率语言数，它们的语言术语的个数可能不同。为方便运算，有时需要将不同概率语言数的语言术语的个数调整一致。常见的调整方法有三种，可根据决策者的具体偏好而定。令 $L_1<L_2$，这三种常见的调整法如下所示[10]。

（1）添加 L_2-L_1 项 $s_\alpha^{1(-)}(p^{1(-)})$ 到 $h_S^1(p)$ 中，其中 $s_\alpha^{1(-)}=\min_l s_\alpha^{1(l)}$，$p^{1(-)}=0$。

（2）添加 L_2-L_1 项 $s_\alpha^{1(*)}(p^{1(*)})$ 到 $h_S^1(p)$ 中，其中 $s_\alpha^{1(*)}=\frac{1}{L}\sum_{l=1}^{L}s_\alpha^{1(l)}$，$p^{1(*)}=0$。

（3）添加 L_2-L_1 项 $s_\alpha^{1(+)}(p^{1(+)})$ 到 $h_S^1(p)$ 中，其中 $s_\alpha^{1(+)}=\max_l s_\alpha^{1(l)}$，$p^{1(+)}=0$。

当存在信息缺失时，即 $\sum_{l=1}^{l}p^{(l)}<1$ 时，需要估计缺失的偏好信息以展开进一步运算和分析。下面介绍 8 种估计缺失偏好信息的方法。

(1) 比率分配法。将语言术语的缺失偏好度按比率分配给概率语言数中的语言术语，即[10]

$$\hat{p}^{(l)}=p^{(l)}\Big/\sum_{l=1}^{L}p^{(l)} \tag{1.27}$$

公式（1.27）假定当概率语言数中某语言术语的偏好度为 0 时，该语言术语在其对应的标准概率语言数中的偏好度也为 0。该方法运算简便。为简化讨论，若无特殊说明，本书一般采用公式（1.27）来补充缺失概率。

（2）平均分配法。将缺失的偏好度平均分配给语言术语集中所有的语言术语。此时，标准概率语言数可表示为[31,32]

$$\hat{h}_S(p)=\left\{s^{(l)}(\hat{p}^{(l)})\middle|s^{(l)}=s_0,\cdots,s_g\right\} \tag{1.28}$$

其中，$\hat{p}^{(l)}=p^{(l)}+\left(1-\sum_{l=1}^{L}p^{(l)}\right)\Big/g$。或

$$\hat{h}_S(p)=\left\{s^{(l)}(\hat{p}^{(l)})\middle|s^{(l)}=s_{-\tau},\cdots,s_\tau\right\} \tag{1.29}$$

其中，$\hat{p}^{(l)}=p^{(l)}+\left(1-\sum_{l=1}^{L}p^{(l)}\right)\Big/2\tau$。

（3）风险偏好分配法。这种方法根据决策者的风险偏好来分配缺失的语言偏好度[33]。当决策者为乐观态度时，将缺失的偏好度全部分配给最大的语言术语，即

$$\hat{p}^{(L)}=1-\sum_{l=1}^{L-1}p^{(l)}+p^{(L)}\text{，且 }\hat{p}^{(l)}=p^{(l)}\text{，}l=1,2,\cdots,L-1 \tag{1.30}$$

当决策者为中立态度时，将缺失的偏好度分配给平均语言术语，即 $\overline{s}_\alpha=\sum_{l=1}^{L}s_\alpha^{(l)}\Big/L=s_{\overline{\alpha}}$，其中 $\overline{\alpha}=\sum_{l=1}^{L}\alpha^{(l)}\Big/L$，$\alpha^{(l)}$ 为语言术语 $s_\alpha^{(l)}$ 的下标。于是，调整后的各语言术语概率为

$$\hat{p}(\overline{s}_\alpha)=1-\sum_{l=1}^{L}p^{(l)}+p(\overline{s}_\alpha)\text{，且 }\hat{p}^{(l)}=p^{(l)}\text{，}s_\alpha^{(l)}\neq\overline{s}_\alpha\text{，}l\in\{1,2,\cdots,L\} \tag{1.31}$$

当 $\overline{s}_\alpha$ 不存在于原始概率语言数中时，$p(\overline{s}_\alpha)=0$，且令 $\hat{p}(\overline{s}_\alpha)=1-\sum_{l=1}^{L}p^{(l)}$。

当决策者为悲观态度时，将缺失的偏好度全部分配给最小的语言术语，即

$$\hat{p}^{(1)}=1-\sum_{l=2}^{L}p^{(l)}+p^{(1)}\text{，且 }\hat{p}^{(l)}=p^{(l)}\text{，}l=2,3,\cdots,L \tag{1.32}$$

（4）全集分配法[34]。将语言术语的缺失偏好度分配给整个语言术语集（为方便表达，这里令语言术语的全集为 s_S），即概率语言数 $h_S(p)$ 缺失的偏好度 $1-\sum_{l=1}^{L}p^{(l)}$ 是分配给整个语言术语集而非某一语言术语或多个语言术语的。此时，标准概率语言数可表示为

$$\hat{h}_S(p)=\left\{s_\alpha^{(l)}(p^{(l)}),s_S\left(1-\sum_{l=1}^{L}p^{(l)}\right)\mid s_\alpha^{(l)}\in S,l=1,2,\cdots,L\right\} \tag{1.33}$$

全集分配法是一种未改变原始信息的概率语言缺失偏好度分配方法。该方法保留了偏好分配不完整造成的不确定性。该分配方法可与证据推理中的集成算法相结合来构建概率语言集成方法。一个概率语言数中缺失的偏好度可通过集合中的其他概率语言数的概率分布信息进行估计，从而降低集成结果的不确定性。此外，该分配法也可用于度量评估信息的不确定度（见 2.4 节的概率语言熵测度）。

（5）幂集分配法[35]。令语言术语集为 $S=\{s_0,s_1,\cdots,s_g\}$，Φ 为该语言术语集的所有幂集，即 $\Phi=\{\varnothing,s_0,\cdots,s_g,\{s_0,s_1\},\cdots,\{s_0,s_g\},\cdots,\{s_0,\cdots,s_{g-1}\},S\}$，共 2^{g+1} 个幂集。根据证据理论，一个概率语言数中缺失的概率可分配给语言术语集的所有幂集。此时，标准概率语言数可表示为

$$\hat{h}_S(p)=\left\{s_\alpha^{(l)}(p^{(l)}),\Phi\left(1-\sum_{l=1}^{L}p^{(l)}\right)\mid s_\alpha^{(l)}\in S,l=1,2,\cdots,L\right\} \tag{1.34}$$

（6）包络分配法[36]。将缺失概率分配给概率语言数中概率大于 0 的语言术语的包络。此时，标准概率语言数可表示为

$$\hat{h}_S(p)=\left\{s_\alpha^{(l)}(p^{(l)}),[s_\alpha^{(1)},s_\alpha^{(L)}]\left(1-\sum_{l=1}^{L}p^{(l)}\right)\mid s_\alpha^{(l)}\in S,l=1,2,\cdots,L\right\} \tag{1.35}$$

其中，$p^{(l)}>0$，$l=1,2,\cdots,L$。

（7）概率调整法。两个概率语言数的概率构成的集合往往不相等。为便于对概率语言数进行比较和分析，Wu 等[37]提出了概率语言数的调整方法，该方法能在保证所包含信息不变的前提下将两个概率语言数的概率构成的集合调整至一致。

定义 1.9[37]　令 $h_S^1(p)=\{s_\alpha^{1(l)}(p^{1(l)})\mid l=1,2,\cdots,L_1,\sum_{l=1}^{L_1}p^{1(l)}\leqslant 1\}$ 和 $h_S^2(p)=\{s_\alpha^{2(l)}(p^{2(l)})\mid l=1,2,\cdots,L_2,\sum_{l=1}^{L_2}p^{2(l)}\leqslant 1\}$ 为两个概率语言数，其标准化形式分别为 $\hat{h}_S^1(p)=\{s_\alpha^{1(l)}(\hat{p}^{1(l)})\mid l=1,2,\cdots,L_1,\sum_{l=1}^{L_1}\hat{p}^{1(l)}=1\}$ 和 $\hat{h}_S^2(p)=\{s_\alpha^{2(l)}(\hat{p}^{2(l)})\mid l=1,2,\cdots,L_2,\sum_{l=1}^{L_2}\hat{p}^{2(l)}=1\}$。假设这两个标准概率语言数 $\hat{h}_S^1(p)$ 和 $\hat{h}_S^2(p)$ 通过调整后具有相同的概率集 $P=\left\{p^{*(1)},p^{*(2)},\cdots,p^{*(K)}\right\}^{\mathrm{T}}$，那么调整后的概率语言数分别为 $h_S^{*1}(p)=\{s_\alpha^{1(k)}(p^{*(k)})\mid k=1,2,\cdots,K\}$ 和 $h_S^{*2}(p)=\{s_\alpha^{2(k)}(p^{*(k)})\mid k=1,2,\cdots,K\}$。其中，概率的调整方法如下所示。

令 $p^{*(1)}:=\min\left\{\hat{p}^{11},\hat{p}^{21}\right\}$。若 $p^{*(1)}=\hat{p}^{11}$，则 $p^{*(2)}:=\min\left\{\hat{p}^{12},\hat{p}^{21}-p^{*(1)}\right\}$；若 $p^{*(1)}=\hat{p}^{21}$，则 $p^{*(2)}:=\min\left\{\hat{p}^{22},\hat{p}^{11}-p^{*(1)}\right\}$。若 $p^{*(1)}=\hat{p}^{11}$ 且 $p^{*(2)}=\hat{p}^{12}$，则

$p^{*(3)} := \min\{\hat{p}^{13},\hat{p}^{21}-p^{*(1)}-p^{*(2)}\}$；若 $p^{*(1)}=\hat{p}^{11}$ 且 $p^{*(2)}=\hat{p}^{21}-p^{*(1)}$，则 $p^{*(3)} := \min\{\hat{p}^{12}-p^{*(2)},\hat{p}^{22}\}$；若 $p^{*(1)}=\hat{p}^{21}$ 且 $p^{*(2)}=\hat{p}^{22}$，则 $p^{*(3)} := \min\{\hat{p}^{23},\hat{p}^{22}-p^{*(1)}-p^{*(2)}\}$；若 $p^{*(1)}=\hat{p}^{21}$ 且 $\hat{p}^{11}-p^{*(1)}$，则 $p^{*(3)} := \min\{\hat{p}^{22}-p^{*(2)},\ \hat{p}^{12}\}$，…，$p^{*(K)} := \min\left\{\hat{p}^{1L_1},\hat{p}^{2L_2}\right\}$。

存在 $\hat{p}^{1(l)}=p^{*(k)}+p^{*(k+1)}+\cdots+p^{*(k+h)}$，其中 $\hat{p}^{1(l)}$ 为 $\hat{h}_S^1(p)$ 中语言术语 $s_\alpha^{1(l)}$ 的概率，{ $p^{*(k)}$， $p^{*(k+1)},\cdots,p^{*(k+h)}$ }是 $h_S^{*1}(p)$ 中语言术语 $s_\alpha^{1(l)}$ 的概率集，h 是 $h_S^{*1}(p)$ 中语言术语 $s_\alpha^{1(l)}$ 的个数。调整后的概率语言数 $h_S^{*2}(p)$ 的性质与 $h_S^{*1}(p)$ 相似。每个语言术语的概率在调整后的概率语言数中的概率和不变，即通过调整方法得到的概率语言数与原始概率语言数含有相同的信息。调整后的两个概率语言数含有相同的概率集，因此更容易进行对比和运算。需要指出的是，对于两个标准概率语言数，总能通过调整方法使其概率集相同且不改变原概率语言数中的信息。此外，该调整方法也适用于多个概率语言数的概率调整，其调整过程与两个概率语言数的调整过程类似。下面举例说明概率语言数的概率调整法。

例 1.2[37]　设两个标准概率语言数分别为 $\hat{h}_S^1(p)=\{s_1(0.2),s_2(0.5),s_3(0.3)\}$ 和 $\hat{h}_S^2(p)=\{s_0(0.6),s_1(0.4)\}$。它们可分别调整为 $h_S^{*1}(p)=\{s_1(0.2),s_2(0.4),s_2(0.1),s_3(0.3)\}$ 和 $h_S^{*2}(p)=\{s_0(0.2),s_0(0.4),s_1(0.1),s_1(0.3)\}$。调整过程如图 1.7 所示。

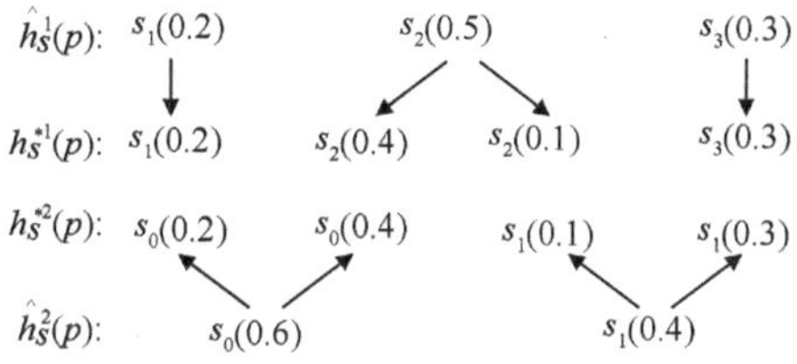

图 1.7　概率语言数的调整过程示例

（8）概率分割法。为便于运算，Liao 等[31]提出将概率语言数中各语言术语对应的概率进行拆分，使得所有语言术语都对应一个单位的概率。当一个概率语言数存在缺失概率时，将缺失的概率分配给全集。

定义 1.10[31]　令 $h_S^1(p)=\{s_\alpha^{1(l)}(p^{1(l)})\ |\ l=1,2,\cdots,L_1,\sum_{l=1}^{L_1}p^{1(l)}\leqslant 1\}$ 和 $h_S^2(p)=\{s_\alpha^{2(l)}(p^{2(l)})\,|\,l=1,2,\cdots,L_2,\sum_{l=1}^{L_2}p^{2(l)}\leqslant 1\}$ 为两个概率语言数，其标准化形式分别为 $\hat{h}_S^1(p)=\{s_\alpha^{1(l)}(p^{1(l)}),s_S(1-\sum_{l=1}^{L_1}p^{1(l)})\,|\,l=1,2,\cdots,L_1\}$ 和 $\hat{h}_S^2(p)=\{s_\alpha^{2(l)}(p^{2(l)}),s_S(1-\sum_{l=1}^{L_2}p^{2(l)})\,|\,l=1,2,\cdots,L_2\}$。通过概率拆分，将两个标准概率语言数 $\hat{h}_S^1(p)$ 和 $\hat{h}_S^2(p)$ 中的语言

术语进行重新分配，使其具有相同的概率集 $P=\left\{p^{*(1)},p^{*(2)},\cdots,p^{*(K)}\right\}^{\mathrm{T}}$，其中 $p^{*(1)}=p^{*(2)}=\cdots=p^{*(K)}=p^{\circ}$，$p^{\circ}$ 称为单元概率，是一个接近于 0 的正数。一般情况下，可令 p° 为原始概率语言数中语言术语对应概率的最小取值单位。调整后的概率语言数分别为 $h_S^{*1}(p)=\{s_\alpha^{1(k)}(p^{\circ})\ |\ k=1,2,\cdots,K\}$ 和 $h_S^{*2}(p)=\{s_\alpha^{2(k)}(p^{\circ})\ |\ k=1,2,\cdots,K\}$。

例 1.3[31]　设两个概率语言数为 $h_S^1(p)=\{s_3(0.2),s_4(0.3),s_5(0.5)\}$ 和 $h_S^2(p)=\{s_4(0.7),s_5(0.2)\}$。这两个概率语言数的概率最小取值单位为 0.1，即小数点的保留位数为 1。因此，令单元概率 $p^{\circ}=0.1$。可将概率语言数分别调整为 $h_S^{*1}(p)=\{s_3(0.1), s_3(0.1),s_4(0.1),s_4(0.1), s_4(0.1),s_5(0.1), s_5(0.1),s_5(0.1), s_5(0.1), s_5(0.1)\}$ 和 $h_S^{*2}(p)=\{s_4(0.1),s_4(0.1), s_4(0.1),s_4(0.1), s_4(0.1),s_4(0.1),s_4(0.1), s_5(0.1), s_5(0.1)\}$。由于 $h_S^{*2}(p)$ 中的概率分布不完整，可通过添加全集项，使其概率和为 1，即 $h_S^{*2}(p)=\{s_4(0.1), s_4(0.1),s_4(0.1), s_4(0.1),s_4(0.1),s_4(0.1), s_4(0.1),s_5(0.1),s_5(0.1), s_S(0.1)\}$。

1.2.3　概率语言数的运算法则

1. 基于序关系的概率语言数基本运算

在基于序关系的语言术语运算法则（定义 1.4）的基础上，Pang 等[10]定义了概率语言数的基本运算。

定义 1.11[10]　设三个标准概率语言数为 $\hat{h}_S(p)=\{s_\alpha^{(l)}(\hat{p}^{(l)})\,|\,l=1,2,\cdots,L,\sum_{l=1}^{L}\hat{p}^{(l)}=1\}$、$\hat{h}_S^1(p)=\{s_\alpha^{1(l)}(\hat{p}^{1(l)})\,|\,l=1,2,\cdots,L_1,\sum_{l=1}^{L_1}\hat{p}^{1(l)}=1\}$ 和 $\hat{h}_S^2(p)=\{s_\alpha^{2(l)}(\hat{p}^{2(l)})\,|\,l=1,2,\cdots,L_2,\ \sum_{l=1}^{L_2}\hat{p}^{2(l)}=1\}$。与前面要求每个概率语言数中语言术语升序排列不同，这里要求每个概率语言数的语言和概率项 $s_\alpha^{(l)}(\hat{p}^{(l)})$（或 $s_\alpha^{1(l)}(\hat{p}^{1(l)})$、$s_\alpha^{2(l)}(\hat{p}^{2(l)})$）根据值 $\alpha^{(l)}\times\hat{p}^{(l)}$（或 $\alpha^{1(l)}\times\hat{p}^{1(l)}$、$\alpha^{2(l)}\times\hat{p}^{2(l)}$）、$l=1,2,\cdots,L$（或 $l=1,2,\cdots,L_1$、$l=1,2,\cdots,L_2$）的大小进行升序排列，即 $\alpha^{(l)}\times\hat{p}^{(l)}\leqslant\alpha^{(l+1)}\times\hat{p}^{(l+1)}$（或 $\alpha^{1(l)}\times\hat{p}^{1(l)}\leqslant\alpha^{1(l+1)}\times\hat{p}^{1(l+1)}$、$\alpha^{2(l)}\times\hat{p}^{2(l)}\leqslant\alpha^{2(l+1)}\times\hat{p}^{2(l+1)}$），其中 $\alpha^{(l)}$、$\alpha^{1(l)}$ 和 $\alpha^{2(l)}$ 分别为语言术语 $s_\alpha^{(l)}$、$s_\alpha^{1(l)}$ 和 $s_\alpha^{2(l)}$ 的下标。

（1）加法运算：$\hat{h}_S^1(p)\oplus\hat{h}_S^2(p)=\bigcup_{s_\alpha^{1(l)}\in\hat{h}_S^1(p),s_\alpha^{2(l)}\in\hat{h}_S^2(p)}\left\{s_\alpha^{1(l)}\hat{p}^{1(l)}\oplus s_\alpha^{2(l)}\hat{p}^{2(l)}\right\}$。

（2）乘法运算：$\hat{h}_S^1(p)\otimes\hat{h}_S^2(p)=\bigcup_{s_\alpha^{1(l)}\in\hat{h}_S^1(p),s_\alpha^{2(l)}\in\hat{h}_S^2(p)}\left\{(s_\alpha^{1(l)})^{\hat{p}^{1(l)}}\otimes(s_\alpha^{2(l)})^{\hat{p}^{2(l)}}\right\}$。

（3）数乘运算：$\lambda\hat{h}_S(p)=\bigcup_{s_\alpha^{(l)}\in\hat{h}_S(p)}\left\{\lambda s_\alpha^{(l)}\hat{p}^{(l)}\right\},\lambda\geqslant 0$。

（4）指数运算：$\left(\hat{h}_S(p)\right)^\lambda=\bigcup_{s_\alpha^{(l)}\in\hat{h}_S(p)}\left\{(s_\alpha^{(l)})^{\lambda\hat{p}^{(l)}}\right\},\lambda\geqslant 0$。

2. 基于语言符号的概率语言数基本运算

Zhang 等[38]提出了另一种基于语言术语符号的概率语言集成算子。

定义 1.12[38]　设 $h_S^1(p)=\{s_\alpha^{1(l)}(p^{1(l)})\mid l=1,2,\cdots,L_1,\sum_{l=1}^{L_1}p^{1(l)}\leqslant 1\}$ 和 $h_S^2(p)=\{s_\alpha^{2(l)}(p^{2(l)})\mid l=1,2,\cdots,L_2,\sum_{l=1}^{L_2}p^{2(l)}\leqslant 1\}$ 为两个概率语言数，其标准化形式分别为 $\hat{h}_S^1(p)=\{s_\alpha^{1(l)}(\hat{p}^{1(l)})\mid l=1,2,\cdots,L_1,\sum_{l=1}^{L_1}\hat{p}^{1(l)}=1\}$ 和 $\hat{h}_S^2(p)=\{s_\alpha^{2(l)}(\hat{p}^{2(l)})\mid l=1,2,\cdots,L_2,\sum_{l=1}^{L_2}\hat{p}^{2(l)}=1\}$，其中 $L_1=L_2=L$（若 $L_1\neq L_2$，则需添加概率为 0 的语言术语到语言术语个数较少的概率语言数中）。

（1）加法运算：$\hat{h}_S^1(p)\oplus\hat{h}_S^2(p)=\{(s_\alpha^{1(l)}\oplus s_\alpha^{2(l)})(\hat{p}^{1(l)}\hat{p}^{2(l)})\mid l=1,2,\cdots,L\}$。

（2）数乘运算：$\lambda\hat{h}_S^1(p)=\{\lambda s_\alpha^{1(l)}(\hat{p}^{1(l)})\mid l=1,2,\cdots,L_1\}$，$\lambda\geqslant 0$。

定义 1.12 给出的概率语言数的两种集成算子不满足一些基本运算法则，例如，

$$\begin{aligned}\hat{h}_S^1(p)\oplus\hat{h}_S^1(p)&=\{(s_\alpha^{1(l)}\oplus s_\alpha^{1(l)})(\hat{p}^{1(l)}\hat{p}^{1(l)})\mid s_\alpha^{1(l)}\in S,\hat{p}^{1(l)}\geqslant 0,\\&\qquad l=1,2,\cdots,L_1,\sum_{l=1}^{L_1}\hat{p}^{1(l)}=1\}\\&\neq 2\hat{h}_S^1(p)=\{2s_\alpha^{1(l)}(\hat{p}^{1(l)})\mid s_\alpha^{1(l)}\in S,\hat{p}^{1(l)}\geqslant 0,\\&\qquad l=1,2,\cdots,L_1,\sum_{l=1}^{L_1}\hat{p}^{1(l)}=1\}\end{aligned}$$

3. 基于均衡语言标度函数的概率语言数基本运算

定义 1.11 和定义 1.12 给出的概率语言数的运算法则会使计算结果超出设定的语言术语集的范围，且得出的结果会丢失概率信息，使得结果的可解释性不强。为解决此问题，基于均衡形式的语言标度函数[公式（1.5）]，Gou 和 Xu[39]提出了概率语言数的另一种运算法则。

定义 1.13[39]　设三个标准概率语言数分别为 $\hat{h}_S(p)=\{s_\alpha^{(l)}(\hat{p}^{(l)})\mid l=1,2,\cdots,L,\sum_{l=1}^{L}\hat{p}^{(l)}=1\}$，$\hat{h}_S^1(p)=\{s_\alpha^{1(l)}(\hat{p}^{1(l)})\mid l=1,2,\cdots,L_1,\sum_{l=1}^{L_1}\hat{p}^{1(l)}=1\}$ 和 $\hat{h}_S^2(p)=\{s_\alpha^{2(l)}(\hat{p}^{2(l)})\mid$

$l=1,2,\cdots,L_2$，$\sum_{l=1}^{L_2}\hat{p}^{2(l)}=1\}$。$f_1$ 为均衡形式的语言标度函数，f_1^{-1} 为其反函数。它们的定义如下所示。

f_1：$[s_0,s_g]\to[0,1]$ 或 $[s_{-\tau},s_\tau]\to[0,1]$，

$$\begin{cases}f_1(s_\alpha)=\alpha/g=\theta, & \text{若} s_\alpha\in[s_0,s_g]\\ f_1(s_\alpha)=(\alpha+\tau)/2\tau=\theta, & \text{若} s_\alpha\in[s_{-\tau},s_\tau]\end{cases}$$

f_1^{-1}：$[0,1]\to[s_0,s_g]$ 或 $[0,1]\to[s_{-\tau},s_\tau]$，

$$\begin{cases}f^{-1}(\theta)=s_{g\cdot\theta}=s_\alpha, & \text{若} s_\alpha\in[s_0,s_g]\\ f^{-1}(\theta)=s_{2\tau\cdot\theta-\tau}=s_\alpha, & \text{若} s_\alpha\in[s_{-\tau},s_\tau]\end{cases}$$

（1）加法运算：$h_S^1(p)\oplus h_S^2(p)=f_1^{-1}\left(\bigcup_{s^{1(l_1)}\in h_S^1(p),s^{2(l_2)}\in h_S^2(p)}\left\{\left[f_1(s^{1(l_1)})+f_1(s^{2(l_2)})-f_1(s^{1(l_1)})f_1(s^{2(l_2)})\right]\left(p^{1(l_1)}p^{2(l_2)}\right)\right\}\right)$，$l_1=1,2,\cdots,L_1,l_2=1,2,\cdots,L_2$。

（2）乘法运算：$h_S^1(p)\otimes h_S^2(p)=f_1^{-1}\left(\bigcup_{s^{1(l_1)}\in h_S^1(p),s^{2(l_2)}\in h_S^2(p)}\left\{\left[f_1(s^{1(l_1)})\times f_1(s^{2(l_2)})\right]\left(p^{1(l_1)}p^{2(l_2)}\right)\right\}\right)$，$l_1=1,2,\cdots,L_1,l_2=1,2,\cdots,L_2$。

（3）数乘运算：$\lambda h_S(p)=f_1^{-1}\left(\bigcup_{s^{(l)}\in h_S(p)}\left\{\left(1-\left(1-f_1(s^{(l)})\right)^\lambda\right)\left(p^{(l)}\right)\right\}\right),l=1,2,\cdots,L$，$\lambda\geqslant 0$。

（4）指数运算：$\left(h_S(p)\right)^\lambda=f_1^{-1}\left(\bigcup_{s^{(l)}\in h_S(p)}\left\{f_1(s^{(l)})^\lambda(p^{(l)})\right\}\right),l=1,2,\cdots,L$，$\lambda\geqslant 0$。

（5）减法运算：$h_S^1(p)\ominus h_S^2(p)=f_1^{-1}\left(\bigcup_{s^{1(l_1)}\in h_S^1(p),s^{2(l_2)}\in h_S^2(p)}\left\{\Lambda\left(p^{1(l_1)}p^{2(l_2)}\right)\right\}\right)$，$l_1=1,2,\cdots,L_1,l_2=1,2,\cdots,L_2$，其中，

$$\Lambda=\begin{cases}\left[f_1(s^{1(l_1)})-f_1(s^{2(l_2)})\right]/\left[1-f_1(s^{2(l_2)})\right], & \text{若 } f_1(s^{1(l_1)})\geqslant f_1(s^{2(l_2)}) \text{ 且 } f_1(s^{2(l_2)})\neq 1\\ 0, & \text{否则}\end{cases}。$$

（6）除法运算：$h_S^1(p)\oslash h_S^2(p)=f_1^{-1}\left(\bigcup_{s^{1(l_1)}\in h_S^1(p),s^{2(l_2)}\in h_S^2(p)}\left\{\Lambda\left(p^{1(l_1)}p^{2(l_2)}\right)\right\}\right)$，$l_1=1,2,\cdots,L_1,l_2=1,2,\cdots,L_2$，其中，

$$\Lambda=\begin{cases}f_1(s^{1(l_1)})/f_1(s^{2(l_2)}), & \text{若 } f_1(s^{1(l_1)})\leqslant f_1(s^{2(l_2)}) \text{ 且 } f_1(s^{2(l_2)})\neq 0\\ 1, & \text{否则}\end{cases}。$$

（7）非运算：$\overline{h_S(p)}=f_1^{-1}\left(\bigcup_{s^{(l)}\in h_S(p)}\left\{\left(1-f_1(s^{(l)})\right)(p^{(l)})\right\}\right),l=1,2,\cdots,L$。

4. 基于概率独立性的概率语言数基本运算

Farhadinia 和 Xu[40]指出，概率语言数的上述三种运算法则未考虑概率作为独立事件的交叉和联合关系，即

（1）$P(P_1 \cap P_2) = P(P_1 = p^{1(l)}) \cap P(P_2 = p^{2(l)}) = \Phi$。

（2）$P(P_1 \cup P_2) = P(P_1 = p^{1(l)}) \cup P(P_2 = p^{2(l)}) = P(P_1 = p^{1(l)}) + P(P_2 = p^{2(l)})$。

为此，他们提出了考虑语言术语的概率独立性的概率语言数运算法则。

定义 1.14[40]　设三个标准概率语言数分别为 $\hat{h}_S(p) = \{s_\alpha^{(l)}(\hat{p}^{(l)}) \mid l = 1,2,\cdots, L, \sum_{l=1}^{L} \hat{p}^{(l)} = 1\}$，$\hat{h}_S^1(p) = \{s_\alpha^{1(l)}(\hat{p}^{1(l)}) \mid l = 1,2,\cdots,L_1, \sum_{l=1}^{L_1} \hat{p}^{1(l)} = 1\}$ 和 $\hat{h}_S^2(p) = \{s_\alpha^{2(l)}(\hat{p}^{2(l)}) \mid l = 1,2,\cdots,L_2, \sum_{l=1}^{L_2} \hat{p}^{2(l)} = 1\}$。

（1）指数运算：$\hat{h}_S^1(p)^\lambda = \{(s_\alpha^{1(l)})^\lambda(\hat{p}^{1(l)}) \mid s_\alpha^{1(l)} \in S, \hat{p}^{1(l)} \geqslant 0, l = 1,2,\cdots,L_1, \sum_{l=1}^{L_1} \hat{p}^{1(l)} = 1\}$。

（2）数乘运算：$\lambda \hat{h}_S^1(p) = \{\lambda s_\alpha^{1(l)}(\hat{p}^{1(l)}) \mid s_\alpha^{1(l)} \in S, \hat{p}^{1(l)} \geqslant 0, l = 1,2,\cdots,L_1, \sum_{l=1}^{L_1} \hat{p}^{1(l)} = 1\}$，其中，$\lambda \geqslant 0$。

（3）加法运算：$\hat{h}_S^1(p) \oplus \hat{h}_S^2(p) = \{(s_\alpha^{1(l)} \oplus s_\alpha^{2(l)})(\overline{\hat{p}^{1(l)} + \hat{p}^{2(l)}}) \mid s_\alpha^{i(l)} \in S, \hat{p}^{i(l)} \geqslant 0, l = 1,2,\cdots,L_i, \sum_{l=1}^{L_i} \hat{p}^{i(l)} = 1, i = 1,2\}$。

（4）乘法运算：$\hat{h}_S^1(p) \otimes \hat{h}_S^2(p) = \{(s_\alpha^{1(l)} \otimes s_\alpha^{2(l)})(\overline{\hat{p}^{1(l)} + \hat{p}^{2(l)}}) \mid s_\alpha^{i(l)} \in S, \hat{p}^{i(l)} \geqslant 0, l = 1,2,\cdots,L_i, \sum_{l=1}^{L_i} \hat{p}^{i(l)} = 1, i = 1,2\}$。其中，$\overline{\hat{p}^{1(l)} + \hat{p}^{2(l)}} = \dfrac{\hat{p}^{1(l)} + \hat{p}^{2(l)}}{\sum_{l=1}^{L}\left(\hat{p}^{1(l)} + \hat{p}^{2(l)}\right)}$。

可以证明，$\hat{h}_S^1(p)^\lambda$、$\lambda \hat{h}_S^1(p)$、$\hat{h}_S^1(p) \oplus \hat{h}_S^2(p)$ 和 $\hat{h}_S^1(p) \otimes \hat{h}_S^2(p)$ 的运算结果仍然为标准概率语言数。因为 $\overline{\hat{p}^{1(l)} + \hat{p}^{1(l)}} = \dfrac{\hat{p}^{1(l)} + \hat{p}^{1(l)}}{\sum_{l=1}^{L}\left(\hat{p}^{1(l)} + \hat{p}^{1(l)}\right)} = \dfrac{2\hat{p}^{1(l)}}{2} = \hat{p}^{1(l)}$，所以，$\hat{h}_S^1(p) \oplus \hat{h}_S^1(p) = \{(s_\alpha^{1(l)} \oplus s_\alpha^{1(l)})(\overline{\hat{p}^{1(l)} + \hat{p}^{1(l)}}) \mid l = 1,2,\cdots,L_1\} = \{2s_\alpha^{1(l)}(\hat{p}^{1(l)}) \mid l = 1,2,\cdots, L_1\} = 2\hat{h}_S^1(p) = \{2s_\alpha^{1(l)}(\hat{p}^{1(l)}) \mid l = 1,2,\cdots,L_1\}$。因此，上述加法运算满足 $\hat{h}_S^1(p) \oplus \hat{h}_S^1(p) = 2\hat{h}_S^1(p)$。

例 1.4　设语言术语集为 $S=\left\{s_\alpha \middle| \alpha=-3,-2,-1,0,1,2,3\right\}$，$h_S^1(p)=\{s_{-2}(0.5), s_{-1}(0.3)\}$ 和 $h_S^2(p)=\{s_1(0.2),s_2(0.6),s_3(0.2)\}$ 为 S 上的概率语言数。采用平均分配法将这两个概率语言数中的概率和分别扩展为 1，得到其标准形式分别为 $\hat{h}_S^1(p)=\{s_{-2}(0.6), s_{-1}(0.4)\}$，$\hat{h}_S^2(p)=\{s_1(0.2),s_2(0.6), s_3(0.2)\}$。为使其具有相同个数的语言术语，将 $s_{-1}(0)$ 添加至 $\hat{h}_S^1(p)$ 中，则 $\hat{h}_S^1(p)=\{s_{-2}(0.6), s_{-1}(0.4),s_{-1}(0)\}$。令 $\lambda=2$，根据定义 1.14，可得

（1）$\left(\hat{h}_S^1(p)\right)^2=\{(s_{-2})^2(0.6),(s_{-1})^2(0.4)\}=\{s_4(0.6),s_1(0.4)\}=\{s_1(0.4),s_4(0.6)\}$。

（2）$2\hat{h}_S^1(p)=\{2s_{-2}(0.6),2s_{-1}(0.4)\}=\{s_{-4}(0.6),s_{-2}(0.4)\}$。

（3）$\hat{h}_S^1(p)\oplus\hat{h}_S^2(p)=\{(s_{-2}\oplus s_1)((0.6+0.2)/2),(s_{-1}\oplus s_2)((0.4+0.6)/2),(s_{-1}\oplus s_3)((0+0.2)/2)\}=\{s_{-1}(0.4),s_1(0.5),s_2(0.1)\}$。

（4）$\hat{h}_S^1(p)\otimes\hat{h}_S^2(p)=\{(s_{-2}\otimes s_1)((0.6+0.2)/2),(s_{-1}\otimes s_2)((0.4+0.6)/2),(s_{-1}\otimes s_3)((0+0.2)/2)\}=\{s_{-2}(0.4),s_{-2}(0.5),s_{-3}(0.1)\}=\{s_{-3}(0.1),s_{-2}(0.9)\}$。

值得指出的是，定义 1.14 给出的概率语言数的运算法则仍可能使计算结果超出原先设定的语言术语集的范围。

5. 基于一般化的语言标度函数的概率语言数基本运算

语言术语及其概率属于两个不同的维度，具有完全不同的含义。因此，用乘法运算符或幂运算符将语言术语下标与其概率相运算的合理性难以解释。通过定义 1.9 给出的调整方法将概率语言数调整为相同概率集后，可只对语言术语进行相应的运算，以达到降维的效果。结合定义 1.9 给出的概率语言数的概率调整法和一般化的语言标度函数，Wu 和 Liao[17]提出了概率语言数的运算法则。

定义 1.15[17]　设三个标准概率语言数分别为 $\hat{h}_S(p)=\{s_\alpha^{(l)}(\hat{p}^{(l)})\,|\,l=1,2,\cdots,L,\sum_{l=1}^{L}\hat{p}^{(l)}=1\}$，$\hat{h}_S^1(p)=\{s_\alpha^{1(l)}(\hat{p}^{1(l)})\,|\,l=1,2,\cdots,L_1,\sum_{l=1}^{L_1}\hat{p}^{1(l)}=1\}$ 和 $\hat{h}_S^2(p)=\{s_\alpha^{2(l)}(\hat{p}^{2(l)})\,|\,l=1,2,\cdots,L_2,\sum_{l=1}^{L_2}\hat{p}^{2(l)}=1\}$。其中，$\hat{h}_S^1(p)$ 和 $\hat{h}_S^2(p)$ 的调整形式分别为 $h_S^{*1}(p)=\{s_\alpha^{1(k)}(p^{*(k)})\,|\,k=1,2,\cdots,K\}$ 和 $h_S^{*2}(p)=\{s_\alpha^{2(k)}(p^{*(k)})\,|\,k=1,2,\cdots,K\}$，$\alpha^{1(k)}$ 和 $\alpha^{2(k)}$ 分别为语言术语 $s_\alpha^{1(k)}$ 和 $s_\alpha^{2(k)}$ 的下标。f 为一般形式的语言标度函数，f^{-1} 为其反函数。

（1）数乘与加法混合运算：$\omega_1 h_S^1(p)\oplus\omega_2 h_S^2(p)=\omega_1 h_S^{*1}(p)\oplus\omega_2 h_S^{*2}(p)=\left\{\left(f^{-1}\left(\omega_1 f^1(s_\alpha^{1(k)})+\omega_2 f^2(s_\alpha^{2(k)})\right)\right)\left(p^{*(k)}\right)\middle|\,k=1,2,\cdots,K\right\}$，$\omega_1\in[0,1]$，$\omega_2\in[0,1]$。

（2）指数与乘法混合运算：$\left(h_S^1(p)\right)^{\omega_1}\otimes\left(h_S^2(p)\right)^{\omega_2}=\left(h_S^{*1}(p)\right)^{\omega_1}\otimes\left(h_S^{*2}(p)\right)^{\omega_2}=$

$\left\{\left(f^{-1}\left(\left(f^{1}(s_{\alpha}^{1(k)})\right)^{\omega_1}\left(f^{2}(s_{\alpha}^{2(k)})\right)^{\omega_2}\right)\right)\left(p^{*(k)}\right) \mid k=1,2,\cdots,K\right\}$，$\omega_1\in[0,1]$，$\omega_2\in[0,1]$。

（3）减法运算：$h_S^1(p)\ominus h_S^2(p)=h_S^{*1}(p)\ominus h_S^{*2}(p)=\left\{s_{\alpha}^{(k)}(p^{*(k)}) \mid k=1,2,\cdots,K\right\}$，

其中，$s_{\alpha}^{(k)}=\begin{cases} f^{-1}\left(\dfrac{f^{1}(s_{\alpha}^{1(k)})-f^{2}(s_{\alpha}^{2(k)})}{1-f^{2}(s_{\alpha}^{2(k)})}\right), & \text{若 } f^{1}(s_{\alpha}^{1(k)})\geqslant f^{2}(s_{\alpha}^{2(k)}) \text{ 且 } f^{2}(s_{\alpha}^{2(k)})\neq 1 \\ \begin{cases} 0, \text{当} s_{\alpha}\in[s_0,s_g] \\ -\tau, \text{当} s_{\alpha}\in[s_{-\tau},s_{\tau}] \end{cases}, & \text{否则} \end{cases}$。

（4）除法运算：$h_S^1(p)\oslash h_S^2(p)=h_S^{*1}(p)\oslash h_S^{*2}(p)=\left\{s_{\alpha}^{(k)}(p^{*(k)}) \mid k=1,2,\cdots,K\right\}$，

其中，$s_{\alpha}^{(k)}=\begin{cases} f^{-1}\left(f^{1}(s_{\alpha}^{1(k)})/f^{2}(s_{\alpha}^{2(k)})\right), & \text{若 } f^{1}(s_{\alpha}^{1(k)})\leqslant f^{2}(s_{\alpha}^{2(k)}) \text{ 且 } f^{2}(s_{\alpha}^{2(k)})\neq 0 \\ \begin{cases} g, \text{当} s_{\alpha}\in[s_0,s_g] \\ \tau, \text{当} s_{\alpha}\in[s_{-\tau},s_{\tau}] \end{cases}, & \text{否则} \end{cases}$。

1.2.4　概率语言数的对比法则

1. 基于语言术语序关系的对比法则

基于语言术语的序关系，Pang 等[10]提出了概率语言数的得分函数和离差函数。

定义 1.16[10]　设 $h_S(p)=\{s_{\alpha}^{(l)}(p^{(l)}) \mid l=1,2,\cdots,L,\sum_{l=1}^{L}p^{(l)}\leqslant 1\}$ 为概率语言数，其中，L 表示 $h_S(p)$ 中语言术语的个数，$\alpha^{(l)}$ 表示语言术语 $s_{\alpha}^{(l)}$ 的下标。$h_S(p)$ 的得分函数定义为

$$E(h_S(p))=s_{\bar{\alpha}}\,,\ \bar{\alpha}=\sum_{l=1}^{L}\left(\alpha^{(l)}p^{(l)}\right)\Big/\sum_{l=1}^{L}p^{(l)} \tag{1.36}$$

$h_S(p)$ 的离差函数定义为

$$\sigma(h_S(p))=\left(\sum_{l=1}^{L}\left(p^{(l)}(\alpha^{(l)}-\bar{\alpha})^2\right)\right)^{1/2}\Big/\sum_{l=1}^{L}p^{(l)} \tag{1.37}$$

2. 基于语言标度函数的对比法则

鉴于概率与语言术语下标相乘的可解释性不强，基于语言标度函数，Wu 和 Liao[17]重新定义了概率语言数的得分函数和离差函数。

定义 1.17[17]　设 $h_S(p)=\{s_{\alpha}^{(l)}(p^{(l)}) \mid l=1,2,\cdots,L,\sum_{l=1}^{L}p^{(l)}\leqslant 1\}$ 为概率语言数，其中，L 表示 $h_S(p)$ 中语言术语的个数，$\alpha^{(l)}$ 表示语言术语 $s_{\alpha}^{(l)}$ 的下标。$h_S(p)$ 的得分函数定义为

$$E(h_S(p))=\sum_{l=1}^{L}\left(f(s_\alpha^{(l)})\cdot p^{(l)}\Big/\sum_{l=1}^{L}p^{(l)}\right) \tag{1.38}$$

$h_S(p)$ 的离差函数定义为

$$\sigma(h_S(p))=\left\{\sum_{l=1}^{L}\left(\left(f(s_\alpha^{(l)})-E(h_S(p))\right)^2\cdot p^{(l)}\Big/\sum_{l=1}^{L}p^{(l)}\right)\right\}^{1/2} \tag{1.39}$$

其中，f 表示语言标度函数。

定义 1.17 定义的概率语言得分函数和离差函数适用于均衡分布或非均衡分布的语言术语集。然而，定义 1.16 只适用于均衡分布的语言术语集。

概率语言数的得分函数和离差函数的关系类似于统计学中的均值（期望值）与方差的关系。因此，可通过得分值和离差值来比较两个概率语言数的大小。

方案 1.1[17]

（1）若 $E(h_S^1(p))>E(h_S^2(p))$，则 $h_S^1(p)>h_S^2(p)$。

（2）若 $E(h_S^1(p))<E(h_S^2(p))$，则 $h_S^1(p)<h_S^2(p)$。

（3）若 $E(h_S^1(p))=E(h_S^2(p))$，则

$$\begin{cases}\text{若}\sigma(h_S^1(p))<\sigma(h_S^2(p)),\ \text{则}h_S^1(p)>h_S^2(p)\\ \text{若}\sigma(h_S^1(p))>\sigma(h_S^2(p)),\ \text{则}h_S^1(p)<h_S^2(p)\text{。}\\ \text{若}\sigma(h_S^1(p))=\sigma(h_S^2(p)),\ \text{则}h_S^1(p)\sim h_S^2(p)\end{cases}$$

例 1.5　设语言术语集为 S={s_{-3}=非常低，s_{-2}=低，s_{-1}=有点低，s_0=中等，s_1=有点高，s_2=高，s_3=非常高}，$h_S^1(p)=\{s_2(1)\}$、$h_S^2(p)=\{s_1(0.9),s_2(0.1)\}$ 和 $h_S^3(p)=\{s_1(0.2),\ s_2(0.6),s_3(0.2)\}$ 是 S 上的三个概率语言数。由公式（1.5）所示的均衡型语言标度函数 f_1 和定义 1.17 可得，$E(h_S^1(p))\approx 0.83$，$E(h_S^2(p))\approx 0.68$，$E(h_S^3(p))\approx 0.83$，$\sigma(h_S^1(p))=0$，$\sigma(h_S^2(p))\approx 0.05$，$\sigma(h_S^3(p))\approx 0.11$。由于 $E(h_S^1(p))=E(h_S^3(p))>E(h_S^2(p))$，$\sigma(h_S^1(p))<\sigma(h_S^3(p))$，因此 $h_S^1(p)>h_S^3(p)>h_S^2(p)$。

3. 基于可能度的对比法则

Bai 等[41]提出了一种基于可能度的概率语言数对比方法。随后，Liu 和 Li[42]指出，该方法只考虑了最大语言术语和最小语言术语的值，得出的对比结果可能会与事实相违背。于是，Liu 和 Li[42]对 Bai 等[41]提出的对比方法进行了改进。

定义 1.18[42]　设两个概率语言数为 $h_S^1(p)=\{s_\alpha^{1(l)}(p^{1(l)})\,|\,l=1,2,\cdots,L_1,\ \sum_{l=1}^{L_1}p^{1(l)}\leqslant 1\}$ 和 $h_S^2(p)=\{s_\alpha^{2(l)}(p^{2(l)})\,|\ l=1,2,\cdots,L_2,\ \sum_{l=1}^{L_2}p^{2(l)}\leqslant 1\}$，其标准化形式分别为

$\hat{h}_S^1(p)=\{s_\alpha^{1(l)}(\hat{p}^{1(l)})\ |\ l=1,2,\cdots,L_1',\sum_{l=1}^{L_1'}\hat{p}^{1(l)}=1\}$ 和 $\hat{h}_S^2(p)=\{s_\alpha^{2(l)}(\hat{p}^{2(l)})\ |\ l=1,2,\cdots,L_2',\sum_{l=1}^{L_2'}\hat{p}^{2(l)}=1\}$，且 $\hat{h}_S^1(p)$ 和 $\hat{h}_S^2(p)$ 含有相同个数的语言术语，即 $L_1'=L_2'=L$（若 $L_1'\neq L_2'$，则可添加一些项到较短的概率语言数中），其中，$\alpha^{1(l)}$ 和 $\alpha^{2(l)}$ 分别为语言术语 $s_\alpha^{1(l)}$ 和 $s_\alpha^{2(l)}$ 的下标。当 $\{s_\alpha^{1(l)}\ |\ l=1,2,\cdots,L\}\cap\{s_\alpha^{2(l)}\ |\ l=1,2,\cdots,L\}\neq\varnothing$ 时，$h_S^1(p)$ 不劣于 $h_S^2(p)$ 的可能度为

$$P\left(h_S^1(p)\geqslant h_S^2(p)\right)=0.5\times\left(1+\frac{\sum_{l=1}^{L}\left(s_\alpha^{1(l)}\cdot\hat{p}^{1(l)}-s_\alpha^{2(l)}\cdot\hat{p}^{2(l)}\right)}{\sum_{l=1}^{L}\left|s_\alpha^{1(l)}\cdot\hat{p}^{1(l)}-s_\alpha^{2(l)}\cdot\hat{p}^{2(l)}\right|+a\left(h_S^1(p)\cap h_S^2(p)\right)}\right)\tag{1.40}$$

其中，$a\left(h_S^1(p)\cap h_S^2(p)\right)$ 表示 $h_S^1(p)$ 与 $h_S^2(p)$ 相交部分的面积。当 $s_\alpha^{1(l)}>s_\alpha^{2(l)}$，$l=1,2,\cdots,L$ 时，$P\left(h_S^1(p)\geqslant h_S^2(p)\right)=1$；当 $s_\alpha^{1(l)}<s_\alpha^{2(l)}$，$l=1,2,\cdots,L$ 时，$P\left(h_S^1(p)\geqslant h_S^2(p)\right)=0$。

4. 基于调整的概率语言数的可能度的对比法则

定义 1.18 给出的可能度公式不满足可能度的标准化取值范围，且相交部分的值 $a\left(h_S^1(p)\cap h_S^2(p)\right)$ 难以计算。此外，公式（1.40）中将概率与语言术语直接相乘，可解释性较弱。因此，基于调整的概率语言数，可对两个概率语言数的可能度进行重新定义。

定义 1.19　设两个概率语言数分别为 $h_S^1(p)=\{s_\alpha^{1(l)}(p^{1(l)})\ |\ l=h_S^1(p)=\{s_\alpha^{1(l)}(p^{1(l)})\ |\ l=1,2,\cdots,L_1,\sum_{l=1}^{L_1}p^{1(l)}\leqslant 1\}$ 和 $h_S^2(p)=\{s_\alpha^{2(l)}(p^{2(l)})\ |\ l=1,2,\cdots,L_2,\sum_{l=1}^{L_2}p^{2(l)}\leqslant 1\}$，其调整形式分别为 $h_S^{*1}(p)=\{s_\alpha^{1(k)}(p^{*(k)})\ |\ k=1,2,\cdots,K\}$ 和 $h_S^{*2}(p)=\{s_\alpha^{2(k)}(p^{*(k)})\ |\ k=1,2,\cdots,K\}$，$\alpha^{1(k)}$ 和 $\alpha^{2(k)}$ 分别为语言术语 $s_\alpha^{1(k)}$ 和 $s_\alpha^{2(k)}$ 的下标。$h_S^1(p)$ 不劣于 $h_S^2(p)$ 的可能度可定义为

$$P\left(h_S^1(p)\geqslant h_S^2(p)\right)=\max\left(0.5\times\left(1+\frac{\sum_{k=1}^{K}(s_\alpha^{1(k)}-s_\alpha^{2(k)})\cdot p^{*(k)}}{\sum_{k=1}^{K}|\ s_\alpha^{1(k)}-s_\alpha^{2(k)}\ |\cdot p^{*(k)}+a\left(h_S^1(p)\cap h_S^2(p)\right)}\right),0\right)\tag{1.41}$$

其中，$a\left(h_S^1(p)\cap h_S^2(p)\right)=\sum_{k=1}^{K}\left(s_\alpha^{(k)}\cdot p^{*(k)}\right)$，且存在：①当 $s_\alpha^{1(k)}=s_\alpha^{2(k)}$ 时，$s_\alpha^{(k)}=s_\alpha^{1(k)}=s_\alpha^{2(k)}$；②当 $s_\alpha^{1(k)}\neq s_\alpha^{2(k)}$ 时，$s_\alpha^{(k)}=0$，$k=1,2,\cdots,K$。

性质 1.1　公式（1.41）存在以下性质。

（1）$P\left(h_S^1(p)\geqslant h_S^2(p)\right)\in[0,1]$。

（2）若 $s_\alpha^{1(k)}=s_\alpha^{2(k)}$，$k=1,2,\cdots,K$，则 $P(h_S^1(p)\geqslant h_S^2(p))=P(h_S^2(p)\geqslant h_S^1(p))=0.5$。

（3）$P\left(h_S^1(p)\geqslant h_S^2(p)\right)+P\left(h_S^2(p)\geqslant h_S^1(p)\right)+0.5\times\left(1+1/a\left(h_S^1(p)\cap h_S^2(p)\right)\right)=1$，其中，$0.5\times\left(1+1/a\left(h_S^1(p)\cap h_S^2(p)\right)\right)$ 表示 $h_S^1(p)$ 与 $h_S^2(p)$ 的无差异部分。

基于概率语言数的可能度，可根据方案 1.2 对 $h_S^1(p)$ 和 $h_S^2(p)$ 进行比较。

方案 1.2

（1）若 $P\left(h_S^1(p)\geqslant h_S^2(p)\right)>P\left(h_S^2(p)\geqslant h_S^1(p)\right)$，则 $h_S^1(p)>h_S^2(p)$，且程度为 $P\left(h_S^1(p)\geqslant h_S^2(p)\right)$。

（2）若 $P\left(h_S^1(p)\geqslant h_S^2(p)\right)=1$，则 $h_S^1(p)$ 完全优于 $h_S^2(p)$。

（3）若 $P\left(h_S^1(p)\geqslant h_S^2(p)\right)=P\left(h_S^2(p)\geqslant h_S^1(p)\right)=0.5$，则 $h_S^1(p)$ 和 $h_S^2(p)$ 无差异，记为 $h_S^1(p)\sim h_S^2(p)$。

（4）若 $P\left(h_S^1(p)\geqslant h_S^2(p)\right)<P\left(h_S^2(p)\geqslant h_S^1(p)\right)$，则 $h_S^1(p)<h_S^2(p)$。

例 1.6　例 1.5 中的三个概率语言数 $h_S^1(p)=\{s_2(1)\}$、$h_S^2(p)=\{s_1(0.9),s_2(0.1)\}$ 和 $h_S^3(p)=\{s_1(0.2),s_2(0.6),s_3(0.2)\}$ 的调整形式分别为 $h_S^{*1}(p)=\{s_2(0.2),s_2(0.6),s_2(0.1),s_2(0.1)\}$、$h_S^{*2}(p)=\{s_1(0.2),s_1(0.6),s_1(0.1),s_2(0.1)\}$ 和 $h_S^{*3}(p)=\{s_1(0.2),s_2(0.6),s_3(0.1),s_3(0.1)\}$。

$$P\left(h_S^1(p)\geqslant h_S^2(p)\right)$$
$$=\max(0.5\times\left(1+\frac{(2\times0.2-1\times0.2)+(2\times0.6-1\times0.6)+(2\times0.1-1\times0.1)+(2\times0.1-2\times0.1)}{(|2\times0.2-1\times0.2|+|2\times0.6-1\times0.6|+|2\times0.1-1\times0.1|+|2\times0.1-2\times0.1|+a\left(h_S^1(p)\cap h_S^2(p)\right)}\right),0)$$

其中，$a\left(h_S^1(p)\cap h_S^2(p)\right)=2\times0.1=0.2$。于是，$P\left(h_S^1(p)\geqslant h_S^2(p)\right)=0.91$。同理，$P\left(h_S^2(p)\geqslant h_S^1(p)\right)=0.09$，$P\left(h_S^1(p)\geqslant h_S^3(p)\right)=P\left(h_S^3(p)\geqslant h_S^1(p)\right)=0.5$，$P\left(h_S^2(p)\geqslant h_S^3(p)\right)=0.09$，$P\left(h_S^3(p)\geqslant h_S^2(p)\right)=0.91$。因此，$h_S^1(p)=h_S^3(p)>h_S^2(p)$。

对比例 1.6 的结果与例 1.5 的结果可知，由于基于可能度的对比方法未考虑概率语言数内在的不确定性，得出 $h_S^1(p)=h_S^3(p)$。基于得分函数和离差函数的对比方法运算虽然简单，但只能给出概率语言数之间的大小关系，并不能反映占优的程度。基于可能度的对比方法虽然能给出两个概率语言数间的占优程度，但计算量较大。在实际应用中，应根据需求选取合适的对比法则。

1.3　概率语言术语集在多属性决策中的应用

本节介绍多属性决策的相关概念和基本特征以及多属性价值理论。为了清晰地认识多属性决策的特征，本节将多属性决策问题根据决策依据或目标分为 7 种类型：最差属性值型、最优属性值型、最小阈值型、期望值型、属性间具有优先关系、属性间优先关系与期望值相混合型和综合属性值型。不同的决策依据对应于不同的决策方法。考虑综合值的多属性决策问题是较为常见的，多属性价值理论是解决此类问题的基本理论。为了探索基于多属性价值理论的决策方法的合理性，本节对多属性价值理论的基本原理进行分析。最后，将多属性决策方法分为占优排序方法、基于期望值的排序方法以及基于偏好关系的排序方法，并对概率语言多属性决策方法进行综述，分析概率语言环境下多属性决策的研究现状和发展趋势。

1.3.1　多属性决策

由于客观事物的复杂性，衡量方案的优劣需要综合考虑多个相互制约且无法相互替代的属性，此类问题称为多属性决策。例如，个人选择合适的工作需要综合考虑薪酬、工作环境、发展机会、地理位置、公司前景等，水资源开发规划应从成本、缺水概率、防洪、土地和森林利用、水质等方面进行衡量，企业高管对企业战略的选择可能取决于公司在一段时间内的收益、股票价格、市场份额、商业信誉、劳资关系、企业形象、社会服务等[43]。多属性决策问题因不同的决策目的、条件、背景、限制等呈现出多种不同的形式，但这些多属性决策问题在方案和属性两个维度仍具有一些共同特征。

1）方案

多属性决策需要对数个乃至数万个不等的备选方案进行筛选、分类、选择或排序等。例如，某购车顾客的备选车型可能少于 5 种，而每年竞选某公务员岗位的备考者有上百个。

2）属性

这里的属性统一指多属性决策中的目标、指标或准则等。它们往往具有以下特性。

（1）不可公度性。也称为量纲不一致性，即无法用统一的单位来衡量所有属性的取值。因此，属性之间的取值难以进行直接比较。此外，同一目标的属性值在不同时期也难以公度，如在应季时段，苹果 10 元/斤①的价钱在人们的认知中属于昂贵，而在反季节时段，苹果 10 元/斤的价钱在人们的认知中可能视为便宜。

（2）矛盾性。多属性决策问题往往无法找到理想解以使其在所有属性下均达到最优。当一个方案在某属性上达到最优时，往往在其他属性上难以达到最优。例如，当选择性能好的电脑时，它的价格自然会更高。考虑到属性间的不可公度性和矛盾性，不能将方案的所有属性值进行简单地累加来衡量方案的综合表现。

（3）定量与定性属性混合。有些属性的取值具有明确的量纲，它们属于定量指标，如价格、速度、重量等；而有些属性的取值本身不具备量纲，难以用一个数值准确表征，它们属于定性指标，如可靠性、重要性、能力、品德、工作作风等。对于定性的属性，人们只能模糊地表达其取值，如可靠性"高"、工作能力"强"等。在同一多属性决策问题中，可能同时包含定量和定性属性。

Hwang 和 Yoon[44]首次将含有多个准则的决策问题划分为多目标决策和多属性决策两个部分。图 1.8 展示了多目标决策与多属性决策的区别。多目标决策是在方案未知的情况下考虑多个目标，通过优化方法设计出令目标最大化的方案，其中可行方案有无数个且具有连续性特征。多目标决策一般利用数学规划技术来进行分析。多属性决策是基于选定的属性对有限方案进行评价，进而进行给定方案集的分类、排序或择优，其中，备选方案是已知的。与可进行选择的目标不同，属性是备选方案固有的特征、品质或性能参数。简单起见，多属性决策可以看作是离散形式的多准则决策，而多目标决策可以看作是连续形式的多准则决策。部分学者倾向于用多准则决策来表示多属性决策。本书主要讨论多属性决策问题。

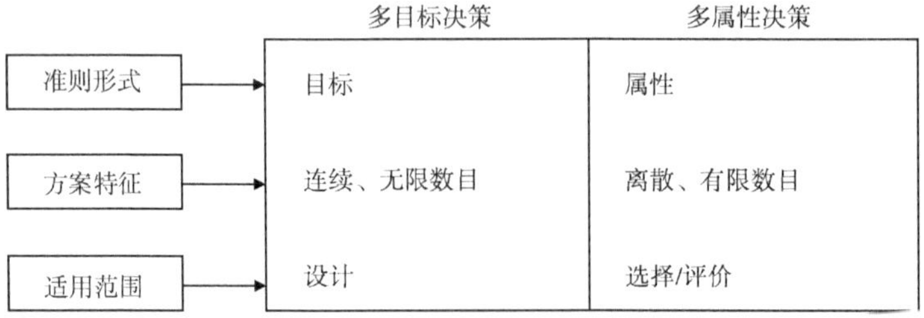

图 1.8　多目标决策与多属性决策的区别

由于实际决策问题呈现多样化，因此，应根据特定的决策目的和依据来选择适当的决策方法。

根据对决策结果的要求不同，可将多属性决策的决策目的分为 3 类[45]。

（1）分类：指基于方案在各属性下的表现值或决策者的偏好，将表现相似的

① 1 斤=0.5 千克。

方案指派到预先设定的类 A_1、A_2、⋯、A_J 中的某一类，从而对方案进行分类选择，其中 $A_1 \succ A_2 \succ \cdots \succ A_J$。若 $a_i \in A_i$，$a_t \in A_t$，且 $i < t$，则 $a_i \succ a_t$。

（2）排序：指将一系列方案根据其在所有属性下的综合表现值从优到劣进行排序。

（3）最优方案：与排序法类似，根据方案在所有属性下的综合表现值，在一系列方案中选择最优的方案或者妥协方案，但无须获得所有方案的排序关系。在实际决策中，往往找不到一个方案在所有属性下都是最优的，因此，需要找出综合表现值最好的方案，称之为妥协解。根据不同的偏好，在一个多属性决策问题中，可能存在多个妥协解，此时，还需要对妥协解做进一步评估。

根据决策依据的不同，可将多属性决策问题分为以下 7 类。

（1）最差属性值型

方案的整体表现取决于该方案表现最差的属性，如管理学中的木桶原理。基于最差属性值的多属性决策问题的解可用数学公式表示为

$$a_1^* = \left\{ a_i \mid \max_{i=1,2,\cdots,m} \min_{j=1,2,\cdots,n} x_{ij} \right\} \tag{1.42}$$

其中，x_{ij} 表示方案 a_i 在属性 c_j 下的表现值；a_1^* 表示最优方案。

（2）最优属性值型

方案的整体表现取决于该方案表现最好的属性。例如，艺术生考试结果取决于该考生在声乐、器乐、舞蹈、戏剧、书法、绘画等方面的特长。基于最优属性值的多属性决策问题的解可用数学公式表示为

$$a_2^* = \left\{ a_i \mid \max_{i=1,2,\cdots,m} \max_{j=1,2,\cdots,n} x_{ij} \right\} \tag{1.43}$$

其中，a_2^* 表示最优方案。

（3）最小阈值型

在每个属性下具有一个最小的可接受阈值。当方案达到所有属性的阈值时，才能作为可选方案。例如，一般学校要求学生每门课程的考试成绩必须及格（≥60 分），而部分学校规定学生的每门课程分数必须大于或等于 80 分才有资格参加奖学金评定。基于最小阈值的多属性决策问题的解可用数学公式表示为

$$a_3^* = \left\{ a_i \mid x_{ij} \geqslant x_j^o, j = 1,2,\cdots,n \right\} \tag{1.44}$$

其中，x_j^o 表示属性 c_j 的最低可接受阈值；a_3^* 表示可选方案集。

（4）期望值型

在每个属性下均设置一个期望水平。当方案满足所有属性的期望水平时，才能作为可选方案。例如，某人希望选择一款价格处于 6000~8000 元，内存容量至少为 6G，硬盘容量至少为 512GB 且外观好看的电脑。这些参数均为对电脑各属

性的期望值。基于期望值的多属性决策问题的解可用数学公式表示为

$$a_4^* = \left\{a_i \mid x_{ij} \geqslant x_j^E, j = 1,2,\cdots,n\right\} \tag{1.45}$$

其中，x_j^E 表示决策者对属性 c_j 的期望值；a_4^* 表示可选方案集。一般情况下，存在 $x_j^E \geqslant x_j^o$。有些决策问题只要求部分属性达到期望水平，而对其他属性无要求。例如，某顾客只要求电脑的价格处于 6000~8000 元且内存容量至少为 6G，而对硬盘容量、显示屏、外观等没有具体的要求，但是其参数越高越好。

（5）属性间具有优先关系

首先考虑方案在重要属性下的优劣情况，选择出表现最好的方案。当有多个方案表现最好时，则需要比较他们在第二重要的属性下的优劣表现。以此类推，选择出最好的方案。例如，当某房地产公司需要从多个项目中选择一项进行投资时，它们优先考虑的是成本问题，希望选择成本最低的项目；其次是风险问题，当多个方案的成本都为最低或接近最低时，再对这些方案的风险程度进行比较。属性间具有优先关系的多属性决策问题的解可用数学公式表示为

$$a_5^* = \left\{a_i \mid x_{i*} = \max_{t=1,2,\cdots,m} x_{t*}, \cdots\right\} \tag{1.46}$$

其中，x_{t*} 表示方案 a_t 在属性 c^* 下的表现值；c^* 表示具有优先关系的属性；a_5^* 表示最优方案。

（6）属性间优先关系与期望值相混合型

属性间具有优先关系，且只需考虑优先关系靠前的属性的期望值（或阈值）。以购买电脑为例，某顾客优先考虑电脑的内存容量，要求至少为 6G，从而筛选出符合要求的电脑型号。其次，考虑电脑的价格，要求为 6000~8000 元。若仍存在多个型号的电脑满足要求，则再考虑硬盘容量，要求至少为 512GB。假如至少有两个型号电脑满足上述要求，则再考虑外观，选择出外观好看的型号。依次对备选电脑进行筛选，直到留下最后一个型号作为购买对象。基于具有优先关系与期望相混合的属性的多属性决策问题的解可用数学公式表示为

$$a_6^* = \left\{a_i \mid x_{i*} \geqslant x_*^E, \cdots\right\} \tag{1.47}$$

其中，x_{i*} 表示方案 a_i 在属性 c^* 下的表现值；c^* 表示具有优先关系（最重要）的属性；x_*^E 表示属性 c^* 的期望值；a_6^* 表示最优方案。

（7）综合属性值型

此类决策问题要求根据方案在各属性下的综合值进行排序或择优，属性间没有优先关系，单个方案在属性间的表现值具有互补关系，各属性下无最低要求和期望水平。这是最常见的多属性决策问题，往往需要在值函数的帮助下进行运算和选择。例如，在博士研究生入学面试中，考官会分别就考生的毕业学校、发表

论文/著作、科研潜力及求学动机等进行考察和评估，考生的面试成绩由这些考察方面的综合得分决定。基于综合属性值的多属性决策问题的解可用数学公式表示为

$$a_7^* = \left\{ a_i \mid \max_i \left(f_1(x_{i1}) \pounds \cdots \pounds f_j(x_{ij}) \pounds \cdots \pounds f_n(x_{in}) \right) \right\} \tag{1.48}$$

其中，a_7^* 表示最优方案；f_j 表示属性 c_j 的值函数；£表示集成运算符。£通常为加法运算或乘法运算。根据决策者对选择对象的不同要求，选择不同的集成算法。当决策者认为方案在一个属性下差的得分值能被该方案在另一个属性下优的得分值同等程度地进行补偿时，可选择加法集成运算。当决策者不希望选择的方案在某些属性下表现非常差，即方案在一个属性下差的得分值不能被该方案在另一个属性下优的得分值同等程度地补偿时，可选择乘法集成运算。此外，当决策者聚焦于每个方案最劣或最优的属性值时，可选择求最值运算。

基于决策依据（1）和（2）的多属性决策问题较为简单，决策者容易直观地选择出最优方案。基于决策依据（5）和（6）的多属性决策问题也依赖于决策者的逻辑判断进行决策，无须复杂的运算。与决策依据（1）和（2）相比，决策依据（5）和（6）需要分析的步骤增加。基于决策依据（7）的多属性决策问题是最复杂的问题，难以根据决策者的直观分析来解决，且会根据附加条件（如属性间的关联性）的变化而需要采用不同的决策方法进行分析。这种类型的多属性决策问题也是学者关注和研究的焦点。迄今为止，超过 20 种多属性决策方法已被提出，包括 TOPSIS[46]、VIKOR[47]、DNMA[48,49]、ELECTRE[50]、PROMETHEE[51]、收益损失占优得分（gained and lost dominance score，GLDS）法[17,52]等。与决策依据（7）相比，决策依据（3）和（4）多了一个筛选过程，即当挑选出不满足要求的方案后，基于决策依据（3）和（4）的多属性决策过程与基于决策依据（7）的多属性决策过程相似，需要找出满足要求的各方案中的最优方案。

1.3.2　多属性价值理论

多属性价值理论[53]是指在属性维度不一致的情况下，通过边际值函数（marginal value function）将不同属性的值转换为统一的值，从而实现不同属性下的方案表现值间的比较或集成运算的理论。多属性价值理论是解决多属性决策问题的基本理论。在引入多属性价值理论之前，需要介绍偏好关系。

对于一个多属性决策问题，每个方案在各属性下具有一个评估值。在单个属性下，这些评估值可以进行大小比较。令 X 为一个固定且有限的选项集，其中，$a,b \in X$。偏好关系指选项集 X 中的二元关系“$\succ$”[54]。若 a 偏好于 b，则可表示为 $a \succ b$；若 a 与 b 为无差异关系，则可表示为 $a \sim b$。“$\succ$”表示严格偏好关系，而“$\sim$”表示非严格偏好关系，即若严格偏好关系 $a \succ b$ 或 $b \succ a$ 不成立，则存在

$a \sim b$。若不存在 $b \succ a$，则可将 a 与 b 的偏好关系表示为 $a \succeq b$。其中，“$\succeq$”称为弱偏好关系。偏好关系存在以下性质[55]。

（1）反对称性。一对选项相互间的严格偏好关系不能同时成立，即 $a \succ b$ 和 $b \succ a$ 不能同时存在。这是偏好理论的基本性质。

（2）传递性。若 $a \succ b$ 且 $b \succ c$，则 $a \succ c$。

多属性价值理论的主要思想是，假设在每个属性下方案间具有一定的序偏好关系，且可以通过表示序关系的值函数来刻画该偏好关系，则值函数刻画的不同属性的值可通过价值函数集成起来，得到方案的综合属性值和综合偏好关系，从而对方案进行排序或择优。

令 $\tilde{v}$ 为一个偏好表示函数。在确定型的多属性决策环境下，该函数被称为边际值函数[56]。值函数具备有序性，即当且仅当 $\tilde{v}(a) > \tilde{v}(b)$ 时，存在 $a \succ b$[54]。值函数只表示选项间的顺序关系，而无其他的附加含义。边际值函数不是固定的，不同的决策问题可能会使用不同的边际值函数，但所有的边际值函数应具有单调递增性。

两对选项间的偏好强度差异能反映选项间的占优关系。令 $a,b,c,d,a',b',c' \in X$，若 a 对 b 的偏好强度大于或等于 b 对 c 的偏好强度，则可表示为 $ab \succeq^* bc$。若 $ab \succeq^* a'b'$ 且 $bc \succeq^* b'c'$，则 $ac \succeq^* a'c'$[46]。存在一个实值函数 v，当且仅当

$$v(a) - v(b) \geqslant v(c) - v(d) \tag{1.49}$$

存在，

$$ab \succeq^* cd \tag{1.50}$$

即 a 对 b 的偏好强度大于或等于 c 对 d 的偏好强度。这里，v 是一个正线性变换函数（即序数函数）。若存在另一个函数 v'，满足

$$v'(a) - v'(b) \geqslant v'(c) - v'(d) \tag{1.51}$$

那么，

$$v'(a) = \alpha v(a) + \beta\text{，}\alpha > 0 \tag{1.52}$$

当且仅当 $a \succeq c$ 时，存在 $ab \succeq^* cb$。由此可推出，当且仅当 $v(a) > v(c)$ 时，$a \succeq c$。因此，v 是 X 上的边际值函数，亦称为可测值函数（measurable value function）。

在多属性决策问题中，决策者需要考虑在多个属性（$C = \{c_1, c_2, \cdots, c_n\}$）上的一系列方案（$A = \{a_1, a_2, \cdots, a_n\}$）的综合表现。常用的解决方法是通过模型将每个方案的所有属性值集成为一个综合属性值。该模型称为价值函数模型[56,57]，可表示为

$$V(c) = V(c_1, c_2, \cdots, c_n) \tag{1.53}$$

令 $x(a) = \{x_1(a), x_2(a), \cdots, x_n(a)\}$ 表示方案 a 的 n 个属性值，则价值函数 V 满足[58]：① $V[x(a_i)] > V[x(a_t)] \Leftrightarrow a_i \succ a_t$；② $V[x(a_i)] = V[x(a_t)] \Leftrightarrow a_i \sim a_t$。

（1）加性价值函数可表示为[58]

$$V(x_1(a),x_2(a),\cdots,x_n(a))=\sum_{j=1}^{n}v_j(x_j(a)) \tag{1.54}$$

（2）积性价值函数可表示为[58]

$$V(x_1(a),x_2(a),\cdots,x_n(a))=\prod_{j}v_j(x_j(a)) \tag{1.55}$$

其中，v_j 表示属性 c_j 的值函数（亦为可测值函数）。一般情况下，可选择的值函数满足 $\max_i v_j(x_j(a_i))=1$ 且 $\min_i v_j(x_j(a_i))=0$ [56]。

加性价值函数的前提假设是属性间相互独立[56]。由于实际决策问题中许多属性是相互关联的[59]，如在评估科研人员的综合素质时，其发表论文量与其科研积极性具有正相关关系。因此，要求属性间偏好独立限制了加性价值函数的应用范围[60]。

1.3.3　概率语言多属性决策方法综述

多属性决策方法主要包括 ELECTRE[50]、层次分析法（analytic hierarchical process，AHP）[61]、PROMETHEE [51]、TOPSIS[43]、VIKOR[47]、ORESTE（Organísation, Rangement et Synthèse de Données Relarionnelles）[62-64]等。随着研究的发展以及实际决策环境的变化，一些新的多属性决策方法被提出，如 MULTIMOORA [65,66]、最优最劣法（best worst method，BWM）[67]、GLDS [17,52] 和 DNMA [48,49]。这些多属性决策方法主要可分为三大类：①基于属性值的排序法，如 TOPSIS、VIKOR、MULTIMOORA、DNMA 等；②占优排序法，如 PROMETHEE、ELECTRE、ORESTE、GLDS 等；③基于偏好关系的排序法，如 AHP、BWM 等。

在实际多属性决策问题中，决策信息呈现出多样化，如精确数、区间数、模糊数（包括直觉模糊数、区间模糊数、区间直觉模糊数、犹豫模糊数、直觉积性模糊数等）、语言变量（包括语言术语、犹豫模糊语言数、连续区间值语言数、二元语义表达模型、虚拟语言术语模型、比例二元语义表达模型、语言犹豫模糊数、概率语言数）等。多属性决策方法已被拓展至不同的决策环境用于处理不同形式的决策信息，其拓展的基本原理是将评估信息表达模型的相关理论，如基本运算、测度理论、集成算法等融入一般环境下的多属性决策方法中。概率语言数是刻画个人或群体的复杂评估信息的有效工具，其蕴含的信息量更加丰富。因此，基于概率语言信息的多属性决策方法逐渐受到学者的关注。

占优排序方法的基本思想是基于方案在各属性下的评估值计算方案间的偏好强度，并在每个属性下构建备择方案集的一致性矩阵及非一致性矩阵，通过集成一致性指标和非一致性指标得到方案的综合偏好强度，进而选出最优方案。占优排序方法中的一致性和非一致性分别指两方案间的占优关系和被占优关系。自 Roy[50]提出 ELECTRE Ⅰ方法后，为解决选择、排序、分类等决策问题，一系列拓展形式的 ELECTRE 方法被提出，包括 ELECTRE Ⅱ、ELECTRE Ⅲ、ELECTRE Ⅳ、ELECTRE TRI 等[68]。基于 Bai 等[41]提出的概率语言可能度公式来判断方案间的占优强度，Pan 等[69]将 ELECTRE Ⅱ方法与概率语言集相结合来解决决策信息为概率语言数的多属性决策问题。为求解数据不完整的概率语言多属性决策问题，Liao 等[31]提出了概率语言 ELECTRE Ⅲ方法。考虑到将 ELECTRE Ⅲ拓展到概率语言环境时出现的新问题，Liao 等[31]给出了概率语言数的减法和除法运算，并引入 Borda 法则来集成方案的一致性指标、非一致性指标和占优程度。与 ELECTRE 方法通过引入阈值来判断方案间的强偏好关系、弱偏好关系和无差异关系不同，PROMETHEE 方法注重使用偏好函数详细地刻画方案间的偏好程度，在一定程度上降低了方法的主观性。通过引入概率语言可能度算子作为偏好函数，Liu 和 Li[42]将 PROMETHEE 方法拓展到概率语言环境下。Wu 等[70]提出了基于距离测度的概率语言偏好函数，并将 ORESTE 方法中的冲突分析框架引入 PROMETHEE 中来判断方案间的偏好、无差异和不可比关系，从而提升 PROMETHEE 方法的决策结果的可靠性。为反映决策者的有限理性行为，Gomes 和 Lima[71]引入了基于前景理论的偏好函数，并在 PROMETHEE 的基础上提出了 TODIM①占优排序法。许多学者从不同角度研究了概率语言环境下的 TODIM 法。例如，基于概率语言分离度法[10]，Liu 和 You [72]探讨了概率语言 TODIM 法。在引入新的概率语言距离测度和对比方法的基础上，Zhang 等[73]提出了概率语言 TODIM 法并将其应用于水资源安全评估问题中。Liang 等[74]研究了定量与定性信息相混合的概率语言 TODIM 法并应用于金矿清洁生产评估中。Liu 和 Teng[75]提出了将熵权法与 TODIM 相结合的多属性决策方法来帮助顾客通过在线评论选择产品。ORESTE 方法是另一种占优排序法，它的特别之处在于无须属性权重即能清晰地展示方案间的偏好、无差异和不可比关系。然而，传统的 ORESTE 方法只能处理决策信息表示为偏好关系的决策问题。Wu 和 Liao[30]使用概率语言的距离测度替换了方案的排序，改进了 ORESTE 中的集成算法，构建了概率语言环境下的冲突分析框架，并在此基础上提出了概率语言 ORESTE 方法。在提出一系列概率语言可能度算子后，Feng 等[76]将传统的 QUALIFLEX②方法与概率语言集结合，定义了一种考虑一致性和非一致性的概率语言占优排序法。

以上提到的概率语言占优排序方法均是传统占优排序方法的拓展形式。Wu 和 Liao[17]认为两方案间存在非绝对占优关系，即在属性 c_j 下方案 a_i 对 a_t 的占优度

① TODIM，tmada de decisao interativa e multi-critevio in French。

② QUALIFLEX，qualitative flexible multiple criteria。

及方案 a_t 对 a_i 的占优度可同时大于 0，而概率语言数能有效地反映方案间的非绝对占优关系。为此，Wu 和 Liao[17]在引入概率语言占优流定义的基础上，提出了概率语言 GLDS 方法，该方法通过计算获得的占优流和失去的占优流来反映方案的综合表现值及最劣表现值。随后，基于概率语言 GLDS 方法，Liao 等[52]研究了汶川地震灾后重建效果，通过对汶川与北川居民幸福度的比较发现，汶川的灾后重建效果良好。在对四川某公共医院的采血室改造前、改造中和改造后的患者满意度分别进行问卷调查后，Ming 等[77]使用概率语言 GLDS 方法对该采血室的改造效果进行了评价，并找出了改造的不足之处。

在概率语言环境下，基于偏好关系的排序法的研究暂不多见。Xie 等[78]提出了评估信息表示为概率语言偏好关系的概率语言 AHP 方法。与占优排序方法及基于偏好关系的排序方法相比，基于价值理论的多属性决策方法具有计算简单、易于理解且能直接获取所有方案排序等优势。因此，本书集中介绍概率语言环境下基于属性值的多属性决策方法。需要特别说明的是，本书在论述属性或方案的取值时，习惯性地将其称为属性或方案的效用值。实际上，效用值是一个和概率相关的概念。除非特殊说明，本书提到的效用值均指的是属性或方案的价值。

基于属性值的多属性决策方法的基本原理是为每个属性挑选一个边际值函数（通常采用标准化方法）将属性值归一化，再通过价值函数（集成函数）将标准化后的多个属性值集成为综合属性值，最后根据综合属性值的大小关系得到方案间的优先关系。基于属性值的不同多属性决策方法的主要区别在于所使用的边际值函数和价值函数不同。事实上，难以通过协调属性间的实际取值来确定每个属性的具体边际值函数。一种有效且简便的方法是采用标准化方法将实际属性值归一化到 0~1，从而实现属性值的无量纲化。使用合理的标准化方法是基于属性值来解决多属性决策问题的关键。众所周知，不同的标准化方法具有不同的优缺点，而传统上基于属性值的多属性决策方法只考虑一种标准化技术，这可能会使决策结果无法满足实际要求。为此，Liao 和 Wu[49]提出了 DNMA 方法来弥补传统基于属性值的排序方法在实际应用中的局限性。该方法考虑了两种具有互补关系的标准化方法及三种含有不同功能的集成函数。为解决含有概率语言信息的多属性决策问题，学者还研究了概率语言 TOPSIS 法、概率语言 VIKOR 法、概率语言 MULTIMOORA 法等。本书第 4~6 章将对这几种多属性决策方法进行详细的介绍。

第 2 章　概率语言信息测度

信息测度是决策分析的基础。本章主要介绍概率语言信息的距离测度、相似性测度、关联测度以及熵测度。距离测度主要用于衡量两组概率语言数之间的差异，相似性测度主要用于衡量两组概率语言数之间的相似程度，关联测度主要用于测量两组概率语言数之间的相关性，熵测度主要用于度量概率语言信息的不确定性程度。首先，我们介绍三种概率语言距离测度，包括概率语言分离度、基于概率调整法的概率语言距离测度和基于语言标度函数的概率语言距离测度，深入分析这些距离测度的优缺点和适用范围，并在此基础上提出概率语言混合测度。其次，介绍两种概率语言相似性测度，第一种是基于相似性测度与距离测度的关系而提出的，第二种是基于 Cosine 算子而提出的。再次，介绍基于皮尔逊相关系数的概率语言关联测度，并对其性质进行深入分析。本章的相关系数表征的是两个概率语言集之间的相关关系，而其他测度是度量两个概率语言数之间的关系。最后，介绍概率语言犹豫熵测度以及概率语言模糊熵测度，通过理论与案例相结合的方式分析此种熵测度的不足之处，提出基于香农熵的概率语言熵测度，并基于香农熵对上述概率语言熵测度进行改进。本章主要使用下标对称的语言术语集，即 $S=\left\{s_\alpha\left|\alpha=-\tau,\cdots,-1,0,1,\cdots,\tau\right.\right\}$ 。基于其他形式的语言术语集的概率语言测度方法可进行类似推导，故不再一一说明。

2.1　概率语言信息的距离测度

距离测度用于测量不同数据单元之间的距离，是许多决策方法，如 TOPSIS、ELECTRE、PROMETHEE、VIKOR 等的理论基础。

性质 2.1[37]　设两个概率语言数为 $h_S^1(p)=\{s_\alpha^{1(l)}(p^{1(l)})\,|\,l=1,2,\cdots,L_1,\sum_{l=1}^{L_1}p^{1(l)}\leqslant 1\}$ 和 $h_S^2(p)=\{s_\alpha^{2(l)}(p^{2(l)})\,|\,l=1,2,\cdots,L_2,\sum_{l=1}^{L_2}p^{2(l)}\leqslant 1\}$ ，其距离测度 $d\left(h_S^1(p),h_S^2(p)\right)$ 应满足以下性质。

（1）$0\leqslant d\left(h_S^1(p),h_S^2(p)\right)\leqslant 1$。

（2）$d\left(h_S^1(p),h_S^2(p)\right)=0$，当且仅当 $h_S^1(p)=h_S^2(p)$。

（3）$d\left(h_S^1(p),h_S^2(p)\right)=d\left(h_S^2(p),h_S^1(p)\right)$。

（4）$d\left(h_S^1(p),h_S^2(p)\right)=1$，当且仅当 $h_S^1(p)=\{s_\tau(1)\}$（或 $\{s_{-\tau}(1)\}$）且 $h_S^2(p)=\{s_{-\tau}(1)\}$（或 $\{s_\tau(1)\}$）。

学者提出了几种不同的概率语言距离测度方法。基于语言术语的序关系，Pang 等[10]定义了概率语言数之间的分离度用来度量概率语言信息间的差异。

定义 2.1[10]　设语言术语集 $S=\left\{s_\alpha \middle| \alpha=-\tau,\cdots,-1,0,1,\cdots,\tau\right\}$，$S$ 上的两个概率语言数分别为 $h_S^1(p)=\{s_\alpha^{1(l)}(p^{1(l)})\,|\,l=1,2,\cdots,L_1,\sum_{l=1}^{L_1}p^{1(l)}\leqslant 1\}$ 和 $h_S^2(p)=\{s_\alpha^{2(l)}(p^{2(l)})\,|\,l=1,2,\cdots,L_2,\sum_{l=1}^{L_2}p^{2(l)}\leqslant 1\}$，其标准形式分别为 $\hat{h}_S^1(p)=\{s_\alpha^{1(l)}(\hat{p}^{1(l)})\,|\,l=1,2,\cdots,L_1,\sum_{l=1}^{L_1}\hat{p}^{1(l)}=1\}$ 和 $\hat{h}_S^2(p)=\{s_\alpha^{2(l)}(\hat{p}^{2(l)})\,|\,l=1,2,\cdots,L_2,\sum_{l=1}^{L_2}\hat{p}^{2(l)}=1\}$。若 $L_1\neq L_2$，则添加一些语言术语到较短的概率语言数中，使得 $\hat{h}_S^1(p)$ 和 $\hat{h}_S^2(p)$ 含有相同个数的语言术语，即 $L_1'=L_2'=L$，此时 $\hat{h}_S^1(p)=\{s_\alpha^{1(l)}(\hat{p}^{1(l)})\,|\,l=1,2,\cdots,L_1',\sum_{l=1}^{L_1'}\hat{p}^{1(l)}=1\}$ 和 $\hat{h}_S^2(p)=\{s_\alpha^{2(l)}(\hat{p}^{2(l)})\,|\,l=1,2,\cdots,L_2',\sum_{l=1}^{L_2'}\hat{p}^{2(l)}=1\}$。$h_S^1(p)$ 与 $h_S^2(p)$ 间的分离度被定义为

$$\bar{d}\left(\hat{h}_S^1(p),\hat{h}_S^2(p)\right)=\sqrt{\frac{\sum_{l=1}^{L}\left(\hat{p}^{1(l)}\alpha^{1(l)}-\hat{p}^{2(l)}\alpha^{2(l)}\right)^2}{L}} \tag{2.1}$$

其中，$\alpha^{1(l)}$ 和 $\alpha^{2(l)}$ 分别为语言术语 $s_\alpha^{1(l)}$ 和 $s_\alpha^{2(l)}$ 的下标。

需要指出的是，$\bar{d}\left(\hat{h}_S^1(p),\hat{h}_S^2(p)\right)$ 的取值范围不等于 $[0,1]$，不满足距离测度的基本性质。因此，概率语言数的分离度并不是严格的距离测度。此外，将概率与语言术语直接相乘的实际含义难以解释。该分离度算子无法准确反映两个概率语言数之间的实际差异。下面举例说明此问题。

例 2.1　设语言术语集为 $S=\left\{s_\alpha \middle| \alpha=-3,-2,-1,0,1,2,3\right\}$，$h_S^1(p)=\{s_1(0.4),s_2(0.4)\}$、$h_S^2(p)=\{s_1(0.8)\}$ 和 $h_S^3(p)=\{s_2(0.1),s_3(0.9)\}$ 为 S 上的三个概率语言数。将概率和扩展为 1，得到上述概率语言数的标准形式分别为 $\hat{h}_S^1(p)=\{s_1(0.5),s_2(0.5)\}$、$\hat{h}_S^2(p)=\{s_1(1)\}$ 和 $\hat{h}_S^3(p)=\{s_2(0.1),s_3(0.9)\}$。为使其长度一致，将 $s_1(0)$ 添

加至 $\hat{h}_S^2(p)$ 中，则 $\hat{h}_S^2(p)=\{s_1(0), s_1(1)\}$。根据公式（2.1）可得

$$\bar{d}\left(\hat{h}_S^1(p),\hat{h}_S^2(p)\right)=\sqrt{\left((0.5\times1-0\times1)^2+(0.5\times2-1\times1)^2\right)/2}\approx0.35$$

同理，$\bar{d}\left(\hat{h}_S^1(p),\hat{h}_S^3(p)\right)\approx1.22$，$\bar{d}\left(\hat{h}_S^2(p),\hat{h}_S^3(p)\right)\approx1.21$。该结果显示，$\hat{h}_S^3(p)$ 贴近于 $\hat{h}_S^2(p)$ 而远离 $\hat{h}_S^1(p)$，与事实相违背。

Lin 和 Xu[79]对上述概率语言分离度进行了改进，提出了如下概率语言距离测度：

$$d'\left(\hat{h}_S^1(p),\hat{h}_S^2(p)\right)=\sqrt{\frac{1}{L}\sum_{l=1}^{L}\left(\hat{p}^{1(l)}\frac{\alpha^{1(l)}}{\tau}-\hat{p}^{2(l)}\frac{\alpha^{2(l)}}{\tau}\right)^2} \tag{2.2}$$

事实上，公式（2.2）仅对公式（2.1）进行了归一化。根据公式（2.2），可得例 2.1 中三个概率语言数之间的距离分别为 $d'\left(\hat{h}_S^1(p),\hat{h}_S^2(p)\right)\approx0.12$、$d'\left(\hat{h}_S^1(p),\hat{h}_S^3(p)\right)\approx0.41$ 和 $d'\left(\hat{h}_S^2(p),\hat{h}_S^3(p)\right)\approx0.40$。该结果依然与事实相违背。

Zhang 等[38]定义两个概率语言数的距离测度为

$$d''\left(\hat{h}_S^1(p),\hat{h}_S^2(p)\right)=\sum_{l=1}^{L}\left(\hat{p}^{1(l)}\hat{p}^{2(l)}\right)\left(\left|\alpha^{1(l)}-\alpha^{2(l)}\right|/2\tau\right) \tag{2.3}$$

公式（2.3）将概率语言数与对应项的概率相乘的合理性难以解释。在添加语言术语使概率语言数具有相同个数的语言术语的情况下，概率相乘容易出现较多结果项的概率为 0 的情况，从而导致测度结果偏离实际。此外，当 $\alpha^{1(l)}=\alpha^{2(l)}$，且 $\hat{p}^{1(l)}\neq\hat{p}^{2(l)}$ 时，公式（2.3）定义 $\hat{h}_S^1(p)$ 与 $\hat{h}_S^2(p)$ 在第 l 项上是无差异的，这显然不符合实际情况。下面通过例 2.2 来说明以上问题。

例 2.2　设语言术语集为 $S=\left\{s_\alpha \middle| \alpha=-3,-2,-1,0,1,2,3\right\}$，$\hat{h}_S^1(p)=\{s_2(1)\}$ 和 $\hat{h}_S^2(p)=\{s_1(0.9),s_2(0.1)\}$ 分别为 S 上的两个标准概率语言数。添加语言术语 $s_2(0)$ 到 $\hat{h}_S^1(p)$ 中，使其与 $\hat{h}_S^2(p)$ 具有相同个数的语言术语，使得 $\hat{h}_S^1(p)=\{s_2(0),s_2(1)\}$。根据公式（2.3），可得

$$d''\left(\hat{h}_S^1(p),\hat{h}_S^2(p)\right)=(0\times0.9)\times((2-1)/6)+(0.1\times1)\times((2-2)/6)=0$$

该结果显示 $\hat{h}_S^1(p)$ 与 $\hat{h}_S^2(p)$ 为无差异关系。这显然不符合实际。

通过以上分析发现，已有的概率语言距离测度主要存在两个问题：①语言术语与其对应概率之间相乘的合理性难以解释；②添加多余的语言术语会使原始概率语言数包含的信息丢失或信息失真。

Wu 等[37]提出了基于概率调整法的概率语言距离测度。该测度方法无须添加语言术语，而是将两个概率语言数调整为含有相同的概率集，只需要对两个概率语言数中对应项的语言术语进行比较，达到对概率语言数进行降维运算的效果，具备较强的可解释性。

定义 2.2[37]　设语言术语集为 $S=\{s_\alpha|\alpha=-\tau,\cdots,-1,0,1,\cdots,\tau\}$，$h_S^1(p)=\{s_\alpha^{1(l)}(p^{1(l)})\,|\,l=1,2,\cdots,L_1,\sum_{l=1}^{L_1}p^{1(l)}\leqslant 1\}$ 和 $h_S^2(p)=\{s_\alpha^{2(l)}(p^{2(l)})\,|\,l=1,2,\cdots,L_2,\sum_{l=1}^{L_2}p^{2(l)}\leqslant 1\}$ 是 S 上的两个概率语言数，其标准形式分别为 $\hat{h}_S^1(p)=\{s_\alpha^{1(l)}(\hat{p}^{1(l)})\,|\,l=1,2,\cdots,L_1,\sum_{l=1}^{L_1}\hat{p}^{1(l)}=1\}$ 和 $\hat{h}_S^2(p)=\{s_\alpha^{2(l)}(\hat{p}^{2(l)})\,|\,l=1,2,\cdots,L_2,\sum_{l=1}^{L_2}\hat{p}^{2(l)}=1\}$，且对应的调整形式分别为 $h_S^{*1}(p)=\{s_\alpha^{1(k)}(p^{*(k)})\,|\,k=1,2,\cdots,K\}$ 和 $h_S^{*2}(p)=\{s_\alpha^{2(k)}(p^{*(k)})\,|\,k=1,2,\cdots,K\}$（概率调整方法如定义 1.9 所示）。

（1）概率语言数 $\hat{h}_S^1(p)$ 和 $\hat{h}_S^2(p)$ 的汉明距离为

$$d_{\text{hd}}\left(\hat{h}_S^1(p),\hat{h}_S^2(p)\right)=\sum_{k=1}^{K}p^{*(k)}\frac{\left|\alpha^{1(k)}-\alpha^{2(k)}\right|}{2\tau}\tag{2.4}$$

（2）概率语言数 $\hat{h}_S^1(p)$ 和 $\hat{h}_S^2(p)$ 的欧氏距离为

$$d_{\text{ed}}\left(\hat{h}_S^1(p),\hat{h}_S^2(p)\right)=\sqrt{\sum_{k=1}^{K}p^{*(k)}\left(\frac{\alpha^{1(k)}-\alpha^{2(k)}}{2\tau}\right)^2}\tag{2.5}$$

（3）概率语言数 $\hat{h}_S^1(p)$ 和 $\hat{h}_S^2(p)$ 的广义距离为

$$d_{\text{gd}}\left(\hat{h}_S^1(p),\hat{h}_S^2(p)\right)=\left(\sum_{k=1}^{K}p^{*(k)}\left|\frac{\alpha^{1(k)}-\alpha^{2(k)}}{2\tau}\right|^{\lambda}\right)^{1/\lambda}\tag{2.6}$$

其中，$\alpha^{1(k)}$ 和 $\alpha^{2(k)}$ 分别为语言术语 $s_\alpha^{1(k)}$ 和 $s_\alpha^{2(k)}$ 的下标；λ 为测度系数，满足 $\lambda>0$。特别地，①当 $\lambda=1$ 时，公式（2.6）退化为概率语言汉明距离测度；②当 $\lambda=2$ 时，公式（2.6）退化为概率语言欧氏距离测度。

当语言术语集定义为 $S=\{s_\alpha|\alpha=0,1,\cdots,g\}$ 时，概率语言数 $\hat{h}_S^1(p)$ 和 $\hat{h}_S^2(p)$ 的距离测度与上述公式类似。

定理 2.1　基于概率调整法的概率语言距离测度满足性质 2.1 中距离测度的基本性质。

证明　因为 $-\tau\leqslant\alpha^{1(k)}\leqslant\tau$ 和 $-\tau\leqslant\alpha^{2(k)}\leqslant\tau$，所以 $0\leqslant\left|\alpha^{1(k)}-\alpha^{2(k)}\right|\leqslant 2\tau$。因此，$0\leqslant d\left(\hat{h}_S^1(p),\hat{h}_S^2(p)\right)\leqslant\sum_{k=1}^{K}p^{*(k)}=1$。若 $\hat{h}_S^1(p)=\hat{h}_S^2(p)$，则 $\alpha^{1(k)}=\alpha^{2(k)}$（$k=1,2,\cdots,K$），那么，$d\left(\hat{h}_S^1(p),\hat{h}_S^2(p)\right)=0$。若 $p^{*(k)}>0$（$k=1,2,\cdots,K$），则当 $d\left(\hat{h}_S^1(p),\hat{h}_S^2(p)\right)=0$ 时，$\alpha^{1(k)}-\alpha^{2(k)}=0$（$k=1,2,\cdots,K$）。因此，$\hat{h}_S^1(p)=\hat{h}_S^2(p)$。易得 $d\left(\hat{h}_S^1(p),\hat{h}_S^2(p)\right)=d\left(\hat{h}_S^2(p),\hat{h}_S^1(p)\right)$，且当 $\hat{h}_S^1(p)=\{s_\tau(1)\}$ 和 $\hat{h}_S^2(p)=\{s_{-\tau}(1)\}$ 时，$d\left(\hat{h}_S^1(p),\hat{h}_S^2(p)\right)=1$。

此外，若 $\hat{h}_S^1(p)\neq\{s_\tau(1)\}$ 且 $\hat{h}_S^2(p)$ 为任意概率语言数，或 $\hat{h}_S^1(p)$ 为任意概率语言数且 $\hat{h}_S^2(p)\neq\{s_{-\tau}(1)\}$，至少存在一项 k 使得 $\left|\alpha^{1(k)}-\alpha^{2(k)}\right|<2\tau$。因此，$d\left(\hat{h}_S^1(p),\hat{h}_S^2(p)\right)\neq 1$。

证毕。

例 2.3　以例 2.1 中的三个概率语言数为例，$\hat{h}_S^1(p)=\{s_1(0.5),\ s_2(0.5)\}$，$\hat{h}_S^2(p)=\{s_1(1)\}$，$\hat{h}_S^3(p)=\{s_2(0.1),s_3(0.9)\}$，其调整形式分别为 $h_S^{*1}(p)=\{s_1(0.1),\ s_1(0.4),\ s_2(0.5)\}$、$h_S^{*2}(p)=\{s_1(0.1),s_1(0.4),s_1(0.5)\}$ 和 $h_S^{*3}(p)=\{s_2(0.1),s_3(0.4),\ s_3(0.5)\}$。根据公式（2.4）可得，三个标准概率语言数之间的汉明距离分别为 $d_{\mathrm{hd}}\left(\hat{h}_S^1(p),\hat{h}_S^2(p)\right)\approx 0.08$、$d_{\mathrm{hd}}\left(\hat{h}_S^2(p),\hat{h}_S^3(p)\right)\approx 0.32$ 和 $d_{\mathrm{hd}}\left(\hat{h}_S^1(p),\hat{h}_S^3(p)\right)\approx 0.23$。于是，$d_{\mathrm{hd}}\left(\hat{h}_S^2(p),\hat{h}_S^3(p)\right)>d_{\mathrm{hd}}\left(\hat{h}_S^1(p),\hat{h}_S^3(p)\right)$。该结果符合事实。以例 2.2 中的两个概率语言数为例，$\hat{h}_S^1(p)=\{s_2(1)\}$ 和 $\hat{h}_S^2(p)=\{s_1(0.9),\ s_2(0.1)\}$，其调整形式分别为 $h_S^{*1}(p)=\{s_2(0.9),s_2(0.1)\}$ 和 $h_S^{*2}(p)=\{s_1(0.9),\ s_2(0.1)\}$。因此，其汉明距离为 $d_{\mathrm{hd}}\left(\hat{h}_S^1(p),\hat{h}_S^2(p)\right)=0.15>0$，欧氏距离为 $d_{\mathrm{ed}}\left(\hat{h}_S^1(p),\hat{h}_S^2(p)\right)\approx 0.158>0$。该结果与直觉吻合。

通过例 2.3 可以发现，Wu 等[37]提出的基于概率调整法的概率语言信息距离测度具有一定的可靠性。考虑到语言术语集的语义非均衡性，Wu 和 Liao[17]接着对定义 2.2 提出的概率语言距离测度进行了拓展，定义了基于语言标度函数的概率语言距离测度。

定义 2.3[17]　设语言术语集为 $S=\left\{s_\alpha\,\middle|\,\alpha=-\tau,\cdots,-1,0,1,\cdots,\tau\right\}$，$\hat{h}_S^1(p)=\{s_\alpha^{1(l)}(\hat{p}^{1(l)})\mid l=1,2,\cdots,L_1,\sum_{l=1}^{L_1}\hat{p}^{1(l)}=1\}$ 和 $\hat{h}_S^2(p)=\{s_\alpha^{2(l)}(\hat{p}^{2(l)})\mid l=1,2,\cdots,L_2,\ \sum_{l=1}^{L_2}\hat{p}^{2(l)}=1\}$ 为 S 上的两个标准概率语言数，其对应的调整形式分别为 $h_S^{*1}(p)=\{s_\alpha^{1(k)}(p^{*(k)})\mid k=1,2,\cdots,K\}$ 和 $h_S^{*2}(p)=\{s_\alpha^{2(k)}(p^{*(k)})\mid k=1,2,\cdots,K\}$。$f$：$S\to[0,1]$ 表示语言标度函数。概率语言数 $\hat{h}_S^1(p)$ 和 $\hat{h}_S^2(p)$ 的基于语言标度函数的广义距离测度定义为

$$d'_{\mathrm{gd}}\left(\hat{h}_S^1(p),\hat{h}_S^2(p)\right)=\left(\sum_{k=1}^{K}p^{*(k)}\left|f\left(s_\alpha^{1(k)}\right)-f\left(s_\alpha^{2(k)}\right)\right|^\lambda\right)^{1/\lambda}\tag{2.7}$$

特别地，当 $\lambda=1$ 时，公式（2.7）退化为概率语言汉明距离 $d'_{\mathrm{hd}}\left(\hat{h}_S^1(p),\hat{h}_S^2(p)\right)$；当 $\lambda=2$ 时，公式（2.7）退化为概率语言欧氏距离 $d'_{\mathrm{ed}}\left(\hat{h}_S^1(p),\hat{h}_S^2(p)\right)$。基于语言标度函数的概率语言距离测度是公式（2.6）提出的距离测度的广义形式。公式（2.6）中的距离测度仅适用于由语义均衡分布的语言术语集构建的概率语言数。当语言

标度函数取均衡形式时，$f(s_\alpha)=(\alpha+\tau)/2\tau$，此时，定义 2.3 退化为定义 2.2。

例 2.4　假设语言标度函数为 $f_2(s_\alpha)=\dfrac{\psi^\tau-\psi^{-\alpha}}{2\psi^\tau-2}\times 1_{\{\alpha\in[-\tau,0]\}}+\dfrac{\psi^\tau+\psi^\alpha-2}{2\psi^\tau-2}\times 1_{\{\alpha\in(0,\tau]\}}$，$\psi=2$。那么，$f_2(s_1)\approx 0.57$，$f_2(s_2)\approx 0.71$。例 2.2 中的概率语言数 $\hat{h}_S^1(p)$ 和 $\hat{h}_S^2(p)$ 的基于语言标度函数的广义距离为 $d'_{\text{gd}}\left(\hat{h}_S^1(p),\hat{h}_S^2(p)\right)=\left(0.9\times|0.71-0.57|^\lambda+0.1\times|0.71-0.71|^\lambda\right)^{1/\lambda}$。当 $\lambda=1$ 时，概率语言数 $\hat{h}_S^1(p)$ 和 $\hat{h}_S^2(p)$ 的汉明距离为 $d'_{\text{hd}}\left(\hat{h}_S^1(p),\hat{h}_S^2(p)\right)=0.126$；当 $\lambda=2$ 时，概率语言数 $\hat{h}_S^1(p)$ 和 $\hat{h}_S^2(p)$ 的欧氏距离为 $d_{\text{ed}}\left(\hat{h}_S^1(p),\hat{h}_S^2(p)\right)=0.133$。

基于语言标度函数的概率语言汉明距离与概率语言数的得分存在如性质 2.2 所述的关系。

性质 2.2　设 $h_S^1(p)$、$h_S^2(p)$、$h_S^3(p)$ 和 $h_S^4(p)$ 为语言术语集 S 上的四个概率语言数（各概率语言数中的语言术语在 S 中取连续值），其标准形式分别为 $\hat{h}_S^1(p)$、$\hat{h}_S^2(p)$、$\hat{h}_S^3(p)$ 和 $\hat{h}_S^4(p)$。若 $\left|E\left(h_S^1(p)\right)-E\left(h_S^2(p)\right)\right|\geqslant\left|E\left(h_S^3(p)\right)-E\left(h_S^4(p)\right)\right|$，则 $d'_{\text{gd}}\left(\hat{h}_S^1(p),\hat{h}_S^2(p)\right)\geqslant d'_{\text{gd}}\left(\hat{h}_S^3(p),\hat{h}_S^4(p)\right)$。

证明　设概率语言数的调整形式分别为 $h_S^{*1}(p)$、$h_S^{*2}(p)$、$h_S^{*3}(p)$ 和 $h_S^{*4}(p)$，且调整形式中的概率集为 $P=\left\{p^{*(1)},p^{*(2)},\cdots,p^{*(K)}\right\}^{\mathrm{T}}$。存在 $E\left(h_S(p)\right)=\sum_{l=1}^{L}\left(f(s_\alpha^{(l)})\times\hat{p}^{(l)}\right)=\sum_{k=1}^{K}\left(f(s_\alpha^{(k)})\times p^{*(k)}\right)$，于是，$E\left(h_S^1(p)\right)-E\left(h_S^2(p)\right)=\sum_{k=1}^{K}\left(f(s_\alpha^{1(k)})\times p^{*(k)}\right)-\sum_{k=1}^{K}\left(f(s_\alpha^{2(k)})\times p^{*(k)}\right)=\sum_{k=1}^{K}\left(\left(f(s_\alpha^{1(k)})-f(s_\alpha^{2(k)})\right)\times p^{*(k)}\right)$。因此，若 $\left|E\left(h_S^1(p)\right)-E\left(h_S^2(p)\right)\right|\geqslant\left|E\left(h_S^3(p)\right)-E\left(h_S^4(p)\right)\right|$，则 $\sum_{k=1}^{K}\left(\left|f(s_\alpha^{1(k)})-f(s_\alpha^{2(k)})\right|\times p^{*(k)}\right)\geqslant\sum_{k=1}^{K}\left(\left|f(s_\alpha^{3(k)})-f(s_\alpha^{4(k)})\right|\times p^{*(k)}\right)$。进一步可得，$\sum_{k=1}^{K}\left(\left|f(s_\alpha^{1(k)})-f(s_\alpha^{2(k)})\right|^\lambda\times p^{*(k)}\right)\geqslant\sum_{k=1}^{K}\left(\left|f(s_\alpha^{3(k)})-f(s_\alpha^{4(k)})\right|^\lambda\times p^{*(k)}\right)$。因此，$d'_{\text{gd}}\left(\hat{h}_S^1(p),\hat{h}_S^2(p)\right)\geqslant d'_{\text{gd}}\left(\hat{h}_S^3(p),\hat{h}_S^4(p)\right)$。

证毕。

上面给出了概率语言数的汉明距离、欧氏距离及其广义形式。为丰富概率语言距离测度的类型，受犹豫模糊语言距离测度[80]启发，可定义概率语言数 $\hat{h}_S^1(p)$ 与

$\hat{h}_S^2(p)$之间的广义豪斯多夫距离为

$$d_{\text{ghaud}}\left(\hat{h}_S^1(p),\hat{h}_S^2(p)\right)=\max_{k=1,2,\cdots,K}\left(p^{*(k)}\left|f\left(s_\alpha^{1(k)}\right)-f\left(s_\alpha^{2(k)}\right)\right|^\lambda\right)^{1/\lambda} \tag{2.8}$$

其中，$\lambda>0$。

当$\lambda=1$时，公式（2.8）退化为概率语言汉明-豪斯多夫距离，即

$$d_{\text{hhaud}}\left(\hat{h}_S^1(p),\hat{h}_S^2(p)\right)=\max_{k=1,2,\cdots,K}\left(p^{*(k)}\left|f\left(s_\alpha^{1(k)}\right)-f\left(s_\alpha^{2(k)}\right)\right|\right) \tag{2.9}$$

当$\lambda=2$时，公式（2.8）退化为概率语言欧氏-豪斯多夫距离，即

$$d_{\text{ehaud}}\left(\hat{h}_S^1(p),\hat{h}_S^2(p)\right)=\max_{k=1,2,\cdots,K}\left(p^{*(k)}\left|f\left(s_\alpha^{1(k)}\right)-f\left(s_\alpha^{2(k)}\right)\right|^2\right)^{1/2} \tag{2.10}$$

概率语言汉明距离和概率语言欧氏距离考虑了概率语言数之间所有对应项的差异，而概率语言豪斯多夫距离侧重于概率语言数之间所有对应项中的最大差异。在实际应用中，应根据需求来选择合适的距离测度。

当同时考虑多种距离测度时，可以得到一些混合的概率语言距离测度。

（1）概率语言数$\hat{h}_S^1(p)$和$\hat{h}_S^2(p)$的混合汉明距离可定义为

$$d_{\text{hhd}}\left(\hat{h}_S^1(p),\hat{h}_S^2(p)\right)=\frac{\sum_{k=1}^{K}p^{*(k)}\left|f\left(s_\alpha^{1(k)}\right)-f\left(s_\alpha^{2(k)}\right)\right|+\max_{k=1,2,\cdots,K}\left(p^{*(k)}\left|f\left(s_\alpha^{1(k)}\right)-f\left(s_\alpha^{2(k)}\right)\right|\right)}{2} \tag{2.11}$$

（2）概率语言数$\hat{h}_S^1(p)$和$\hat{h}_S^2(p)$的混合欧氏距离可定义为

$$d_{\text{hed}}\left(\hat{h}_S^1(p),\hat{h}_S^2(p)\right)=\frac{\sqrt{\sum_{k=1}^{K}p^{*(k)}\left(f\left(s_\alpha^{1(k)}\right)-f\left(s_\alpha^{2(k)}\right)\right)^2}+\max_{k=1,2,\cdots,K}\left(p^{*(k)}\left|f\left(s_\alpha^{1(k)}\right)-f\left(s_\alpha^{2(k)}\right)\right|^2\right)^{1/2}}{2} \tag{2.12}$$

（3）概率语言数$\hat{h}_S^1(p)$和$\hat{h}_S^2(p)$的广义混合距离可定义为

$$d_{\text{ghd}}\left(\hat{h}_S^1(p),\hat{h}_S^2(p)\right)=\frac{\left(\sum_{k=1}^{K}p^{*(k)}\left|f\left(s_\alpha^{1(k)}\right)-f\left(s_\alpha^{2(k)}\right)\right|^\lambda\right)^{1/\lambda}+\max_{k=1,2,\cdots,K}\left(p^{*(k)}\left|f\left(s_\alpha^{1(k)}\right)-f\left(s_\alpha^{2(k)}\right)\right|^\lambda\right)^{1/\lambda}}{2} \tag{2.13}$$

其中，$\lambda>0$。

例 2.5（续例 2.2）　假设语言术语集的语义均衡分布，即$f(s_\alpha)=(\alpha+\tau)/2\tau$。根据公式（2.13），概率语言数$\hat{h}_S^1(p)$和$\hat{h}_S^2(p)$的广义混合距离为

$$d_{\mathrm{ghd}}\left(\hat{h}_S^1(p),\hat{h}_S^2(p)\right)$$

$$=\frac{\left(0.9\times\left(\frac{2-1}{2\times3}\right)^{\lambda}+0.1\times\left(\frac{1-1}{2\times3}\right)^{\lambda}\right)^{1/\lambda}+\max\left(\left(0.9\times\left(\frac{2-1}{2\times3}\right)^{\lambda}\right)^{1/\lambda},\left(0.1\times\left(\frac{1-1}{2\times3}\right)^{\lambda}\right)^{1/\lambda}\right)}{2}$$

当 $\lambda=1$ 时，概率语言数 $\hat{h}_S^1(p)$ 和 $\hat{h}_S^2(p)$ 的混合汉明距离为

$$d_{\mathrm{hhd}}\left(\hat{h}_S^1(p),\hat{h}_S^2(p)\right)=\frac{0.9\times\left(\frac{2-1}{2\times3}\right)+0.1\times\left(\frac{1-1}{2\times3}\right)+\max\left(0.9\times\left(\frac{2-1}{2\times3}\right),0.1\times\left(\frac{1-1}{2\times3}\right)\right)}{2}$$

$$=0.15$$

当 $\lambda=2$ 时，概率语言数 $\hat{h}_S^1(p)$ 和 $\hat{h}_S^2(p)$ 的混合欧氏距离为

$$d_{\mathrm{hed}}\left(\hat{h}_S^1(p),\hat{h}_S^2(p)\right)$$

$$=\frac{\sqrt{0.9\times\left(\frac{2-1}{2\times3}\right)^2+0.1\times\left(\frac{1-1}{2\times3}\right)^2}+\max\left(\sqrt{0.9\times\left(\frac{2-1}{2\times3}\right)^2},\sqrt{0.1\times\left(\frac{1-1}{2\times3}\right)^2}\right)}{2}$$

$$\approx 0.158$$

2.2　概率语言信息的相似性测度

与距离测度相反，相似性测度度量两个变量之间的贴近度。与犹豫模糊语言数的距离和相似性测度[80]类似，两个概率语言数的距离和相似性测度之间具有以下关系：

$$\rho\left(\hat{h}_S^1(p),\hat{h}_S^2(p)\right)=1-d\left(\hat{h}_S^1(p),\hat{h}_S^2(p)\right) \tag{2.14}$$

因此，可通过计算两个概率语言数的距离测度来度量其相似性。根据距离测度的性质，可推导出两个标准概率语言数 $\hat{h}_S^1(p)$ 和 $\hat{h}_S^2(p)$ 的相似性测度满足性质 2.3。

性质 2.3　令两个标准概率语言数为 $\hat{h}_S^1(p)$ 和 $\hat{h}_S^2(p)$，满足以下性质。

（1）$0\leqslant\rho\left(\hat{h}_S^1(p),\hat{h}_S^2(p)\right)\leqslant1$。

（2）$\rho\left(\hat{h}_S^1(p),\hat{h}_S^2(p)\right)=1$，当且仅当 $\hat{h}_S^1(p)=\hat{h}_S^2(p)$。

（3）$\rho\left(\hat{h}_S^1(p),\hat{h}_S^2(p)\right)=\rho\left(\hat{h}_S^2(p),\hat{h}_S^1(p)\right)$。

（4）$\rho\left(\hat{h}_S^1(p),\hat{h}_S^2(p)\right)=0$，当且仅当 $\hat{h}_S^1(p)=\{s_\tau(1)\}$ 且 $\hat{h}_S^2(p)=\{s_{-\tau}(1)\}$。

基于 Cosine 算子，Zhang 等[81]定义了概率语言数的相似性测度。

定义 2.4[81] 设语言术语集为 $S=\left\{s_\alpha \middle| \alpha=-\tau,\cdots,-1,0,1,\cdots,\tau\right\}$， $\hat{h}_S^1(p)=\{s_\alpha^{1(l)}(\hat{p}^{1(l)})\,|\,l=1,2,\cdots,L_1,\sum_{l=1}^{L_1}\hat{p}^{1(l)}=1\}$ 和 $\hat{h}_S^2(p)=\{s_\alpha^{2(l)}(\hat{p}^{2(l)})\,|\,l=1,2,\cdots,L_2,\sum_{l=1}^{L_2}\hat{p}^{2(l)}=1\}$ 为 S 上的两个标准概率语言数。若 $L_1\neq L_2$，则添加一些语言术语到较短的概率语言数中，使得 $\hat{h}_S^1(p)$ 和 $\hat{h}_S^2(p)$ 含有相同个数的语言术语，即 $L_1'=L_2'=L$。此时 $\hat{h}_S^1(p)=\{s_\alpha^{1(l)}(\hat{p}^{1(l)})\,|\,l=1,2,\cdots,L,\sum_{l=1}^{L}\hat{p}^{1(l)}=1\}$， $\hat{h}_S^2(p)=\{s_\alpha^{2(l)}(\hat{p}^{2(l)})\,|\,l=1,2,\cdots,L,\sum_{l=1}^{L}\hat{p}^{2(l)}=1\}$。$\hat{h}_S^1(p)$ 和 $\hat{h}_S^2(p)$ 的 Cosine 相似性测度定义为

$$\rho_{\mathrm{Cos}}'\left(\hat{h}_S^1(p),\hat{h}_S^2(p)\right)=\frac{\sum_{l=1}^{L}\left[\hat{p}^{1(l)}\times\alpha^{1(l)}\right]\times\left[\hat{p}^{2(l)}\times\alpha^{2(l)}\right]}{\sqrt{\sum_{l=1}^{L}\left(\hat{p}^{1(l)}\times\alpha^{1(l)}\right)^2}\times\sqrt{\sum_{l=1}^{L}\left(\hat{p}^{2(l)}\times\alpha^{2(l)}\right)^2}} \tag{2.15}$$

其中，$\alpha^{1(l)}$ 和 $\alpha^{2(l)}$ 分别为语言术语 $s_\alpha^{1(l)}$ 和 $s_\alpha^{2(l)}$ 的下标。

公式（2.15）需要添加额外的语言术语使两个概率语言数的语言术语个数相同。由于添加的语言术语的概率为 0，而公式（2.15）中乘积形式较多，可能会导致公式失效。考虑到概率调整法获得的概率语言数具有相同的概率集以及相同个数的语言术语，下面基于概率调整法重新定义概率语言数的 Cosine 相似性测度。

定义 2.5 设语言术语集 $S=\left\{s_\alpha \middle| \alpha=-\tau,\cdots,-1,0,1,\cdots,\tau\right\}$ 上的两个概率语言数 $h_S^1(p)=\{s_\alpha^{1(l)}(p^{1(l)})\,|\,l=1,2,\cdots,L_1,\sum_{l=1}^{L_1}p^{1(l)}\leqslant 1\}$ 和 $h_S^2(p)=\{s_\alpha^{2(l)}(p^{2(l)})\,|\,l=1,2,\cdots,L_2,\sum_{l=1}^{L_2}p^{2(l)}\leqslant 1\}$ 的标准形式分别为 $\hat{h}_S^1(p)=\{s_\alpha^{1(l)}(\hat{p}^{1(l)})\,|\,l=1,2,\cdots,L_1,\sum_{l=1}^{L_1}\hat{p}^{1(l)}=1\}$ 和 $\hat{h}_S^2(p)=\{s_\alpha^{2(l)}(\hat{p}^{2(l)})\,|\,l=1,2,\cdots,L_2,\sum_{l=1}^{L_2}\hat{p}^{2(l)}=1\}$，对应的调整形式分别为 $h_S^{*1}(p)=\left\{s_\alpha^{1(k)}(p^{*(k)})\,|\,k=1,2,\cdots,K\right\}$ 和 $h_S^{*2}(p)=\{s_\alpha^{2(k)}(p^{*(k)})\,|\,k=1,2,\cdots,K\}$（调整方法如定义 1.9 所示）。基于调整形式的概率语言数 $\hat{h}_S^1(p)$ 和 $\hat{h}_S^2(p)$ 的 Cosine 相似性测度可定义如下：

（1）当 $S=\left\{s_\alpha \middle| \alpha=-\tau,\cdots,-1,0,1,\cdots,\tau\right\}$ 时，

$$\rho_{\text{Cos}}\left(\hat{h}_S^1(p),\hat{h}_S^2(p)\right)=\frac{\sum_{k=1}^{K}(p^{*(k)})^2(\alpha^{1(k)}+\tau)\times(\alpha^{2(k)}+\tau)}{\sqrt{\sum_{k=1}^{K}\left(p^{*(k)}(\alpha^{1(k)}+\tau)\right)^2}\times\sqrt{\sum_{k=1}^{K}\left(p^{*(k)}(\alpha^{2(k)}+\tau)\right)^2}} \tag{2.16}$$

（2）当 $S=\{s_\alpha|\alpha=0,1,\cdots,g\}$ 时，

$$\rho_{\text{Cos}}\left(\hat{h}_S^1(p),\hat{h}_S^2(p)\right)=\frac{\sum_{k=1}^{K}(p^{*(k)})^2\alpha^{1(k)}\alpha^{2(k)}}{\sqrt{\sum_{k=1}^{K}(p^{*(k)}\alpha^{1(k)})^2}\times\sqrt{\sum_{k=1}^{K}(p^{*(k)}\alpha^{2(k)})^2}} \tag{2.17}$$

其中，$\alpha^{1(k)}$ 和 $\alpha^{2(k)}$ 分别为语言术语 $s_\alpha^{1(k)}$ 和 $s_\alpha^{2(k)}$ 的下标。

例 2.6　设语言术语集为 $S=\{s_\alpha|\alpha=-3,-2,-1,0,1,2,3\}$。$h_S^1(p)=\{s_{-2}(0.5), s_{-1}(0.5)\}$、$h_S^2(p)=\{s_1(1)\}$ 和 $h_S^3(p)=\{s_1(0.6),s_2(0.4)\}$ 为 S 上的三个概率语言数，其调整形式分别为 $h_S^{*1}(p)=\{s_{-2}(0.5),s_{-1}(0.1),s_{-1}(0.4)\}$、$h_S^{*2}(p)=\{s_1(0.5),s_1(0.1), s_1(0.4)\}$ 和 $h_S^{*3}(p)=\{s_1(0.5), s_1(0.1), s_2(0.4)\}$。

$$\rho_{\text{Cos}}\left(h_S^{*1}(p),h_S^{*2}(p)\right)$$
$$=\frac{0.5^2\times(-2+3)\times(1+3)+0.1^2\times(-1+3)\times(1+3)+0.4^2\times(-1+3)\times(1+3)}{\sqrt{0.5^2\times(-2+3)^2+0.1^2\times(-1+3)^2+0.4^2\times(-1+3)^2}\times\sqrt{0.5^2\times(1+3)^2+0.1^2\times(1+3)^2+0.4^2\times(1+3)^2}}$$
$$\approx 0.94$$

同理，$\rho_{\text{Cos}}\left(h_S^{*1}(p),h_S^{*3}(p)\right)\approx 0.97$，$\rho_{\text{Cos}}\left(h_S^{*2}(p),h_S^{*3}(p)\right)\approx 0.99$。

2.3　概率语言信息的关联测度

概率语言信息的距离和相似性测度是基于同一个语言术语集来度量两个概率语言数之间的差异或相似度，而关联测度可度量在不同的语言术语集下两个概率语言术语集之间的相关关系。皮尔逊相关系数是测量两个数据集之间线性关系的著名方法。受经典的皮尔逊关联测度的启发，Wu 等[37]定义了概率语言术语集的关联测度。

定义 2.6[37]　设 S_1 和 S_2 为两个语言术语集，$H_{S_1}^1(p)=\left\{\hat{h}_{S_1}^{11}(p),\hat{h}_{S_1}^{12}(p),\cdots, \hat{h}_{S_1}^{1m}(p)\right\}$ 为 S_1 上的一个概率语言术语集，$H_{S_2}^2(p)=\left\{\hat{h}_{S_2}^{21}(p),\hat{h}_{S_2}^{22}(p),\cdots,\hat{h}_{S_2}^{2m}(p)\right\}$ 为 S_2 上的一个概率语言术语集。其中，每个概率语言术语集由 m 个概率语言数构成，假设概率语言数已被标准化。概率语言术语集 $H_{S_1}^1(p)$ 和 $H_{S_2}^2(p)$ 的关联测度

可定义为

$$
\begin{aligned}
&R\left(H_{S_1}^1(p),H_{S_2}^2(p)\right)\\
&=\frac{\sum_{i=1}^{m}\left(\left(\frac{d\left(\hat{h}_{S_1}^{1+}(p),\hat{h}_{S_1}^{1i}(p)\right)}{d\left(\hat{h}_{S_1}^{1+}(p),\hat{h}_{S_1}^{1-}(p)\right)}-\frac{1}{m}\sum_{i=1}^{m}\frac{d\left(\hat{h}_{S_1}^{1+}(p),\hat{h}_{S_1}^{1i}(p)\right)}{d\left(\hat{h}_{S_1}^{1+}(p),\hat{h}_{S_1}^{1-}(p)\right)}\right)\times\left(\frac{d\left(\hat{h}_{S_2}^{2+}(p),\hat{h}_{S_2}^{2i}(p)\right)}{d\left(\hat{h}_{S_2}^{2+}(p),\hat{h}_{S_2}^{2-}(p)\right)}-\frac{1}{m}\sum_{i=1}^{m}\frac{d\left(\hat{h}_{S_2}^{2+}(p),\hat{h}_{S_2}^{2i}(p)\right)}{d\left(\hat{h}_{S_2}^{2+}(p),\hat{h}_{S_2}^{2-}(p)\right)}\right)\right)}{\sqrt{\sum_{i=1}^{m}\left(\frac{d\left(\hat{h}_{S_1}^{1+}(p),\hat{h}_{S_1}^{1i}(p)\right)}{d\left(\hat{h}_{S_1}^{1+}(p),\hat{h}_{S_1}^{1-}(p)\right)}-\frac{1}{m}\sum_{i=1}^{m}\frac{d\left(\hat{h}_{S_1}^{1+}(p),\hat{h}_{S_1}^{1i}(p)\right)}{d\left(\hat{h}_{S_1}^{1+}(p),\hat{h}_{S_1}^{1-}(p)\right)}\right)^2}\times\sqrt{\sum_{i=1}^{m}\left(\frac{d\left(\hat{h}_{S_2}^{2+}(p),\hat{h}_{S_2}^{2i}(p)\right)}{d\left(\hat{h}_{S_2}^{2+}(p),\hat{h}_{S_2}^{2-}(p)\right)}-\frac{1}{m}\sum_{i=1}^{m}\frac{d\left(\hat{h}_{S_2}^{2+}(p),\hat{h}_{S_2}^{2i}(p)\right)}{d\left(\hat{h}_{S_2}^{2+}(p),\hat{h}_{S_2}^{2-}(p)\right)}\right)^2}}
\end{aligned}
\tag{2.18}
$$

其中，$\hat{h}_{S_1}^{1i}(p)$ 和 $\hat{h}_{S_2}^{2i}(p)$ 分别为概率语言术语集 $H_{S_1}^1(p)$ 和 $H_{S_2}^2(p)$ 中的第 i 个概率语言数；$\hat{h}_{S_1}^{1+}(p)$ 和 $\hat{h}_{S_1}^{1-}(p)$ 分别为概率语言术语集 $H_{S_1}^1(p)$ 中最大和最小的概率语言数；$\hat{h}_{S_2}^{2+}(p)$ 和 $\hat{h}_{S_2}^{2-}(p)$ 分别为概率语言术语集 $H_{S_2}^2(p)$ 中最大和最小的概率语言数。$d\left(\hat{h}_{S_1}^{1+}(p),\hat{h}_{S_1}^{1i}(p)\right)$ 为概率语言数 $\hat{h}_{S_1}^{1+}(p)$ 和 $\hat{h}_{S_1}^{1i}(p)$ 之间的距离；$d\left(\hat{h}_{S_2}^{2+}(p),\hat{h}_{S_2}^{2i}(p)\right)$ 为概率语言数 $\hat{h}_{S_2}^{2+}(p)$ 和 $\hat{h}_{S_2}^{2i}(p)$ 之间的距离，$i=1,2,\cdots,m$，其中，$d\left(\hat{h}_{S_1}^{1+}(p),\hat{h}_{S_1}^{1-}(p)\right)=\max\limits_{i,i'=1,2,\cdots,m}\left(d\left(\hat{h}_{S_1}^{1i}(p),\hat{h}_{S_1}^{1i'}(p)\right)\right)$，$d\left(\hat{h}_{S_2}^{1+}(p),\hat{h}_{S_2}^{1-}(p)\right)=\max\limits_{i,i'=1,2,\cdots,m}\left(d\left(\hat{h}_{S_2}^{1i}(p),\hat{h}_{S_2}^{1i'}(p)\right)\right)$。

性质 2.4　概率语言术语集 $H_{S_1}^1(p)$ 和 $H_{S_2}^2(p)$ 的关联测度满足 $R\left(H_{S_1}^1(p),H_{S_2}^2(p)\right)\in[-1,1]$。

证明　对于效益型变量，存在 $\hat{h}_{S_q}^{q+}(p)=\max\limits_i \hat{h}_{S_q}^{qi}(p)$ 且 $\hat{h}_{S_q}^{q-}(p)=\min\limits_i \hat{h}_{S_q}^{qi}(p)$；对于成本型变量，存在 $\hat{h}_{S_q}^{q+}(p)=\min\limits_i \hat{h}_{S_q}^{qi}(p)$ 且 $\hat{h}_{S_q}^{q-}(p)=\max\limits_i \hat{h}_{S_q}^{qi}(p)$，$q=1,2$。于是，$\left|E\left(h_{S_q}^{q+}(p)\right)-E\left(h_{S_q}^{q-}(p)\right)\right|\geqslant\left|E\left(h_{S_q}^{q+}(p)\right)-E\left(h_{S_q}^{qi}(p)\right)\right|$。根据性质 2.2 可得，$d\left(\hat{h}_{S_q}^{q+}(p),\hat{h}_{S_q}^{q-}(p)\right)\geqslant d\left(\hat{h}_{S_q}^{q+}(p),\hat{h}_{S_q}^{qi}(p)\right)$，$i=1,2,\cdots,m$。因此，$d\left(\hat{h}_{S_q}^{q+}(p),\hat{h}_{S_q}^{qi}(p)\right)/d\left(\hat{h}_{S_q}^{q+}(p),\hat{h}_{S_q}^{q-}(p)\right)\leqslant 1$。设 $d\left(\hat{h}_{S_q}^{q+}(p),\hat{h}_{S_q}^{qi}(p)\right)/d\left(\hat{h}_{S_q}^{q+}(p),\hat{h}_{S_q}^{q-}(p)\right)-\frac{1}{m}\sum_{i=1}^{m}\left(d\left(\hat{h}_{S_q}^{q+}(p),\hat{h}_{S_q}^{qi}(p)\right)/d\left(\hat{h}_{S_q}^{q+}(p),\hat{h}_{S_q}^{q-}(p)\right)\right)=x^{qi}$。那么，$x^{qi}\in[-1,1]$，$q=1,2$，$i=1,2,\cdots,m$。公式(2.18)的分母可以简写为 $\sqrt{\sum_{i=1}^{m}\left(x^{1i}\right)^2}\times\sqrt{\sum_{i=1}^{m}\left(x^{2i}\right)^2}\leqslant\sum_{i=1}^{m}\left|x^{1i}\times x^{2i}\right|$，分子可简写为 $\sum_{i=1}^{m}\left(x^{1i}\times x^{2i}\right)$。因此，$R\left(H_{S_1}^1(p),H_{S_2}^2(p)\right)\in[-1,1]$。

证毕。

$R\left(H_{S_1}^1(p),H_{S_2}^2(p)\right)$ 的值越大，概率语言术语集 $H_{S_1}^1(p)$ 和 $H_{S_2}^2(p)$ 的关联性越强。若 $R\left(H_{S_1}^1(p),H_{S_2}^2(p)\right)>0$，则 $H_{S_1}^1(p)$ 和 $H_{S_2}^2(p)$ 具有正相关性；若 $R\left(H_{S_1}^1(p),H_{S_2}^2(p)\right)<0$，则 $H_{S_1}^1(p)$ 和 $H_{S_2}^2(p)$ 具有负相关性；若 $R\left(H_{S_1}^1(p),H_{S_2}^2(p)\right)=0$，则 $H_{S_1}^1(p)$ 和 $H_{S_2}^2(p)$ 无关联性。

一般地，$H_{S_1}^1(p)$ 和 $H_{S_2}^2(p)$ 间的相关强度可根据以下关系确定。若 $\left|R\left(H_{S_1}^1(p),H_{S_2}^2(p)\right)\right|\in(0.8,1.0]$，则 $H_{S_1}^1(p)$ 和 $H_{S_2}^2(p)$ 具有极强相关性；若 $\left|R\left(H_{S_1}^1(p),H_{S_2}^2(p)\right)\right|\in(0.6,0.8]$，则 $H_{S_1}^1(p)$ 和 $H_{S_2}^2(p)$ 具有较强相关性；若 $\left|R\left(H_{S_1}^1(p),H_{S_2}^2(p)\right)\right|\in(0.4,0.6]$，则 $H_{S_1}^1(p)$ 和 $H_{S_2}^2(p)$ 具有适度相关性；若 $\left|R\left(H_{S_1}^1(p),H_{S_2}^2(p)\right)\right|\in(0.2,0.4]$，则 $H_{S_1}^1(p)$ 和 $H_{S_2}^2(p)$ 具有弱相关性；若 $\left|R\left(H_{S_1}^1(p),H_{S_2}^2(p)\right)\right|\in[0,0.2]$，则 $H_{S_1}^1(p)$ 和 $H_{S_2}^2(p)$ 具有极弱相关性或不相关。

2.4　概率语言信息的熵测度

熵最初是用于测量概率分布中包含的不确定性[82]。之后，熵的概念被扩展到模糊集中用于测度模糊集中包含的不确定性。Al-Sharhan 等[83]讨论了模糊集中不同类型的熵，如模糊事件概率熵（probability entropy of fuzzy events）、香农模糊熵（Shannon fuzzy entropy）、非概率熵（non-probabilistic entropy）、模糊集全信息测度（total information measure of fuzzy sets）、混合熵（hybrid entropy）、高阶熵（higher order entropy）和考夫曼熵（Kaufmann entropy）等。他们指出，模糊集的不同熵测度具有不同的应用背景，应根据实际情况选择合适的熵测度。Pal 和 Bezdek[84]综合分析了模糊集已有的熵测度，并评述了模糊集的模糊信息与概率信息相结合的方法。现有关于语言评估表达模型的熵测度研究不多。Farhadinia[85]提出了两种生成语言评估信息熵测度的方法，一种是基于模糊测度的原始定义，另一种是根据相似性测度转化为熵测度。Gou 等[86]研究了犹豫模糊语言相似性测度与熵测度之间的关系。

受犹豫模糊集的熵测度[87]的启发，Liu 等[88]提出了概率语言信息的模糊熵。

定义 2.7[88]　设语言术语集为 $S=\left\{s_\alpha\left|\alpha=-\tau,\cdots,-1,0,1,\cdots,\tau\right.\right\}$，$h_S(p)=\{s_\alpha^{(l)}(p^{(l)})\,|\,l=1,2,\cdots,L,\sum_{l=1}^{L}p^{(l)}\leqslant 1\}$ 为 S 上的一个概率语言数。$h_S(p)$ 的模糊熵可定义为

$$U_F(h_S(p))=\sum_{l=1}^{L}\left(p^{(l)}U_F\left((\alpha^{(l)}+\tau)/2\tau\right)\right) \tag{2.19}$$

其中，$\alpha^{(l)}$ 为语言术语 $s_\alpha^{(l)}$ 的下标；$U_F\left((\alpha^{(l)}+\tau)/2\tau\right)$ 为犹豫模糊集的模糊熵测度。若 $\alpha^{(l)}=-\tau$ 或 $\alpha^{(l)}=\tau$，则 $U_F\left((\alpha^{(l)}+\tau)/2\tau\right)=0$；若 $\alpha^{(l)}=0$，则 $U_F\left((\alpha^{(l)}+\tau)/2\tau\right)=1$；若 $\alpha^{(l)}\leqslant\alpha^{(l')}\leqslant 0$ 或 $\alpha^{(l)}\geqslant\alpha^{(l')}\geqslant 0$，则 $U_F\left((\alpha^{(l)}+\tau)/2\tau\right)\leqslant U_F\left((\alpha^{(l')}+\tau)/2\tau\right)$。

根据犹豫模糊集的模糊熵测度，Liu 等[88]建议可用以下公式来计算概率语言数的模糊熵。

（1）$U_F^1(h_S(p))=-\dfrac{1}{\ln 2}\sum_{l=1}^{L}p^{(l)}[f(s_\alpha^{(l)})\ln(f(s_\alpha^{(l)}))+(1-f(s_\alpha^{(l)}))\ln(1-f(s_\alpha^{(l)}))]$。

（2）$U_F^2(h_S(p))=2\left(\sum_{l=1}^{L}(p^{(l)}\min\{f(s_\alpha^{(l)}),1-f(s_\alpha^{(l)})\})^q\right)^{1/q}$，$q\geqslant 1$。

（3）$U_F^3(h_S(p))=\dfrac{1}{\sqrt{\mathrm{e}}-1}\left(\sum_{l=1}^{L}p^{(l)}\left(f(s_\alpha^{(l)})\mathrm{e}^{f(s_\alpha^{(l)})}+(1-f(s_\alpha^{(l)}))\mathrm{e}^{f(s_\alpha^{(l)})}-1\right)\right)$。

（4）$U_F^4(h_S(p))=1-\sum_{l=1}^{L}\left(p^{(l)}\left|1-2f(s_\alpha^{(l)})\right|\right)$。

（5）$U_F^5(h_S(p))=\dfrac{1}{(1-q)\ln 2}\sum_{l=1}^{L}\left(p^{(l)}\ln\left((f(s_\alpha^{(l)}))^q+(1-f(s_\alpha^{(l)}))^q\right)\right)$，$q>0$，$q\neq 1$。

（6）$U_F^6(h_S(p))=4^q\sum_{l=1}^{L}\left(p^{(l)}\left(f(s_\alpha^{(l)})\right)\left(1-f(s_\alpha^{(l)})\right)^q\right)$，$0<q<1$。

其中，$f(s_\alpha^{(l)})=(\alpha+\tau)/2\tau$。

性质 2.5[88]　设 $h_S(p)=\{s_\alpha^{(l)}(p^{(l)})\mid l=1,2,\cdots,L,\sum_{l=1}^{L}p^{(l)}\leqslant 1\}$、$h_S^1(p)=\{s_\alpha^{1(l)}(p^{1(l)})\mid l=1,2,\cdots,L_1,\sum_{l=1}^{L_1}p^{1(l)}\leqslant 1\}$ 和 $h_S^2(p)=\{s_\alpha^{2(l)}(p^{2(l)})\mid l=1,2,\cdots,L_2,\sum_{l=1}^{L_2}p^{2(l)}\leqslant 1\}$ 为三个概率语言数，其中，$L_1=L_2$。定义 2.7 给出的概率语言模糊熵具有以下性质。

（1）$U_F(\{s_{-\tau}(1)\})=U_F(\{s_\tau(1)\})=0$，$U_F(\{s_{-\tau}(p),s_\tau(1-p)\})=0$。

（2）$U_F(\{s_0(1)\})=1$。

（3）若 $s_\alpha^{1(l)}\leqslant s_\alpha^{2(l)}\leqslant s_0$ 或 $s_\alpha^{1(l)}\geqslant s_\alpha^{2(l)}\geqslant s_0$，$l=1,2,\cdots,L_1(L_2)$，则 $U_F(h_S^1(p))\leqslant U_F(h_S^2(p))$。

（4）$U_F(h_S(p))=U_F(h_S(p)^C)$，其中，$h_S(p)^C$ 为 $h_S(p)$ 的补集，且 $h_S(p)^C=$

$\{s_\alpha^{C(l)}(p^{(l)})\,|\,l=1,2,\cdots,L,\sum_{l=1}^{L}p^{(l)}\leqslant 1\}$，$s_\alpha^{C(l)}=s_\tau-s_\alpha^{(l)}=s_{\tau-\alpha^{(l)}}$。

此外，Liu 等[88]提出了概率语言数的犹豫熵。概率语言犹豫熵主要用于度量概率语言数中语言术语的偏差，并考虑了这些语言术语的概率信息。

定义 2.8[88]　设语言术语集为 $S=\{s_\alpha\,|\,\alpha=-\tau,\cdots,-1,0,1,\cdots,\tau\}$，$h_S(p)=\{s_\alpha^{(l)}(p^{(l)})\,|\,l=1,2,\cdots,L,\sum_{l=1}^{L}p^{(l)}\leqslant 1\}$ 为 S 上的一个概率语言数。令 $\gamma^{(ll')}=\left|f(s_\alpha^{(l)})-f(s_\alpha^{(l')})\right|$，$l,l'=1,2,\cdots,L$。$h_S(p)$ 的犹豫熵定义为

$$U_H(h_S(p))=\begin{cases}\sum_{l=1}^{L}\sum_{l'=l+1}^{L}4p^{(l)}p^{(l')}\cdot H(\gamma^{(ll')}), & L\geqslant 2\\ 0, & L=1\end{cases} \tag{2.20}$$

其中，$U_H(h_S(p))\in[0,1]$，$H:[0,1]\to[0,1]$ 是一个严格单调递增函数。

H 有以下 6 种可取的函数形式。

（1）$H^1(x)=x^r$，$r>0$。

（2）$H^2(x)=\sin\dfrac{\pi x}{2}$。

（3）$H^3(x)=1-\cos\dfrac{\pi x}{2}$。

（4）$H^4(x)=\dfrac{\ln(1+x)}{\ln 2}$。

（5）$H^5(x)=\dfrac{a^x-1}{a-1}$，$a>0$。

（6）$H^6(x)=\dfrac{2x}{x+1}$。

性质 2.6[88]　设 $h_S(p)=\{s_\alpha^{(l)}(p^{(l)})\,|\,l=1,2,\cdots,L,\sum_{l=1}^{L}p^{(l)}\leqslant 1\}$、$h_S^1(p)=\{s_\alpha^{1(l)}(p^{1(l)})\,|\,l=1,2,\cdots,L_1,\sum_{l=1}^{L_1}p^{1(l)}\leqslant 1\}$ 和 $h_S^2(p)=\{s_\alpha^{2(l)}(p^{2(l)})\,|\,l=1,2,\cdots,L_2,\sum_{l=1}^{L_2}p^{2(l)}\leqslant 1\}$ 为三个概率语言数。令 $\gamma^{1(ll')}=\left|f(s_\alpha^{1(l)})-f(s_\alpha^{1(l')})\right|$，$\gamma^{2(ll')}=\left|f(s_\alpha^{2(l)})-f(s_\alpha^{2(l')})\right|$。定义 2.8 给出的概率语言犹豫熵 $U_H(h_S(p))$ 具有以下性质。

（1）当且仅当 $h_S(p)=\{s_\alpha(1)\}$，即 $h_S(p)$ 只包含一个语言术语时，$U_H(h_S(p))=0$。

（2）当 $h_S(p)=\{s_\alpha^{(1)}(p^{(1)}),s_\alpha^{(2)}(p^{(2)})\}$，$p^{(1)}\to 1$，$p^{(2)}\to 0$ 时，$U_H(h_S(p))\to 0$。

（3）当且仅当 $h_S(p)=\{s_{-\tau}(0.5),s_\tau(0.5)\}$ 时，$E_H(h_S(p))=1$。

（4）若 $L_1=L_2=L$，$p^{1(l)}=p^{2(l)}$，$l=1,2,\cdots,L$ 且 $\gamma^{1(ll')}\leqslant\gamma^{2(ll')}$，则 $U_H(h_S^1(p))\leqslant U_H(h_S^2(p))$。

（5）若 $h_S(p)=\{s_\alpha^{(1)}(p^{(1)}),s_\alpha^{(2)}(p^{(2)})\}$，$\gamma^{(12)}\to 0$，则 $U_H(h_S(p))\to 0$。

（6）$U_H(h_S(p))=U_H(h_S(p)^C)$。

概率语言模糊熵和概率语言犹豫熵分别测量了概率语言数中包含的模糊和犹豫信息，反映了概率语言数不同方面的不确定性信息，共同决定了概率语言数中包含的不确定性。因此，Liu 等[88]接着将模糊熵和犹豫熵统一起来，提出了概率语言数的综合熵。

定义 2.9[88]　设语言术语集为 $S=\{s_\alpha\,|\,\alpha=-\tau,\cdots,-1,0,1,\cdots,\tau\}$，$h_S(p)=\{s_\alpha^{(l)}(p^{(l)})\,|\,l=1,2,\cdots,L,\sum_{l=1}^{L}p^{(l)}\leqslant 1\}$ 为 S 上的一个概率语言数。$h_S(p)$ 的综合熵定义为

$$U_T(h_S(p))=\psi(U_F(h_S(p)),U_H(h_S(p))) \tag{2.21}$$

其中，$\psi:[0,1]\times[0,1]\to[0,1]$。$\psi(x,y)$ 是关于 x 和 y 的单调递增函数，满足 $\psi(0,1)=\psi(1,0)=0$ 和 $\psi(x,y)=\psi(y,x)$。

可根据以下 3 种函数来求概率语言综合熵[88]。

（1）$U_T(h_S(p))=\max(U_F(h_S(p)),U_H(h_S(p)))$。

（2）$U_T(h_S(p))=U_F(h_S(p))+U_H(h_S(p))-U_F(h_S(p))\times U_H(h_S(p))$。

（3）$U_T(h_S(p))=\min\left(U_F(h_S(p))+U_H(h_S(p)),1\right)$。

性质 2.7[88]　设 $h_S(p)=\{s_\alpha^{(l)}(p^{(l)})\,|\,l=1,2,\cdots,L,\sum_{l=1}^{L}p^{(l)}\leqslant 1\}$、$h_S^1(p)=\{s_\alpha^{1(l)}(p^{1(l)})\,|\,l=1,2,\cdots,L_1,\sum_{l=1}^{L_1}p^{1(l)}\leqslant 1\}$ 和 $h_S^2(p)=\{s_\alpha^{2(l)}(p^{2(l)})\,|\,l=1,2,\cdots,L_2,\sum_{l=1}^{L_2}p^{2(l)}\leqslant 1\}$ 为三个概率语言数。定义 2.9 给出的概率语言综合熵 $U_T(h_S(p))$ 具有以下性质。

（1）若 $h_S(p)=\{s_{-\tau}(1)\}$ 或 $\{s_\tau(1)\}$，则 $U_T(h_S(p))=0$。

（2）当且仅当 $h_S(p)=\{s_0(1)\}$ 或 $\{s_{-\tau}(0.5),s_\tau(0.5)\}$，则 $U_T(h_S(p))=1$。

（3）若 $U_F(h_S^1(p))\leqslant U_F(h_S^2(p))$ 且 $U_H(h_S^1(p))\leqslant U_H(h_S^2(p))$，则 $U_T(h_S^1(p))\leqslant U_T(h_S^2(p))$。

（4）$U_T(h_S(p))=U_T(h_S(p)^C)$。

Liu 等[88]提出的概率语言模糊熵和犹豫熵分别是在犹豫模糊数的模糊熵和犹豫熵的基础上拓展而来的。然而，犹豫模糊数和概率语言数在刻画评估信息上具有本质差异，两者的熵测度并不能完全通用。下面就此问题进行详细说明。

1）概率语言模糊熵

犹豫模糊数[89]的思想是用 0~1 中的值来刻画一个变量隶属于某集合的程度，并且用多个值来表达隶属度的不确定性。例如，一个决策小组里有三位专家，他们评估某产品质量属于“高”的可能性分别为 0.6、0.8 和 0.9，且这三位专家不能相互说服使意见达成一致。于是，该产品的质量隶属于“高”的程度是不确定的。此时，可用犹豫模糊数{0.6, 0.8, 0.9}来表示三位专家的综合意见。该犹豫模糊数包含两种不确定信息：①该产品的质量不能完全断定为高（即隶属度不等于 1），也不能完全断定为不高（即隶属度不等于 0），称这种现象为模糊不确定；②该产品的质量隶属于“高”的可能性为 0.6、0.8 或者 0.9，这种隶属度的不确定性，称为犹豫不确定。

概率语言数的原理是用一个或多个语言术语来表示一个语言变量的取值，且这些选择的语言术语可能具有不同的概率或信度等。以产品质量评估为例，令语言术语集为 S={s_{-2}=很低，s_{-1}=低，s_0=一般，s_1=高，s_2=很高}，三位专家给出某产品的质量评估信息分别为“高”、“很高”和“40%的可能性为高，60%的可能性为很高”。这些信息综合起来可用概率语言数表示为$\{s_1(0.47), s_2(0.53)\}$。由此可见，概率语言数可用多个语言术语来表示一个变量的可能取值，这些语言术语的概率可能不同，且概率和小于等于 1。而犹豫模糊数用一个语言术语来表示一个变量取值，该取值的隶属度可能有多个。Liu 等[88]提出的概率语言数的模糊熵是将语言术语的下标转换为 0~1 中的值，从而与犹豫模糊数中的项对应起来，这是不符合概率语言数的实际含义的。事实上，犹豫模糊数中的项相当于概率语言数中一个语言术语对应的概率。概率语言数中每个语言术语仅赋予了一个概率，未刻画概率不确定的情况，这是考虑到专家一般不会给出这种复杂的评估信息，即概率不确定的情况并不常见。由于概率语言数是用多个语言术语来表达一个变量的所有可能取值，因此其关于隶属度的模糊不确定性是不突出的。例 2.7 可以说明 Liu 等[88]提出的概率语言数的模糊熵的不足。

例 2.7　设语言术语集为 S={s_{-2}=很低，s_{-1}=低，s_0=一般，s_1=高，s_2=很高}，三位专家给出的某产品质量的语言评估信息分别为“一般”、“80%的可能性为一般”和“高”。这三条信息用概率语言数可分别表示为$\{s_0(1)\}$、$\{s_0(0.8)\}$和$\{s_1(1)\}$。由于概率语言数$\{s_0(1)\}$表示的含义是产品的质量隶属于“一般”的程度是 100%，$\{s_0(1)\}$的模糊熵应为 0；由于概率语言数$\{s_0(0.8)\}$表示的含义是产品的质量隶属于“一般”的程度是 80%，$\{s_0(0.8)\}$的模糊熵应大于 0；由于概率语言数$\{s_1(1)\}$表示的含义是产品的质量隶属于“高”的程度是 1，因此，$\{s_1(1)\}$的模糊熵应为 0。然而，根据定义 2.7 可得三个概率语言数的模糊熵分别为（以$U_F^1(h_S(p))$为例进行计算）

$$U_F^1(\{s_0(1)\}) = -\frac{1}{\ln 2}\left(1\times\left[(2/4)\ln(2/4)+(1-2/4)\ln(1-2/4)\right]\right)=1$$

$$U_F^1(\{s_0(0.8)\}) = -\frac{1}{\ln 2}\left(0.8\times\left[(2/4)\ln(2/4)+(1-2/4)\ln(1-2/4)\right]\right)=0.8$$

$$U_F^1(\{s_1(1)\}) = -\frac{1}{\ln 2}\left(1\times\left[(3/4)\ln(3/4)+(1-3/4)\ln(1-3/4)\right]\right)\approx 0.28$$

因此，$U_F^1(\{s_0(1)\}) > U_F^1(\{s_0(0.8)\}) > U_F^1(\{s_1(1)\})$。该结果与事实背离。在定义 2.7 中，概率语言数 $s_0(1)$ 的模糊熵对应于犹豫模糊数 $\{0.5\}$ 的模糊熵，而概率语言数 $s_1(1)$ 的模糊熵对应于犹豫模糊数 $\{0.75\}$ 的模糊熵。造成这种差异的根本原因是将概率语言数中语言术语的特征值的含义与犹豫模糊数中隶属度的含义相混淆。

2）概率语言犹豫熵

定义 2.8 未考虑概率语言数中语言术语的概率和小于 1 的情况。例如，根据定义 2.8，存在 $U_H\left(\{s_\alpha(0.1)\}\right)=U_H\left(\{s_\alpha(1)\}\right)=0$。这显然违背常识。再比如，对于两个概率语言数 $\{s_1(0.2),s_2(0.6)\}$ 和 $\{s_1(0.4),s_2(0.6)\}$，由于 $\{s_1(0.2),s_2(0.6)\}$ 中语言术语的概率和小于 1，且不清楚缺失概率的分布情况，$\{s_1(0.2),s_2(0.6)\}$ 比 $\{s_1(0.4),s_2(0.6)\}$ 包含更多的不确定信息，$\{s_1(0.2),s_2(0.6)\}$ 的犹豫熵应大于 $\{s_1(0.4),s_2(0.6)\}$ 的犹豫熵。然而，根据定义 2.8，存在 $U_H\left(\{s_1(0.2),s_2(0.6)\}\right) < U_H\left(\{s_1(0.4),s_2(0.6)\}\right)$，该结果与实际相背离。

由上述讨论可知，概率语言数的熵测度仍需进一步研究。概率语言数的熵不仅要反映由语言术语的个数导致的不确定度，还要反映由语言术语的概率分布导致的不确定性。

性质 2.8[90]　概率语言数的熵函数 $U(h_S(p))$ 具有以下性质。

（1）$U(h_S(p))\in[0,1]$。

（2）当且仅当 $h_S(p)=\{s_\alpha(1)\}$，$\forall s_\alpha\in S$ 时，$U(h_S(p))=0$，表示 $h_S(p)$ 的不确定性为 0。也就是说，当且仅当概率语言数只包含一个语言术语，且该语言术语的概率为 1 时，该概率语言数不包含不确定性。

（3）当且仅当 $h_S(p)=\{s_{-\tau}(1/(2\tau+1)),\cdots,s_0(1/(2\tau+1)),\cdots,s_\tau(1/(2\tau+1))\}$ 时，$U(h_S(p))=1$，表示 $h_S(p)$ 的不确定性为 1。也就是说，当且仅当概率语言数包含所有的语言术语，且所有语言术语的偏好度一致时，该概率语言数是完全不确定的。

受香农熵的启发，Wu 等[90]使用函数 $\varphi(t)=t\log t$ 来构建概率语言数的熵测度。函数 $\varphi(t)$ 具有单调递增性，其取值范围为 $[0,\infty)$。为简便起见，这里将自然对数作为底数，即 $\varphi(t)=t\ln t$。

定义 2.10[90]　设语言术语集为 $S=\left\{s_\alpha\,\middle|\,\alpha=-\tau,\cdots,-1,0,1,\cdots,\tau\right\}$，$S$ 上的一个标

准概率语言数为 $h_S(p)=\{s_\alpha^{(l)}(p^{(l)})\,|\,l=1,2,\cdots,L,\sum_{l=1}^{L}p^{(l)}=1\}$。$h_S(p)$ 的包络定义为 $\mathrm{env}\left(h_S(p)\right)=[s_\alpha^{(1)},s_\alpha^{(L)}]$。$h_S(p)$ 的熵定义为

$$U(h_S(p))=\frac{\left(1+(\alpha^{(L)}-\alpha^{(1)})/2\tau\right)\ln\left(1+(\alpha^{(L)}-\alpha^{(1)})/2\tau\right)}{2\ln 2}\times\left(1-\sqrt{\sum_l\left(p^{(l)}-\frac{1}{\alpha^{(L)}-\alpha^{(1)}+1}\right)^2}\right)\tag{2.22}$$

其中，$\alpha^{(1)}$ 和 $\alpha^{(L)}$ 分别为语言术语 $s_\alpha^{(1)}$ 和 $s_\alpha^{(L)}$ 的下标。

公式（2.22）的前半部分，即

$$U^{(1)}(h_S(p))=\frac{\left(1+(\alpha^{(L)}-\alpha^{(1)})/2\tau\right)\ln\left(1+(\alpha^{(L)}-\alpha^{(1)})/2\tau\right)}{2\ln 2}\tag{2.23}$$

用于测度概率语言数中语言术语包含的犹豫度。该犹豫度由概率语言数的包络决定，包络的区间长度越长说明该概率语言数的犹豫度越大，反之，当包络中只包含一个语言术语时，该概率语言数的犹豫度为 0。基于香农熵，根据概率语言数的包络区间长度，公式（2.23）构造了概率语言数中语言术语犹豫度的测度函数。$(\alpha^{(L)}-\alpha^{(1)})/2\tau$ 的最大取值为 1，因此，$U^{(1)}(h_S(p))$ 的取值范围为 $[0,1]$。

公式（2.22）的后半部分，即

$$U^{(2)}(h_S(p))=1-\sqrt{\sum_l\left(p^{(l)}-\frac{1}{\alpha^{(L)}-\alpha^{(1)}+1}\right)^2}\tag{2.24}$$

用于测度概率语言数中概率分布的不确定性。一个概率语言数中各语言术语的概率分布越离散，说明各语言术语的偏好度相差越小，从而该概率语言数的不确定性越大；相反，概率分布越集中，说明各语言术语的偏好度相差越大，则该概率语言数的不确定性越小。特别地，当某语言术语的概率为 1 时，该概率语言数的概率不确定性为 0。鉴于此，引入概率的均值来衡量概率分布的不确定性，即

$$\bar{p}=\frac{1}{\alpha^{(L)}-\alpha^{(1)}+1}\tag{2.25}$$

于是，可通过以下离差值来计算概率分布情况：

$$\sqrt{\sum_l\left(p^{(l)}-\frac{1}{\alpha^{(L)}-\alpha^{(1)}+1}\right)^2}$$

离差值越小，说明各语言术语的概率分布越均匀，即各语言术语间的偏好度差异越小，从而，概率语言数的不确定性越大。语言术语的犹豫不确定性和概率分布的不确定性属于独立事件。因此，公式（2.22）利用积性集成算子将语言术语不确定度 $U^{(1)}(h_S(p))$ 与概率分布的不确定度 $U^{(2)}(h_S(p))$ 集成起来作为概率语

言数的熵测度函数。

性质 2.9[90]　公式(2.22)给出的概率语言熵测度满足性质 2.8 中的 3 条性质。

证明

（1）因为$\sum_{l=1}^{L} p^{(l)}=1$且$\frac{1}{2\tau} \leqslant \frac{1}{\alpha^{(L)}-\alpha^{(1)}+1} \leqslant \frac{1}{L}$，所以$U^{(2)}(h_S(p)) \in [0,1]$。又因为$U^{(1)}(h_S(p)) \in [0,1]$，所以，$U(h_S(p)) \in [0,1]$。

（2）由积性集成算子的特性可知，当$U^{(1)}(h_S(p))=0$或$U^{(2)}(h_S(p))=0$时，$U(h_S(p))=0$。当且仅当$L=1$时，$U^{(1)}(h_S(p))=0$且$U^{(2)}(h_S(p))=0$，此时$h_S(p)=\{s_\alpha(1)\}$，$\forall\ s_\alpha \in [s_{-\tau}, s_\tau]$。

（3）由积性集成算子的特性可知，当且仅当$U^{(1)}(h_S(p))=1$和$U^{(2)}(h_S(p))=1$时，$U(h_S(p))=1$。当且仅当$(\alpha^{(L)}-\alpha^{(1)})/2\tau=1$时，$U^{(1)}(h_S(p))=1$，此时，$\alpha^{(L)}-\alpha^{(1)}=2\tau$。此外，当且仅当$p^{(l)}-\frac{1}{\alpha^{(L)}-\alpha^{(1)}+1}=0$，$l=1,2,\cdots,L$时，$U^{(2)}(h_S(p))=1$，$p^{(l)}=\frac{1}{2\tau+1}$，$l=-\tau,\cdots,\tau$。此时，$h_S(p)=\{s_{-\tau}(1/(2\tau+1)),\cdots, s_0(1/(2\tau+1)),\cdots,s_\tau(1/(2\tau+1))\}$。

证毕。

只有当$h_S(p)$为标准概率语言数（即$\sum_{l=1}^{L} p^{(l)}=1$）时，定义 2.10 提出的概率语言熵测度才严格满足性质 2.8 中的（2）和（3）项。

例 2.8　对于两个概率语言数$h_S^1(p)=\{s_1(0.5),s_2(0.5)\}$和$h_S^2(p)=\{s_1(0.01), s_2(0.99)\}$。由公式（2.22）可得

$$U(h_S^1(p))=\frac{(1+1/6)\ln(1+1/6)}{2\ln 2}\times\left(1-\sqrt{(0.5-1/2)^2+(0.5-1/2)^2}\right)\approx 0.13$$

$$U(h_S^2(p))=\frac{(1+1/6)\ln(1+1/6)}{2\ln 2}\times\left(1-\sqrt{(0.01-1/2)^2+(0.99-1/2)^2}\right)\approx 0.04$$

可见，$U(h_S^1(p))>U(h_S^2(p))$，且$U(h_S^2(p))\to 0$。该结果与实际情况相符。

定义 2.10 中的概率语言熵测度未考虑概率语言数中语言术语的概率和小于 1 时存在的不确定度。因此，在定义 2.10 的基础上，可进一步提出改进的概率语言熵测度。

定义 2.11　设语言术语集$S=\{s_\alpha | \alpha=-\tau,\cdots,-1,0,1,\cdots,\tau\}$上的一个标准概率语言数为$h_S(p)=\{s_\alpha^{(l)}(p^{(l)}) \mid l=1,2,\cdots,L,\sum_{l=1}^{L} p^{(l)} \leqslant 1\}$。$h_S(p)$的改进概率语言熵测度为

$$U'(h_S(p))=\begin{cases}1-p^{(1)}, & \text{当}L=1\text{时}\\ \dfrac{\left(1+(\alpha^{(L)}-\alpha^{(1)})/2\tau\right)\ln\left(1+(\alpha^{(L)}-\alpha^{(1)})/2\tau\right)}{2\ln 2} & \\ \quad\times\left(1-\sqrt{\sum_{l}\left(\hat{p}^{(l)}-1/L\right)^2}\right)\times\dfrac{1}{\sum_{l=1}^{L}p^{(l)}}, & \text{当}L\geqslant 2\text{时}\end{cases}\tag{2.26}$$

其中，$\hat{p}^{(l)}=p^{(l)}\Big/\sum_{l=1}^{L}p^{(l)}$。当$\sum_{l=1}^{L}p^{(l)}=1$时，公式（2.26）退化为公式（2.22）。

当 $L=1$ 时，始终存在 $U(h_S(p))=0$，此时无法度量概率语言数 $h_S(p)=\{s_\alpha(p)\mid p<1\}$ 中由不完备概率产生的不确定度。为此，公式（2.26）采用分段函数将 $L=1$ 的情况单独列出。此外，将概率语言数的概率和 $\sum_{l=1}^{L}p^{(l)}$ 添加至 $U^{(2)}(h_S(p))$ 中。于是，当 $\sum_{l=1}^{L}p^{(l)}<1$ 时，概率语言数的综合不确定度会增加。由于考虑了概率缺失的情况，定义 2.11 中的概率语言熵测度无法满足性质 2.8 中的（1）和（3）项。

例 2.9　设语言术语集 $S=\left\{s_\alpha\middle|\alpha=-3,-2,-1,0,1,-1,3\right\}$ 上的 5 个概率语言数分别为 $h_S^1(p)=\{s_{-2}(0.5),s_1(0.5)\}$、$h_S^2(p)=\{s_0(0.5),s_1(0.5)\}$、$h_S^3(p)=\{s_1(0.4),s_2(0.4)\}$、$h_S^4(p)=\{s_1(0.4),s_2(0.6)\}$ 和 $h_S^5(p)=\{s_3(0.6)\}$。根据公式（2.26）计算上述概率语言数的熵，结果如下所示。

$$U(h_S^1(p))=\frac{(1+3/6)\ln(1+3/6)}{2\ln 2}\times\left(1-\sqrt{(0.5-1/2)^2+(0.5-1/2)^2}\right)\approx 0.44$$

$$U(h_S^2(p))=\frac{(1+1/6)\ln(1+1/6)}{2\ln 2}\times\left(1-\sqrt{(0.5-1/2)^2+(0.5-1/2)^2}\right)\approx 0.13$$

$$U(h_S^3(p))=\frac{(1+1/6)\ln(1+1/6)}{2\ln 2}\times\left(1-\sqrt{(0.5-1/2)^2+(0.5-1/2)^2}\right)\times\frac{1}{0.4+0.4}\approx 0.16$$

$$U(h_S^4(p))=\frac{(1+1/6)\ln(1+1/6)}{2\ln 2}\times\left(1-\sqrt{(0.4-1/2)^2+(0.6-1/2)^2}\right)\approx 0.11$$

$$U(h_S^5(p))=1-0.6=0.4$$

虽然 $h_S^1(p)$ 与 $h_S^2(p)$ 含有相同个数的语言术语和相同的概率集，但 $h_S^1(p)$ 的包络区间更大。直观上，$h_S^1(p)$ 的犹豫度更大。$h_S^2(p)$ 与 $h_S^3(p)$ 的语言术语个数相同，包络区间长度相同，概率分布相同，但 $h_S^3(p)$ 存在概率缺失。直观上，$h_S^3(p)$ 比 $h_S^2(p)$ 的不确定度更大。由公式（2.26）计算得到的概率语言熵与人们的直观判断一致。

第 3 章　基于集成算子的概率语言多属性决策方法

基于集成算子的多属性决策方法是解决多属性决策问题的简单且有效的方法，其主要原理是通过集成算子将每个方案在各属性下的表现值集成起来得到方案的综合值，进而对方案进行排序或择优。本章主要讨论概率语言信息环境下的多种集成算子及其应用。首先，介绍基于线性关系的概率语言集成算子，包括概率语言平均算子、概率语言加权平均算子、概率语言几何平均算子、概率语言加权几何平均算子以及概率语言有序加权平均算子。其次，为拓展概率语言集成算子的应用范围，基于语言标度函数，提出一般化的概率语言加权平均算子和加权几何平均算子。这些集成算子能同时处理语言术语集的语义均衡和非均衡的情况。使用基于线性关系的概率语言集成算子的前提假设是各概率语言数之间不存在相关关系。在一些情况下，这些集成要素之间可能相互关联。为此，本章介绍基于非线性关系的概率语言集成算子。基于一般化的概率语言加权平均算子和加权几何平均算子，定义概率语言幂均值算子和概率语言幂几何算子，给出基于概率语言幂均值算子的多属性群决策方法，并验证所提方法的实用性。需要注意的是，定义 1.7 给出的概率集成法主要用于集成专家群组给出的概率语言数以得到专家的综合评估意见，这与本章提出的集成算子有所区别。

3.1　基于线性关系的概率语言集成算子及其应用

Pang 等[10]在基于序关系的语言术语运算法则的基础上提出了一些概率语言集成算子，包括概率语言平均算子、概率语言加权平均算子、概率语言几何平均算子和概率语言加权几何平均算子。

定义 3.1[10]　设 $h_S^j(p)=\{s_\alpha^{j(l)}(p^{j(l)})\,|\,l=1,2,\cdots,L_j,\sum_{l=1}^{L_j}p^{j(l)}\leqslant 1\}$（$j=1,2,\cdots,n$）为 n 个概率语言数，其中，语言项 $s_\alpha^{j(l)}(p^{j(l)})$（$l=1,2,\cdots,L_j$）是根据 $s_\alpha^{j(l)}\times p^{j(l)}$ 的值从大到小排列的。

（1）概率语言平均（probabilistic linguistic averaging，PLA）算子为

$$\begin{aligned}&\mathrm{PLA}(h_S^1(p),h_S^2(p),\cdots,h_S^n(p))\\&=\frac{1}{n}\left(h_S^1(p)\oplus h_S^2(p)\oplus\cdots\oplus h_S^n(p)\right)\\&=\frac{1}{n}\left(\bigcup_{s_\alpha^{1(l)}\in h_S^1(p),s_\alpha^{2(l)}\in h_S^2(p),\cdots,s_\alpha^{n(l)}\in h_S^n(p)}\left\{s_\alpha^{1(l)}p^{1(l)}\oplus s_\alpha^{2(l)}p^{2(l)}\oplus\cdots\oplus s_\alpha^{n(l)}p^{n(l)}\right\}\right)\end{aligned}\tag{3.1}$$

其中，$s_\alpha^{j(l)}p^{j(l)}=s_{\alpha^{j(l)}p^{j(l)}}$，$\alpha^{j(l)}$ 为语言术语 $s_\alpha^{j(l)}$ 的下标。

（2）概率语言加权平均（probabilistic linguistic weighted averaging，PLWA）算子为

$$\begin{aligned}&\mathrm{PLWA}(h_S^1(p),h_S^2(p),\cdots,h_S^n(p))\\&=w_1h_S^1(p)\oplus w_2h_S^2(p)\oplus\cdots\oplus w_nh_S^n(p)\\&=\bigcup_{s_\alpha^{1(l)}\in h_S^1(p)}\left\{w_1s_\alpha^{1(l)}p^{1(l)}\right\}\oplus\bigcup_{s_\alpha^{2(l)}\in h_S^2(p)}\left\{w_2s_\alpha^{2(l)}p^{2(l)}\right\}\oplus\cdots\\&\quad\oplus\bigcup_{s_\alpha^{n(l)}\in h_S^n(p)}\left\{w_ns_\alpha^{n(l)}p^{n(l)}\right\}\end{aligned}\tag{3.2}$$

其中，$W=(w_1,w_2,\cdots,w_n)^{\mathrm{T}}$ 为概率语言数 $h_S^j(p)$（$j=1,2,\cdots,n$）的权重向量，$w_j\geqslant 0$，$\sum_{j=1}^{n}w_j=1$。特别地，当 $W=(1/n,1/n,\cdots,1/n)^{\mathrm{T}}$ 时，PLWA 退化为 PLA。

（3）概率语言几何平均（probabilistic linguistic geometric averaging，PLGA）算子为

$$\begin{aligned}&\mathrm{PLGA}(h_S^1(p),h_S^2(p),\cdots,h_S^n(p))\\&=\left(h_S^1(p)\otimes h_S^2(p)\otimes\cdots\otimes h_S^n(p)\right)^{1/n}\\&=\left(\bigcup_{s_\alpha^{1(l)}\in h_S^1(p),s_\alpha^{2(l)}\in h_S^2(p),\cdots,s_\alpha^{n(l)}\in h_S^n(p)}\left\{(s_\alpha^{1(l)})^{p^{1(l)}}\otimes(s_\alpha^{2(l)})^{p^{2(l)}}\otimes\cdots\otimes(s_\alpha^{n(l)})^{p^{n(l)}}\right\}\right)^{1/n}\end{aligned}\tag{3.3}$$

其中，$(s_\alpha^{j(l)})^{p^{j(l)}}=s_{(\alpha^{j(l)})^{p^{j(l)}}}$，$\alpha^{j(l)}$ 为语言术语 $s_\alpha^{j(l)}$ 的下标。

（4）概率语言加权几何平均（probabilistic linguistic weighted geometric averaging，PLWGA）算子为

$$\begin{aligned}&\mathrm{PLWGA}(h_S^1(p),h_S^2(p),\cdots,h_S^n(p))\\&=(h_S^1(p))^{w_1}\otimes(h_S^2(p))^{w_2}\otimes\cdots\otimes(h_S^n(p))^{w_n}\\&=\bigcup_{s_\alpha^{1(l)}\in h_S^1(p)}\left\{(s_\alpha^{1(l)})^{w_1p^{1(l)}}\right\}\otimes\bigcup_{s_\alpha^{2(l)}\in h_S^2(p)}\left\{(s_\alpha^{2(l)})^{w_2p^{2(l)}}\right\}\otimes\cdots\\&\quad\otimes\bigcup_{s_\alpha^{n(l)}\in h_S^n(p)}\left\{(s_\alpha^{n(l)})^{w_np^{n(l)}}\right\}\end{aligned}\tag{3.4}$$

其中，$W=(w_1,w_2,\cdots,w_n)^{\mathrm{T}}$ 为概率语言数 $h_S^j(p)$（$j=1,2,\cdots,n$）的权重向量。特别地，

当 $W=(1/n,1/n,\cdots,1/n)^{\mathrm{T}}$ 时，PLWGA 退化为 PLGA。

加权平均算子属于完全补偿性集成算子，而加权几何平均算子属于非完全补偿性集成算子。在应用中，应根据实际问题的需要来选择合适的集成算子。

基于以上的概率语言集成算子，Pang 等[10]提出了一种多属性决策方法，如算法 3.1 所示。

算法 3.1（基于概率语言加权平均算子的多属性决策方法）

步骤 1：分析一个多属性决策问题，确定其备选方案 $A=\{a_1,a_2,\cdots,a_m\}$ 及评估属性 $C=\{c_1,c_2,\cdots,c_n\}$，确定属性的权重向量 $W=(w_1,w_2,\cdots,w_n)^{\mathrm{T}}$，并定义评估时各属性对应的语言术语集 S。邀请专家根据提供的语言术语集 S 对每个方案在各属性下的表现进行评估，并将评估信息转换为概率语言数，即

$$h_S^{ij}(p)=\{s_\alpha^{ij(l)}(p^{ij(l)})\,|\,l=1,2,\cdots,L_{ij},\ \sum_{l=1}^{L_{ij}}p^{ij(l)}\leqslant 1\}\quad(i=1,2,\cdots,m;\ j=1,2,\cdots,n)$$

其中，$h_S^{ij}(p)$ 为方案 a_i 在属性 c_j 下的概率语言数。建立决策矩阵 $D=\left[h_S^{ij}(p)\right]_{m\times n}$。

步骤 2：根据以下公式计算各方案的综合属性值。

$$\begin{aligned}Z_i&=w_1h_S^{i1}(p)\oplus w_2h_S^{i2}(p)\oplus\cdots\oplus w_nh_S^{in}(p)\\&=\bigcup_{s_\alpha^{i1(l)}\in h_S^{i1}(p)}\left\{w_1p^{(i1)}h_S^{i1}\right\}\oplus\bigcup_{s_\alpha^{i2(l)}\in h_S^{i2}(p)}\left\{w_2p^{(i2)}h_S^{i2}\right\}\oplus\cdots\\&\quad\oplus\bigcup_{s_\alpha^{in(l)}\in h_S^{in}(p)}\left\{w_np^{(in)}h_S^{in}\right\}\end{aligned}\tag{3.5}$$

其中，Z_i 仍为概率语言数。

步骤 3：根据概率语言数的得分值和离差值（见定义 1.17）对方案的综合属性值 Z_i（$i=1,2,\cdots,m$）进行比较，并对方案进行排序或选择最优方案。

例 3.1 展示了基于概率语言加权平均算子的多属性决策方法的求解过程。

例 3.1[91] 某公司董事会由五名成员组成，计划在未来五年内发展大型项目。现有三个备选项目 a_i（$i=1,2,3$），需要对这些项目进行评估和比较，并根据重要程度对它们进行排序。董事会建议根据四个属性对备选项目进行评估，包括①c_1：财务视角；②c_2：客户满意度；③c_3：内部业务流程视角；④c_4：学习和成长视角。上述属性均为效益型，评估值越大表示方案越优。

下面采用基于概率语言加权平均算子的多属性决策方法对上述案例进行分析。

步骤 1：假设属性的权重向量为 $W=(0.138,0.304,0.416,0.142)^{\mathrm{T}}$。在每个属性下，对方案进行评估时使用的语言术语集设定为

S={ s_0=无，s_1=非常低，s_2=低，s_3=中等，s_4=高，s_5=非常高，s_6=完美}

五位董事会成员给出的评估结果分别为矩阵 $D^{(1)}$、$D^{(2)}$、$D^{(3)}$、$D^{(4)}$和 $D^{(5)}$。其中，矩阵中的空白部分表示专家未给出评估信息。

$$D^{(1)}=\begin{bmatrix} s_3 & s_4 & s_4 & s_5 \\ s_3 & s_3 & s_2 & s_3 \\ s_4 & s_3 & & s_4 \end{bmatrix},\quad D^{(2)}=\begin{bmatrix} s_4 & s_2 & s_4 & s_5 \\ s_3 & & s_1 & s_3 \\ s_4 & s_3 & s_5 & s_4 \end{bmatrix},\quad D^{(3)}=\begin{bmatrix} s_4 & s_4 & s_4 & s_3 \\ s_5 & s_2 & & s_4 \\ s_3 & s_3 & s_4 & s_6 \end{bmatrix}$$

$$D^{(4)}=\begin{bmatrix} s_4 & s_4 & s_4 & s_3 \\ s_3 & s_4 & s_3 & s_3 \\ s_3 & & s_3 & s_4 \end{bmatrix},\quad D^{(5)}=\begin{bmatrix} s_3 & s_4 & s_3 & s_5 \\ s_3 & s_3 & s_2 & s_3 \\ s_3 & s_4 & & s_4 \end{bmatrix}$$

根据概率集成法（见定义 1.7）将所有专家的评估信息集成为群体意见，从而构建概率语言决策矩阵，如下所示：

$$D=\begin{bmatrix} \{s_3(0.4),s_4(0.6)\} & \{s_2(0.2),s_4(0.8)\} & \{s_3(0.2),s_4(0.8)\} & \{s_3(0.4),s_5(0.6)\} \\ \{s_5(0.2),s_3(0.8)\} & \{s_2(0.2),s_3(0.4),s_4(0.2)\} & \{s_1(0.2),s_2(0.4),s_3(0.2)\} & \{s_4(0.2),s_3(0.8)\} \\ \{s_3(0.6),s_4(0.4)\} & \{s_3(0.6),s_4(0.2)\} & \{s_3(0.2),s_4(0.2),s_5(0.2)\} & \{s_4(0.8),s_6(0.2)\} \end{bmatrix}$$

通过添加概率为 0 的语言术语将上述决策矩阵标准化，使所有的概率语言数有相同个数的语言术语，从而得到标准化的决策矩阵，如下所示：

$$D^N=\begin{bmatrix} \{s_3(0),s_3(0.4),s_4(0.6)\} & \{s_2(0),s_2(0.2),s_4(0.8)\} & \{s_3(0),s_3(0.2),s_4(0.8)\} & \{s_3(0),s_3(0.4),s_5(0.6)\} \\ \{s_3(0),s_3(0.8),s_5(0.2)\} & \{s_2(0.25),s_3(0.5),s_4(0.25)\} & \{s_1(0.25),s_2(0.5),s_3(0.25)\} & \{s_3(0),s_3(0.8),s_4(0.2)\} \\ \{s_3(0),s_3(0.6),s_4(0.4)\} & \{s_3(0),s_3(0.75),s_4(0.25)\} & \{s_3(0.33),s_4(0.33),s_5(0.33)\} & \{s_4(0),s_4(0.8),s_6(0.2)\} \end{bmatrix}$$

步骤 2：根据公式（3.5）得到方案的综合属性值，分别为

$$Z_1=\{s_{3.06},s_{0.71},s_0\},\quad Z_2=\{s_{1.54},s_{0.87},s_{0.26}\},\quad Z_3=\{s_{2.07},s_{1.24},s_{0.41}\}$$

步骤 3：假设语言术语集的语义均衡分布，根据公式（1.38）计算得到方案综合属性值的得分值分别为 $E(Z_1)=0.209$ 、 $E(Z_2)=0.148$ 和 $E(Z_3)=0.207$ 。比较方案的综合属性值的期望值，得到方案的排序为 $a_1 \succ a_3 \succ a_2$。因此，a_1 为最重要的项目。

Pang 等[10]提出的概率语言集成算子在集成过程中将语言术语的下标与概率直接相乘，丢失了概率信息，且运算原理难以解释。为保留概率语言数的概率信息，Farhadinia 和 Xu[40]提出了概率语言有序加权平均算子（probabilistic linguistic ordered weighted averaging，PLOWA）。

（1）当语言术语集为 $S=\{s_\alpha \mid \alpha=-\tau,\cdots,-1,0,1,\cdots,\tau\}$ 时，

$$\begin{aligned}\mathrm{PLOWA}(h_S^1(p),h_S^2(p),\cdots,h_S^n(p)) &= w_1 h_S^1(p)\oplus w_2 h_S^2(p)\oplus\cdots\oplus w_n h_S^n(p) \\ &= \bigcup_{1\leqslant l\leqslant L}\left\{1-\prod_{j=1}^{n}\left(1-(s_\alpha^{j(l)}+\tau)/2\tau\right)^{w_j},\overline{\sum_{j=1}^{n}p^{j(l)}}\right\}\end{aligned} \tag{3.6}$$

其中，

$$\overline{\sum_{j=1}^{n}p^{j(l)}}=\frac{\hat{p}^{1(l)}+\hat{p}^{2(l)}+\cdots+\hat{p}^{n(l)}}{\sum_{l=1}^{L}\left(\hat{p}^{1(l)}+\hat{p}^{2(l)}+\cdots+\hat{p}^{n(l)}\right)}$$

（2）当语言术语集为 $S=\{s_\alpha \mid \alpha=0,1,\cdots,g\}$ 时，

$$\mathrm{PLOWA}(h_S^1(p),h_S^2(p),\cdots,h_S^n(p))=w_1h_S^1(p)\oplus w_2h_S^2(p)\oplus\cdots\oplus w_nh_S^n(p)$$
$$=\bigcup_{1\leqslant l\leqslant L}\left\{1-\prod_{j=1}^{n}(1-(s_\alpha^{j(l)})/g)^{w_j},\overline{\sum_{j=1}^{n}p^{j(l)}}\right\} \quad (3.7)$$

其中，$W=(w_1,w_2,\cdots,w_n)^{\mathrm{T}}$ 为概率语言数 $h_S^j(p)$ $(j=1,2,\cdots,n)$ 的权重向量。

为使概率语言有序加权平均算子能进一步处理语义分布不均衡的语言术语集，下面给出基于语言标度函数的概率语言集成算子。

定义 3.2 设 $h_S^j(p)=\{s_\alpha^{j(l)}(p^{j(l)})\mid l=1,2,\cdots,L_j,\sum_{l=1}^{L_j}p^{j(l)}\leqslant 1\}$ $(j=1,2,\cdots,n)$ 为 n 个概率语言数，f：$s_\alpha\to\theta_\alpha$，$s_\alpha\in S$，$\theta_\alpha\in[0,1]$，为一般形式的语言标度函数，f^{-1}：$\theta_\alpha\to s_\alpha$，$s_\alpha\in S$，$\theta_\alpha\in[0,1]$，为其反函数。

（1）一般化的概率语言加权平均（general probabilistic linguistic weighted averaging，GPLWA）算子可定义为

$$\mathrm{GPLWA}(h_S^1(p),h_S^2(p),\cdots,h_S^n(p))=w_1h_S^1(p)\oplus w_2h_S^2(p)\oplus\cdots\oplus w_nh_S^n(p)$$
$$=\bigcup_{1\leqslant l\leqslant L}\left\{f^{-1}\left(\sum_{j=1}^{n}w_jf(s_\alpha^{j(l)})\right)\overline{\sum_{j=1}^{n}p^{j(l)}}\right\} \quad (3.8)$$

其中，$W=(w_1,w_2,\cdots,w_n)^{\mathrm{T}}$ 为概率语言数 $h_S^j(p)$ $(j=1,2,\cdots,n)$ 的权重向量。特别地，当 $W=(1/n,1/n,\cdots,1/n)^{\mathrm{T}}$ 时，一般化的概率语言加权平均算子退化为一般化的概率语言平均算子。

（2）一般化的概率语言加权几何平均（general probabilistic linguistic weighted geometric averaging，GPLWGA）算子可定义为

$$\mathrm{GPLWGA}(h_S^1(p),h_S^2(p),\cdots,h_S^n(p))=(h_S^1(p))^{w_1}\otimes(h_S^2(p))^{w_2}\otimes\cdots\otimes(h_S^n(p))^{w_n}$$
$$=\bigcup_{1\leqslant l\leqslant L}\left\{f^{-1}\left(\prod_{j=1}^{n}(f(s_\alpha^{j(l)}))^{w_j}\right)\overline{\sum_{j=1}^{n}p^{j(l)}}\right\} \quad (3.9)$$

其中，$W=(w_1,w_2,\cdots,w_n)^{\mathrm{T}}$ 为概率语言数 $h_S^j(p)$ $(j=1,2,\cdots,n)$ 的权重向量。特别地，当 $W=(1/n,1/n,\cdots,1/n)^{\mathrm{T}}$ 时，一般化的概率语言加权几何平均算子退化为一般化的概率语言几何平均算子。

例 3.2 基于算法 3.1 处理例 3.1 中的标准化决策矩阵 D^N，并将集成算子改为公式(3.8)。假设四个属性对应的语言术语集的语义均匀分布，并令 $f(s_\alpha)=\alpha/g$（$\alpha\in[0,g]$），且 $f(\theta_\alpha)=s_{g\theta_\alpha}$（$\theta_\alpha\in[0,1]$）。根据公式（3.8），可得方案的综合属性值，如下所示。

$$
\begin{aligned}
\mathrm{GPLWA}(a_1) &= w_1 h_S^{11}(p) \oplus w_2 h_S^{12}(p) \oplus w_3 h_S^{13}(p) \oplus w_4 h_S^{14}(p) \\
&= \left\{ \begin{array}{l}
s_{(0.138\times 3\div 6+0.304\times 2\div 6+0.416\times 3\div 6+0.142\times 3\div 6)\times 6}(0), \\
s_{(0.138\times 3\div 6+0.304\times 2\div 6+0.416\times 3\div 6+0.142\times 3\div 6)\times 6}((0.4+0.2+0.2+0.4)\div 4), \\
s_{(0.138\times 4\div 6+0.304\times 4\div 6+0.416\times 4\div 6+0.142\times 5\div 6)\times 6}((0.6+0.8+0.8+0.6)\div 4)
\end{array} \right\} \\
&= \{s_{2.7}(0.3), s_{4.1}(0.7)\}
\end{aligned}
$$

$\mathrm{GPLWA}(a_2)=\{s_{1.9}(0.125), s_{2.6}(0.65), s_{3.7}(0.225)\}$ ， $\mathrm{GPLWA}(a_3)=\{s_{3.1}(0.08), s_{3.6}(0.62), s_{4.7}(0.3)\}$。根据公式（1.38）计算得到方案的综合属性值的期望值分别为 $E(a_1)\approx 0.613$、$E(a_2)=0.460$ 和 $E(a_3)\approx 0.648$。于是，方案的排序为 $a_3 \succ a_1 \succ a_2$。该结果与用 Pang 等[10]提出的概率语言集成算子得到的结果 $a_1 \succ a_3 \succ a_2$ 不完全一致，说明不同的集成算子对决策结果具有一定的影响。

3.2　基于非线性关系的概率语言集成算子及其应用

3.2.1　概率语言幂均值算子

基于线性关系的概率语言集成算子将待集成的概率语言数视为相互独立的要素。在许多实际决策问题中，由于属性间的关联性，各集成要素之间具有相互支持或反对的关系。幂均值算子[92]能够反映集成对象之间的相互关系，是一种非线性加权平均集成方法。基于几何平均算子和幂均值算子，Xu 和 Yager[93]引入了幂几何算子。接着，Xu 等[94]提出了语言幂均值算子来处理带有相关关系的语言信息间的集成问题。Zhou 和 Chen[95]讨论了语言环境下的一般化幂均值算子，并将其应用于群决策问题中。Zhu 等[96]提出了语言犹豫模糊环境下的幂均值算子。

定义 3.3[92]　设 $X=\{x_1,x_2,\cdots,x_n\}$ 为 n 个非负数组成的集合。幂均值（power average，PA）算子可定义为

$$
\mathrm{PA}(x_1,x_2,\cdots,x_n)=\frac{\sum_{j=1}^{n}(1+T(x_j))x_j}{\sum_{j=1}^{n}(1+T(x_j))} \tag{3.10}
$$

其中，

$$
T(x_j)=\sum_{v=1,v\neq j}^{n}\sup(x_j,x_v) \tag{3.11}
$$

其中，$\sup(x_j,x_v)$ 称为 x_j 对 x_v 的支持度。一般地，$\sup(x_j,x_v)$ 可通过 x_j 与 x_v 间的距离 $d(x_j,x_v)$ 来度量，并满足以下性质[92]。

（1）$\sup(x_j, x_v) \in [0,1]$。

（2）$\sup(x_j, x_v) = \sup(x_v, x_j)$。

（3）若 $d(x_j, x_v) < d(x_j, x_k)$，则 $\sup(x_j, x_v) \geqslant \sup(x_j, x_k)$。

Xu 和 Yager[93]定义的幂几何（power geometric，PG）算子为

$$\mathrm{PG}(x_1, x_2, \cdots, x_n) = \prod_{j=1}^{n} x_j^{\frac{1+T(x_j)}{\sum_{j=1}^{n}(1+T(x_j))}} \tag{3.12}$$

通过将幂均值算子和幂几何算子引入概率语言术语集的运算中，Kobina 等[97]提出了概率语言幂均值算子以及概率语言幂几何算子。

定义 3.4[97]　设 $h_S^j(p) = \{s_\alpha^{j(l)}(p^{j(l)}) \mid l = 1, 2, \cdots, L_j, \sum_{l=1}^{L_j} p^{j(l)} \leqslant 1\}$（$j = 1, 2, \cdots, n$）为 n 个概率语言数。

（1）概率语言幂均值（probabilistic linguistic power averaging，PLPA）算子定义为

$$\mathrm{PLPA}(h_S^1(p), h_S^2(p), \cdots, h_S^n(p)) = \frac{\sum_{j=1}^{n}(1+T(h_S^j(p)))h_S^j(p)}{\sum_{j=1}^{n}(1+T(h_S^j(p)))} \tag{3.13}$$

（2）概率语言幂几何（probabilistic linguistic power geometric，PLPG）算子定义为

$$\mathrm{PLPG}(h_S^1(p), h_S^2(p), \cdots, h_S^n(p)) = \mathop{\otimes}_{j=1}^{n}(h_S^j(p))^{\frac{1+T(h_S^j(p))}{\sum_{j=1}^{n}(1+T(h_S^j(p)))}} \tag{3.14}$$

其中，

$$T(h_S^j(p)) = \sum_{v=1, v\neq j}^{n} \sup(h_S^j(p), h_S^v(p)) \tag{3.15}$$

$\sup(h_S^j(p), h_S^v(p))$ 称为概率语言数 $h_S^j(p)$ 对 $h_S^v(p)$ 的支持度。一般地，$\sup(h_S^j(p), h_S^v(p))$ 可通过 $h_S^j(p)$ 与 $h_S^v(p)$ 间的距离 $d(h_S^j(p), h_S^v(p))$ 来度量，并满足以下性质[97]。

（1）$\sup(h_S^i(p), h_S^v(p)) \in [0,1]$。

（2）$\sup(h_S^j(p), h_S^v(p)) = \sup(h_S^v(p), h_S^j(p))$。

（3）若 $d(h_S^j(p), h_S^v(p)) < d(h_S^j(p), h_S^k(p))$，则 $\sup(h_S^j(p), h_S^v(p)) \geqslant \sup(h_S^j(p),$

$h_S^k(p))$。

接着，基于 Pang 等[10]提出的概率语言运算法则（见定义 1.11），Kobina 等[97]引入了概率语言幂均值算子以及概率语言幂几何算子的运算法则。考虑到 Pang 等[10]提出的概率语言运算法则具有丢失概率信息以及计算结果超出给定的语言术语集的范围等缺陷，Kobina 等[97]提出的概率语言幂均值算子以及概率语言幂几何算子的运算法则具有相同的缺陷，在一般化的概率语言加权平均算子和一般化的概率语言几何算子的基础上，下面借助语言标度函数，定义一般化的概率语言幂均值算子和一般化的概率语言幂几何算子的运算法则。

（1）一般化的概率语言幂均值（general probabilistic linguistic power averaging，GPLPA）算子定义为

$$\begin{aligned}\mathrm{GPLPA}\left(h_S^1(p),h_S^2(p),\cdots,h_S^n(p)\right)&=r^1h_S^1(p)\oplus r^2h_S^2(p)\oplus\cdots\oplus r^nh_S^n(p)\\&=\bigcup_{1\leqslant l\leqslant L}\left\{f^{-1}\left(\sum_{j=1}^{n}r^jf(s_\alpha^{j(l)})\right)\overline{\sum_{j=1}^{n}p^{j(l)}}\right\}\end{aligned}\tag{3.16}$$

其中，$r^j=\dfrac{(1+T(h_S^j(p))}{\sum_{j=1}^{n}(1+T(h_S^j(p)))}$，$T(h_S^j(p))=\sum_{v=1,v\neq j}^{n}\sup(h_S^j(p),h_S^v(p))$。

一般化的概率语言幂均值算子满足交换律，并具有幂等性、有界性和单调性等性质。

定理 3.1（交换律）　假设 $\{h_S^{1'}(p),h_S^{2'}(p),\cdots,h_S^{n'}(p)\}$ 是集合 $\{h_S^1(p),h_S^2(p),\cdots,h_S^n(p)\}$ 的任意排列，则 $\mathrm{GPLPA}\left(h_S^1(p),h_S^2(p),\cdots,h_S^n(p)\right)=\mathrm{GPLPA}\left(h_S^{1'}(p),h_S^{2'}(p),\cdots,h_S^{n'}(p)\right)$。

证明　假设 $s_\alpha^{j'(l)}$ 为概率语言数 $h_S^{j'}(p)$ 中的第 l 个语言术语，$p^{j'(l)}$ 为 $s_\alpha^{j'(l)}$ 对应的概率。存在 $\mathrm{GPLPA}\left(h_S^1(p),h_S^2(p),\cdots,h_S^n(p)\right)=r^1h_S^1(p)\oplus r^2h_S^2(p)\oplus\cdots\oplus r^nh_S^n(p)$

$$=\bigcup_{1\leqslant l\leqslant L}\left\{f^{-1}\left(\sum_{j=1}^{n}r^jf(s_\alpha^{j(l)})\right)\overline{\sum_{j=1}^{n}p^{j(l)}}\right\}=\bigcup_{1\leqslant l\leqslant L}\left\{f^{-1}\left(\sum_{j'=1}^{n}r^{j'}f(s_\alpha^{j'(l)})\right)\overline{\sum_{j'=1}^{n}p^{j'(l)}}\right\}$$

$=r^{1'}h_S^{1'}(p)\oplus r^{2'}h_S^{2'}(p)\oplus\cdots\oplus r^{n'}h_S^{n'}(p)=\mathrm{GPLPA}\left(h_S^{1'}(p),h_S^{2'}(p),\cdots,h_S^{n'}(p)\right)$。

证毕。

定理 3.2（幂等性）　令 $\{h_S^1(p),h_S^2(p),\cdots,h_S^n(p)\}$ 为 n 个概率语言数组成的集合。若该集合中的所有概率语言数相同，即 $h_S^j(p)=h_S(p)$（$j=1,2,\cdots,n$），则 $\mathrm{GPLPA}\left(h_S^1(p),h_S^2(p),\cdots,h_S^j(p)\right)=h_S(p)$。

证明　因为$h_S^j(p)=h_S(p)$（$j=1,2,\cdots,n$），所以，$T(h_S^j(p))=\sum_{v=1,v\neq j}^{n}\sup(h_S^j(p), h_S^v(p))=\sum_{v=1,v\neq j}^{n}1=n-1$。于是，$r^j=\dfrac{1+(n-1)}{\sum_{j=1}^{n}(1+(n-1))}=1/n$。因此，$\mathrm{GPLPA}\left(h_S^1(p), h_S^2(p),\cdots,h_S^n(p)\right)=r^1h_S^1(p)\oplus r^2h_S^2(p)\oplus\cdots\oplus r^nh_S^n(p)=\bigcup_{1\leqslant l\leqslant L}\left\{f^{-1}\left(\sum_{j=1}^{n}1/n\,f(s_\alpha^{j(l)})\right)\overline{\sum_{j=1}^{n}p^{j(l)}}\right\}=\bigcup_{1\leqslant l\leqslant L}\left\{s_\alpha^{(l)}\dfrac{np^{(l)}}{n}\right\}=\{s_\alpha^{(l)}(p^{(l)})\,|\,l=1,2,\cdots,L\}=h_S(p)$。

证毕。

定理 3.3（有界性）　令$\{h_S^1(p),h_S^2(p),\cdots,h_S^n(p)\}$为$n$个概率语言数组成的集合，其中，$\min_j h_S^j(p)\leqslant h_S^j(p)\leqslant\max_j h_S^j(p)$。那么，$\min_j h_S^j(p)\leqslant\mathrm{GPLPA}\left(h_S^1(p), h_S^2(p),\cdots, h_S^n(p)\right)\leqslant\max_j h_S^j(p)$。

定理 3.4（单调性）　令$\{h_S^{1'}(p),h_S^{2'}(p),\cdots,h_S^{n'}(p)\}$和$\{h_S^1(p),h_S^2(p),\cdots,h_S^n(p)\}$为两个概率语言数组成的集合，其中$h_S^{j'}(p)\leqslant h_S^j(p)$（$j=1,2,\cdots,n$）。存在$\mathrm{GPLPA}\left(h_S^{1'}(p),h_S^{2'}(p),\cdots,h_S^{n'}(p)\right)\leqslant\mathrm{GPLPA}\left(h_S^1(p),h_S^2(p),\cdots,h_S^n(p)\right)$。

定理 3.5　在n个概率语言数组成的集合$\{h_S^1(p),h_S^2(p),\cdots,h_S^n(p)\}$中，若各概率语言数的支持度一致，即$\sup(h_S^j(p),h_S^v(p))=R$（$j,v=1,2,\cdots,n$，$j\neq v$），则$\mathrm{GPLPA}\left(h_S^1(p),h_S^2(p),\cdots,h_S^n(p)\right)=\bigoplus_{j=1}^{n}\dfrac{1}{n}h_S^j(p)$。

证明　因为$\sup(h_S^j(p),h_S^v(p))=R$（$j,v=1,2,\cdots,n$，$j\neq v$），所以，$T(h_S^j(p))=\sum_{v=1,v\neq j}^{n}\sup(h_S^j(p),h_S^v(p))=(n-1)R$。于是，

$$r^j=\frac{(1+T(h_S^j(p))}{\sum_{j=1}^{n}(1+T(h_S^j(p)))}=\frac{1+(n-1)R}{\sum_{j=1}^{n}(1+(n-1)R)}=1/n$$

因此，

$$\text{GPLPA}\left(h_S^1(p), h_S^2(p), \cdots, h_S^n(p)\right) = r^1 h_S^1(p) \oplus r^2 h_S^2(p) \oplus \cdots \oplus r^n h_S^n(p) = \mathop{\oplus}_{j=1}^{n} \frac{1}{n} h_S^j(p)$$

证毕。

（2）一般化的概率语言加权幂均值（general probabilistic linguistic weighted power averaging，GPLWPA）算子定义为

$$\begin{aligned}
&\text{GPLWPA}\left(h_S^1(p), h_S^2(p), \cdots, h_S^n(p)\right) \\
&= \mathop{\oplus}_{j=1}^{n} \frac{w_j(1+T(h_S^j(p)))h_S^j(p)}{\sum\limits_{j=1}^{n} w_j(1+T(h_S^j(p)))} \\
&= \bigcup_{1\leqslant l\leqslant L} \left\{ f^{-1}\left(\sum_{j=1}^{n} \left(\frac{w_j(1+T(h_S^j(p)))}{\sum\limits_{j=1}^{n} w_j(1+T(h_S^j(p)))} f(s_\alpha^{j(l)}) \right) \right) \overline{\sum_{j=1}^{n} p^{j(l)}} \right\}
\end{aligned} \tag{3.17}$$

其中，$T(h_S(p)) = \sum\limits_{v=1, v\neq j}^{n} \sup(h_S^j(p), h_S^v(p))$，$W = (w_1, w_2, \cdots, w_n)^{\mathrm{T}}$ 为概率语言数 $h_S^j(p)$ $(j=1,2,\cdots,n)$ 的权重向量，$w_j \geqslant 0$，$j=1,2,\cdots,n$，$\sum\limits_{j=1}^{n} w_j = 1$。特别地，当各概率语言数的权重一致时，即 $W = (1/n, 1/n, \cdots, 1/n)^{\mathrm{T}}$，存在

$$\begin{aligned}
\text{GPLWPA}\left(h_S^1(p), h_S^2(p), \cdots, h_S^n(p)\right) &= \mathop{\oplus}_{j=1}^{n} \frac{1/n(1+T(h_S^j(p)))h_S^j(p)}{\sum\limits_{j=1}^{n} 1/n(1+T(h_S^j(p)))} \\
&= \mathop{\oplus}_{j=1}^{n} \frac{(1+T(h_S^j(p)))h_S^j(p)}{\sum\limits_{j=1}^{n} (1+T(h_S^j(p)))}
\end{aligned}$$

此时，一般化的概率语言加权幂均值算子退化为一般化的概率语言幂均值算子。

一般化的概率语言加权幂均值算子满足幂等性和有界性。

定理 3.6（幂等性）　令 $\{h_S^1(p), h_S^2(p), \cdots, h_S^n(p)\}$ 为 n 个概率语言数组成的集合。若该集合中的所有概率语言数均相同，即 $h_S^j(p) = h_S(p)$（$j=1,2,\cdots,n$），则 $\text{GPLWPA}\left(h_S^1(p), h_S^2(p), \cdots, h_S^n(p)\right) = h_S(p)$。

证明　若 $h_S^j(p) = h_S(p)$（$j=1,2,\cdots,n$），则 $T(h_S^j(p)) = \sum\limits_{v=1, v\neq j}^{n} \sup\Big(h_S^j(p),$

$h_S^v(p)\big) = n-1$。那么，$\underset{j=1}{\overset{n}{\oplus}} \frac{w_j(1+T(h_S(p)))h_S(p)}{\sum_{j=1}^{n} w_j(1+T(h_S(p)))} = \underset{j=1}{\overset{n}{\oplus}} \frac{w_j(1+n-1)h_S(p)}{\sum_{j=1}^{n} w_j(1+n-1)} =$ $\underset{j=1}{\overset{n}{\oplus}} \frac{1}{n} h_S(p) = h_S(p)$。

证毕。

定理 3.7（有界性）　令 $\{h_S^1(p), h_S^2(p), \cdots, h_S^n(p)\}$ 为 n 个概率语言数组成的集合，其中，$\min\limits_j h_S^j(p) \leqslant h_S^j(p) \leqslant \max\limits_j h_S^j(p)$。那么，$\min\limits_j h_S^j(p) \leqslant \mathrm{GPLWPA}\big(h_S^1(p), h_S^2(p), \cdots, h_S^n(p)\big) \leqslant \max\limits_j h_S^j(p)$。

定理 3.8　由 n 个概率语言数组成的集合 $(h_S^1(p), h_S^2(p), \cdots, h_S^n(p))$ 中，若各概率语言数的支持度一致，即 $\sup(h_S^j(p), h_S^v(p)) = R$（$j, v = 1, 2, \cdots, n$，$j \neq v$），则 $\mathrm{GPLWPA}(h_S^1(p), h_S^2(p), \cdots, h_S^n(p)) = \underset{j=1}{\overset{n}{\oplus}} w_j h_S^j(p)$。

证明　因为 $\sup(h_S^j(p), h_S^v(p)) = R$（$j, v = 1, 2, \cdots, n$，$j \neq v$），所以，$T(h_S^j(p)) = \sum_{v=1, v\neq j}^{n} \sup(h_S^j(p), h_S^v(p)) = (n-1)R$。于是，$\mathrm{GPLWPA}(h_S^1(p), h_S^2(p), \cdots, h_S^n(p)) = \underset{j=1}{\overset{n}{\oplus}} \frac{w_j(1+(n-1)R)h_S(p)}{\sum_{j=1}^{n} w_j(1+(n-1)R)} = \underset{j=1}{\overset{n}{\oplus}} w_j h_S(p)$。此时，一般化的概率语言加权幂均值算子退化为一般化的概率语言加权平均算子。

证毕。

（3）一般化的概率语言幂几何平均（general probabilistic linguistic power geometric averaging，GPLPGA）算子定义为

$$\begin{aligned}\mathrm{GPLPGA}(h_S^1(p), h_S^2(p), \cdots, h_S^n(p)) &= (h_S^1(p))^{r^1} \otimes (h_S^2(p))^{r^2} \otimes \cdots \otimes (h_S^n(p))^{r^n} \\ &= \bigcup_{1 \leqslant l \leqslant L} \left\{ f^{-1}\left(\prod_{j=1}^{n} (f(s_\alpha^{j(l)}))^{r^j} \right) \overline{\sum_{j=1}^{n} p^{j(l)}} \right\}\end{aligned} \tag{3.18}$$

其中，$r^j = \frac{(1+T(h_S^j(p)))}{\sum_{j=1}^{n}(1+T(h_S^j(p)))}$，$T(h_S^j(p)) = \sum_{v=1, v\neq j}^{n} \sup(h_S^j(p), h_S^v(p))$。

一般化的概率语言幂几何平均算子满足交换律，并具有幂等性和有界性等性质。

定理 3.9（交换律）　假设 $\{h_S^{1'}(p), h_S^{2'}(p), \cdots, h_S^{n'}(p)\}$ 是集合 $\{h_S^1(p), h_S^2(p), \cdots,$

$h_S^n(p)\}$ 的任何排列，存在 $\text{GPLPGA}\left(h_S^1(p),h_S^2(p),\cdots,h_S^n(p)\right)=\text{GPLPGA}\left(h_S^{1'}(p),h_S^{2'}(p),\cdots,h_S^{n'}(p)\right)$。

证明　假设 $s_\alpha^{j'(l)}$ 为概率语言数 $h_S^{j'}(p)$ 中的第 l 个语言术语，$p^{j'(l)}$ 为 $s_\alpha^{j'(l)}$ 对应的概率，存在

$$\begin{aligned}\text{GPLPGA}\left(h_S^1(p),h_S^2(p),\cdots,h_S^n(p)\right)&=(h_S^1(p))^{r^1}\otimes(h_S^2(p))^{r^2}\otimes\cdots\otimes(h_S^n(p))^{r^n}\\&=\bigcup_{1\leqslant l\leqslant L}\left\{f^{-1}\left(\prod_{j=1}^n(f(s_\alpha^{j(l)}))^{r^j}\right)\overline{\sum_{j=1}^n p^{j(l)}}\right\}\\&=\bigcup_{1\leqslant l\leqslant L}\left\{f^{-1}\left(\prod_{j'=1}^n(f(s_\alpha^{j'(l)}))^{r^{j'}}\right)\overline{\sum_{j'=1}^n p^{j'(l)}}\right\}\\&=\text{GPLPGA}\left(h_S^{1'}(p),h_S^{2'}(p),\cdots,h_S^{n'}(p)\right)\end{aligned}$$

其中，$r^{j'}=\dfrac{(1+T(h_S^{j'}(p))}{\sum_{j=1}^n(1+T(h_S^{j'}(p)))}$。

证毕。

定理 3.10（幂等性）　令 $\{h_S^1(p),h_S^2(p),\cdots,h_S^n(p)\}$ 为 n 个概率语言数组成的集合。若该集合中的所有概率语言数均相同，即 $h_S^j(p)=h_S(p)$（$j=1,2,\cdots,n$），则 $\text{GPLPGA}\left(h_S^1(p),h_S^2(p),\cdots,h_S^n(p)\right)=h_S(p)$。

证明　因为 $h_S^j(p)=h_S(p)$（$j=1,2,\cdots,n$），所以，$T(h_S^j(p))=\sum_{v=1,v\neq j}^n\sup\left(h_S^j(p),h_S^v(p)\right)=\sum_{v=1,v\neq j}^n 1=n-1$。于是，$r^j=\dfrac{1+(n-1)}{\sum_{j=1}^n(1+(n-1))}=1/n$。因此，

$$\text{GPLPGA}\left(h_S^1(p),h_S^2(p),\cdots,h_S^n(p)\right)=r^1h_S^1(p)\otimes r^2h_S^2(p)\otimes\cdots\otimes r^nh_S^n(p)$$

$=\bigcup_{1\leqslant l\leqslant L}\left\{f^{-1}\left(\prod_{j=1}^n(f(s_\alpha^{j(l)}))^{r^j}\right)\overline{\sum_{j=1}^n p^{j(l)}}\right\}=\bigcup_{1\leqslant l\leqslant L}\left\{\prod_{j=1}^n(s_\alpha^{j(l)})^{1/n}(p^{(l)})\right\}=\{s_\alpha^{(l)}(p^{(l)})\mid l=1,2,\cdots,L\}=h_S(p)$。

证毕。

定理 3.11（有界性）　令 $\{h_S^1(p),h_S^2(p),\cdots,h_S^n(p)\}$ 为 n 个概率语言数组成的集合，其中，$\min_j h_S^j(p)h\leqslant_S^j(p)\leqslant\max_j h_S^j(p)$。那么，$\min_j h_S^j(p)\leqslant\text{GPLPGA}(h_S^1(p),$

$h_S^2(p),\cdots,h_S^n(p)) \leqslant \max_j h_S^j(p)$。

（4）一般化的概率语言加权幂几何平均（general probabilistic linguistic weighted power geometric averageing，GPLWPGA）算子定义为

$$\mathrm{GPLWPGA}\left(h_S^1(p),h_S^2(p),\cdots,h_S^n(p)\right)=\mathop{\otimes}_{j=1}^{n}(h_S^j(p))^{\frac{w_j(1+T(h_S^j(p)))}{\sum_{j=1}^{n}w_j(1+T(h_S^j(p)))}}$$
$$=\bigcup_{1\leqslant l\leqslant L}\left\{f^{-1}\left(\prod_{j=1}^{n}(f(s_\alpha^{j(l)}))^{\frac{w_j(1+T(h_S^j(p)))}{\sum_{j=1}^{n}w_j(1+T(h_S^j(p)))}}\right)\Bigg/\sum_{j=1}^{n}p^{j(l)}\right\} \tag{3.19}$$

其中，$T(h_S(p))=\sum_{v=1,v\neq j}^{n}\sup(h_S^j(p),h_S^v(p))$，$W=(w_1,w_2,\cdots,w_n)^{\mathrm{T}}$ 为概率语言数 $h_S^j(p)$ $(j=1,2,\cdots,n)$ 的权重向量，$w_j \geqslant 0$，$j=1,2,\cdots,n$，$\sum_{j=1}^{n}w_j=1$。特别地，当各概率语言数的权重一致时，即 $W=(1/n,1/n,\cdots,1/n)^{\mathrm{T}}$，存在

$$\mathrm{GPLWPGA}\left(h_S^1(p),h_S^2(p),\cdots,h_S^n(p)\right)=\mathop{\otimes}_{j=1}^{n}(h_S^j(p))^{\frac{(1+T(h_S^j(p)))1/n}{\sum_{j=1}^{n}(1+T(h_S^j(p)))1/n}}$$
$$=\mathop{\otimes}_{j=1}^{n}(h_S^j(p))^{\frac{(1+T(h_S^j(p)))}{\sum_{j=1}^{n}(1+T(h_S^j(p)))}}$$

此时，一般化的概率语言加权幂几何平均算子退化为一般化的概率语言幂几何平均算子。

定理 3.12 由 n 个概率语言数组成的集合 $(h_S^1(p),h_S^2(p),\cdots,h_S^n(p))$ 中，若各概率语言数的支持度一致，即 $\sup(h_S^i(p),h_S^j(p))=R$（$j,v=1,2,\cdots,n$，$j\neq v$），则

$$\mathrm{GPLWPGA}\left(h_S^1(p),h_S^2(p),\cdots,h_S^n(p)\right)=\mathop{\otimes}_{j=1}^{n}(h_S^j(p))^{w_j}$$

证明 因为 $\sup(h_S^j(p),h_S^v(p))=R$（$j,v=1,2,\cdots,n$，$j\neq v$），所以，$T(h_S^j(p))=\sum_{v=1,v\neq j}^{n}\sup(h_S^j(p),h_S^v(p))=(n-1)R$。于是，$\mathrm{GPLWPGA}\left(h_S^1(p),h_S^2(p),\cdots,h_S^n(p)\right)=$

$\overset{n}{\underset{j=1}{\otimes}}(h_S^j(p))^{\frac{w_j(1+(n-1)R)}{\sum_{j=1}^{n} w_i(1+(n-1)R)}} = \overset{n}{\underset{j=1}{\otimes}}(h_S^j(p))^{\frac{w_j(1+(n-1)R)}{(1+(n-1)R)\sum_{j=1}^{n} w_j}} = \overset{n}{\underset{j=1}{\otimes}}(h_S^j(p))^{w_j}$。此时，一般化的概率语言加权幂几何平均算子退化为一般化的概率语言幂几何平均算子。

证毕。

定理 3.13（幂等性）　令 $\{h_S^1(p), h_S^2(p), \cdots, h_S^n(p)\}$ 为 n 个概率语言数组成的集合。若该集合中的所有概率语言数均相同，即 $h_S^i(p) = h_S(p)$（$j = 1,2,\cdots,n$），则 $\text{GPLWPGA}\left(h_S^1(p), h_S^2(p), \cdots, h_S^n(p)\right) = h_S(p)$。

证明　因为 $h_S^j(p) = h_S(p)$（$j = 1,2,\cdots,n$），所以，$T(h_S^j(p)) = \sum_{v=1, v\neq j}^{n} \sup(h_S^j(p), h_S^v(p)) = \sum_{v=1, v\neq j}^{n} 1 = n-1$。因此，

$$\begin{aligned}
\text{GPLWPGA}\left(h_S^1(p), h_S^2(p), \cdots, h_S^n(p)\right) &= \overset{n}{\underset{j=1}{\otimes}}(h_S^j(p))^{\frac{w_j(1+n-1)}{\sum_{j=1}^{n} w_j(1+n-1)}} = \overset{n}{\underset{j=1}{\otimes}}(h_S^j(p))^{w_j} \\
&= \bigcup_{1\leqslant l\leqslant L}\left\{f^{-1}\left(\prod_{j=1}^{n}(f(s_\alpha^{j(l)}))^{w_j}\right)\overline{\sum_{j=1}^{n} p^{j(l)}}\right\} \\
&= \bigcup_{1\leqslant l\leqslant L}\left\{s_\alpha^{j(l)}(p^{(l)})\right\} \\
&= \{s_\alpha^{j(l)}(p^{(l)}) \mid l = 1,2,\cdots,L\} = h_S(p)
\end{aligned}$$

证毕。

定理 3.14（有界性）　令 $\{h_S^1(p), h_S^2(p), \cdots, h_S^n(p)\}$ 为 n 个概率语言数组成的集合，其中，$\min_j h_S^j(p) \leqslant h_S^j(p) \leqslant \max_j h_S^j(p)$。那么，$\min_j h_S^j(p) \leqslant \text{GPLWPGA}\left(h_S^1(p), h_S^2(p), \cdots, h_S^n(p)\right) \leqslant \max_j h_S^j(p)$。

3.2.2　基于概率语言幂均值算子的多属性群决策方法及应用

算法 3.2 给出了基于概率语言幂均值算子的决策方法来解决评估信息为概率语言数的群决策问题。

算法 3.2（基于概率语言幂均值算子的多属性群决策方法）

步骤 1：分析一个多属性决策问题，确定其备选方案 $A = \{a_1, a_2, \cdots, a_m\}$ 及评估属性 $C = \{c_1, c_2, \cdots, c_n\}$，确定属性的权重向量 $W = (w_1, w_2, \cdots, w_n)^{\mathrm{T}}$，并定义评估时

每个属性下所用的语言术语集 S。邀请多个专家 $E=\{e_1,e_2,\cdots,e_Q\}$ 根据提供的语言术语集对每个方案在各属性下的表现进行评估。收集每位专家给出的语言评价信息并表示为概率语言数 $h_S^{ij(q)}(p)$（$i=1,2,\cdots,m; j=1,2,\cdots,n; q=1,2,\cdots,Q$）。根据每位专家的评估信息，构建个人决策矩阵 $D^{(q)}=\left[h_S^{ij(q)}(p)\right]_{m\times n}$（$q=1,2,\cdots,Q$）。

步骤 2：根据概率集成法（见定义 1.7）将多个专家的评估信息对应的概率语言数 $\{h_S^{ij(1)}(p),h_S^{ij(2)}(p),\cdots,h_S^{ij(Q)}(p)\}$ 集成为群体概率语言数 $h_S^{ij}(p)$，并构建决策矩阵 $D=\left[h_S^{ij}(p)\right]_{m\times n}$，其中，$h_S^{ij}(p)=\{s_\alpha^{ij(l)}(p^{ij(l)})\,|\,l=1,2,\cdots,L_{ij},\sum_{l=1}^{L_{ij}}p^{ij(l)}\leqslant 1\}$ 表示方案 a_i 在属性 c_j 下的群体概率语言数。

步骤 3：根据公式（3.20）计算属性 c_j 下各概率语言数之间的距离。

$$
\begin{aligned}
d_{\mathrm{gd}}(h_S^{ij}(p),h_S^{tj}(p))&=d_{\mathrm{gd}}(h_S^{*ij}(p),h_S^{*tj}(p))\\
&=\left(\sum_{k=1}^{K}p^{*(k)}\left|f\left(\alpha^{ij(k)}\right)-f\left(\alpha^{tj(k)}\right)\right|^{\lambda}\right)^{1/\lambda},\quad \lambda>0
\end{aligned}
\tag{3.20}
$$

其中，$h_S^{*ij}(p)=\{s_\alpha^{ij(k)}(p^{*(k)})\,|\,k=1,2,\cdots,K\}$ 和 $h_S^{*tj}(p)=\{s_\alpha^{tj(k)}(p^{*(k)})\,|\,k=1,2,\cdots,K\}$ 分别为概率语言数 $h_S^{ij}(p)$ 与 $h_S^{tj}(p)$ 的概率调整形式。$\alpha^{ij(k)}$ 和 $\alpha^{tj(k)}$ 分别为语言术语 $s_\alpha^{ij(k)}$ 和 $s_\alpha^{tj(k)}$ 的下标。一般地，取 $\lambda=1$（表示汉明距离）或 $\lambda=2$（表示欧氏距离）。

步骤 4：根据公式（3.21）计算单个方案在各属性下的概率语言数之间的支持度。

$$
\sup(h_S^{ij}(p),h_S^{tj}(p))=\begin{cases}
1-\dfrac{d_{\mathrm{gd}}(\max\limits_i h_S^{ij}(p),h_S^{tj}(p))}{\max\left(d_{\mathrm{gd}}(h_S^{ij}(p),h_S^{tj}(p))\right)}, & \text{若}c_j\text{为成本型属性}\\[2ex]
1-\dfrac{d_{\mathrm{gd}}(\min\limits_i h_S^{ij}(p),h_S^{tj}(p))}{\max\left(d_{\mathrm{gd}}(h_S^{ij}(p),h_S^{tj}(p))\right)}, & \text{若}c_j\text{为效益型属性}
\end{cases}
\tag{3.21}
$$

其中，$\max\limits_i h_S^{ij}(p)$ 和 $\min\limits_i h_S^{ij}(p)$ 分别为属性 c_j 下最大和最小的概率语言数。考虑到各属性的维度（包括语言术语集中语言术语含义以及语言术语个数等）不同，采用 $\dfrac{d_{\mathrm{gd}}(\max\limits_i h_S^{ij}(p),h_S^{tj}(p))}{\max\left(d_{\mathrm{gd}}(h_S^{ij}(p),h_S^{tj}(p))\right)}$ 和 $\dfrac{d_{\mathrm{gd}}(\min\limits_i h_S^{ij}(p),h_S^{tj}(p))}{\max\left(d_{\mathrm{gd}}(h_S^{ij}(p),h_S^{tj}(p))\right)}$ 分别将成本型属性和效益型属性下的取值进行标准化，以得到相同维度的值。

步骤 5：考虑每个方案对应属性间的支持度，采用一般的概率语言加权幂均值算子集成每个方案在各属性下的概率语言数，作为该方案的综合评估值。

$$\begin{aligned}
\mathrm{GPLWPA}(a_i) &= \mathrm{GPLWPA}\left(h_S^{i1}(p), h_S^{i2}(p), \cdots, h_S^{in}(p)\right) \\
&= \mathrm{GPLWPA}\left(h_S^{*i1}(p), h_S^{*i2}(p), \cdots, h_S^{*in}(p)\right) \\
&= \bigoplus_{j=1}^{n} \frac{w_j(1+T(h_S^{*ij}(p)))h_S^{*ij}(p)}{\sum_{j=1}^{n} w_j(1+T(h_S^{*ij}(p)))} \\
&= \bigcup_{1\leqslant l\leqslant L}\left\{ f^{-1}\left(\sum_{j=1}^{n}\left(\frac{w_j(1+T(h_S^{*ij}(p)))}{\sum_{j=1}^{n} w_j(1+T(h_S^{*ij}(p)))} f(s_\alpha^{ij(k)})\right)\right)\overline{\sum_{j=1}^{n} p^{*ij(k)}}\right\}
\end{aligned} \tag{3.22}$$

其中，$h_S^{*ij}(p)=\{s_\alpha^{ij(k)}(p^{*ij(k)}) \mid k=1,2,\cdots,K\}$，$T(h_S^{*ij}(p))=\sum_{t=1,t\neq i}^{m}\sup(h_S^{ij}(p), h_S^{tj}(p))$，$W=(w_1,w_2,\cdots,w_n)^{\mathrm{T}}$ 为属性的权重向量，$w_j \geqslant 0$，$j=1,2,\cdots,n$，$\sum_{j=1}^{n} w_j=1$。

需要指出的是，当 $h_S^{ij}(p)=\{s_\alpha^{ij(l)}(p^{ij(l)}) \mid l=1,2,\cdots,L_{ij}, \sum_{l=1}^{L_{ij}} p^{ij(l)}\leqslant 1\}$ 被调整为 $h_S^{*ij}(p)=\{s_\alpha^{ij(k)}(p^{*ij(k)}) \mid k=1,2,\cdots,K\}$ 时，$p^{*ij(k)}=p^{*ij'(k)}=p^{*(k)}$（$j,j'=1,2\cdots,n$）。此时，$p^{*(k)}=\overline{\sum_{j=1}^{n} p^{*ij(k)}}$。在此步骤中，也可用其他概率语言幂均值算子，如一般化的概率语言加权幂几何平均算子来集成方案的评估值。

步骤 6：根据概率语言数的得分值和离差值（见定义 1.17）对方案的综合属性值 $\mathrm{GPLWPA}(a_i)$（$i=1,2,\cdots,m$）进行比较，并对方案进行排序或选择最优方案。

下面通过共享单车设计方案选择的实例来说明基于概率语言幂均值算子的多属性群决策方法在实际问题中的应用。

例 3.3（改编自文献 [14]）　2016 年下半年，共享单车开始在我国一线城市出现，致力于解决人们“最后几公里的出行”问题，引起了政府、百姓以及学者的广泛关注[98]。作为企业与政府合作的共享经济新形式，共享单车在校园、地铁站周边、住宅区和商业区等地提供单车共享服务。依靠互联网移动终端技术，用户可以使用手机应用程序定位自行车，不受骑车和停车的空间和时间限制。此外，自行车的租金和押金可以在线支付。共享单车作为短途旅行（从地铁站到家庭或办公室、从宿舍到教学楼、旅游骑行等）的有力工具，为人们的出行带来了极大便利。它既满足了出行的刚性需求，也满足了新时代对环保的要求，这使得社会对共享单车的需求量急剧上升。由于共享单车的巨大市场红利，20 多个品牌已进入该市场①，同时也有众多品牌在竞争中失利而退出市场。

某共享单车品牌在设计之初，对提高质量和耐久性、降低维修成本关注较多，忽视了用户体验，导致该公司单车存在车身笨重、无法调整座椅高度、附加功能少等问题，自行车设计受到了许多用户的批评，导致其竞争力严重下降[99]。为了在激烈的竞争中取胜，该公司需要从多个新设计中选出最能满足用户需求的创新设计。为解决此问题，根据用户对共享单车的一般需求，选取舒适性（c_1）、方便性（c_2）、通用性（c_3）和安全性（c_4）作为评价属性。假设该公司在已有设计的基础上提出了 5 种备选单车设计方案 $a_i(i=1,2,\cdots,5)$，并邀请 6 位精通单车设计的专家 $e_q(q=1,2,\cdots,6)$ 进行评估。使用的语言术语集为{s_{-3}=极其差，s_{-2}=很差，s_{-1}=差，s_0=中等，s_1=好，s_2=很好，s_3=极其好}。该公司负责人分别向 6 位专家咨询各单车设计备选方案在各属性下的表现情况。专家给出的评估信息见表 3.1~表 3.6。

表 3.1 专家 e_1 给出的方案优劣语言评价信息

	c_1	c_2	c_3	c_4
a_1	很好	好	介于好与很好之间	介于中等与差之间
a_2	很好	很好	好	介于差与好之间
a_3	介于中等与好之间	介于好与很好之间	至少很差	至少很好
a_4	很差	好	介于中等与好之间	介于中等与差之间
a_5	差	很差	至少很好	很好

表 3.2 专家 e_2 给出的方案优劣语言评价信息

	c_1	c_2	c_3	c_4
a_1	极其好	好	很好	介于中等与差之间
a_2	很好	介于好与很好之间	好	介于中等与差之间
a_3	中等	至少很好	很差	好
a_4	介于差与很差之间	介于中等与好之间	中等	介于中等与差之间
a_5	介于中等与差之间	至少很差	很好	介于好与很好之间

表 3.3 专家 e_3 给出的方案优劣语言评价信息

	c_1	c_2	c_3	c_4
a_1	极其好	好	介于好与很好之间	介于中等与好之间
a_2	很好	很好	好	介于中等与好之间

① 资料来源：https://baike.baidu.com/item/%E5%85%B1%E4%BA%AB%E5%8D%95%E8%BD%A6/20119704?fr=aladdin。

续表

	c_1	c_2	c_3	c_4
a_3	中等	很好	很差	介于好与很好之间
a_4	很差	好	介于中等与好之间	中等
a_5	介于中等与差之间	至少很差	至少很好	很好

表 3.4　专家 e_4 给出的方案优劣语言评价信息

	c_1	c_2	c_3	c_4
a_1	很好	好	好	差
a_2	很好	很好	好	好
a_3	中等	很好	至少很差	介于好与很好之间
a_4	差	好	介于中等与好之间	介于中等与差之间
a_5	差	很差	至少好	很好

表 3.5　专家 e_5 给出的方案优劣语言评价信息

	c_1	c_2	c_3	c_4
a_1	极其好	好	很好	差
a_2	很好	介于好与很好之间	好	介于中等与差之间
a_3	中等	至少很好	很差	好
a_4	很差	介于中等与好之间	介于中等与好之间	介于中等与差之间
a_5	中等	至少很差	很好	介于好与很好之间

表 3.6　专家 e_6 给出的方案优劣语言评价信息

	c_1	c_2	c_3	c_4
a_1	很好	好	介于好与很好之间	介于中等与好之间
a_2	很好	介于好与很好之间	好	介于中等与好之间
a_3	中等	很好	很差	好
a_4	很差	介于中等与好之间	介于中等与好之间	介于中等与差之间
a_5	差	至少很差	至少很好	介于好与很好之间

下面运用算法 3.2 来求解上述多属性群决策问题。

步骤 1：将表 3.1~表 3.6 中专家给出的语言评估信息转换为概率语言数（在集成过程中采用四舍五入法对概率保留一位小数），构建个人决策矩阵，如下所示：

$$D^{(1)}=\begin{bmatrix} \{s_2(1)\} & \{s_1(1)\} & \{s_1(0.5),s_2(0.5)\} & \{s_{-1}(0.5),s_0(0.5)\} \\ \{s_2(1)\} & \{s_2(1)\} & \{s_1(1)\} & \{s_{-1}(0.33),s_0(0.33),s_1(0.33)\} \\ \{s_0(0.5),s_1(0.5)\} & \{s_1(0.5),s_2(0.5)\} & \{s_{-3}(0.5),s_{-2}(0.5)\} & \{s_2(0.5),s_3(0.5)\} \\ \{s_{-2}(1)\} & \{s_1(1)\} & \{s_0(0.5),s_1(0.5)\} & \{s_{-1}(0.5),s_0(0.5)\} \\ \{s_{-1}(1)\} & \{s_{-2}(1)\} & \{s_2(0.5),s_3(0.5)\} & \{s_2(1)\} \end{bmatrix}$$

$$D^{(2)}=\begin{bmatrix} \{s_3(1)\} & \{s_1(1)\} & \{s_2(1)\} & \{s_{-1}(0.5),s_0(0.5)\} \\ \{s_2(1)\} & \{s_1(0.5),s_2(0.5)\} & \{s_1(1)\} & \{s_{-1}(0.5),s_0(0.5)\} \\ \{s_0(1)\} & \{s_2(0.5),s_3(0.5)\} & \{s_{-2}(1)\} & \{s_1(1)\} \\ \{s_{-2}(0.5),s_{-1}(0.5)\} & \{s_0(0.5),s_1(0.5)\} & \{s_0(1)\} & \{s_{-1}(0.5),s_0(0.5)\} \\ \{s_{-1}(0.5),s_0(0.5)\} & \{s_{-3}(0.5),s_{-2}(0.5)\} & \{s_2(1)\} & \{s_1(0.5),s_2(0.5)\} \end{bmatrix}$$

$$D^{(3)}=\begin{bmatrix} \{s_3(1)\} & \{s_1(1)\} & \{s_1(0.5),s_2(0.5)\} & \{s_0(0.5),s_1(0.5)\} \\ \{s_2(1)\} & \{s_2(1)\} & \{s_1(1)\} & \{s_0(0.5),s_1(0.5)\} \\ \{s_0(1)\} & \{s_2(1)\} & \{s_{-2}(1)\} & \{s_2(0.5),s_3(0.5)\} \\ \{s_{-2}(1)\} & \{s_1(1)\} & \{s_0(0.5),s_1(0.5)\} & \{s_0(1)\} \\ \{s_{-1}(0.5),s_0(0.5)\} & \{s_{-3}(0.5),s_{-2}(0.5)\} & \{s_2(0.5),s_3(0.5)\} & \{s_2(1)\} \end{bmatrix}$$

$$D^{(4)}=\begin{bmatrix} \{s_2(1)\} & \{s_1(1)\} & \{s_1(1)\} & \{s_{-1}(1)\} \\ \{s_2(1)\} & \{s_2(1)\} & \{s_1(1)\} & \{s_1(1)\} \\ \{s_0(1)\} & \{s_2(1)\} & \{s_{-3}(0.5),s_{-2}(0.5)\} & \{s_2(0.5),s_3(0.5)\} \\ \{s_{-1}(1)\} & \{s_1(1)\} & \{s_0(0.5),s_1(0.5)\} & \{s_{-1}(0.5),s_0(0.5)\} \\ \{s_{-1}(1)\} & \{s_{-2}(1)\} & \{s_1(0.33),s_2(0.33),s_3(0.33)\} & \{s_2(1)\} \end{bmatrix}$$

$$D^{(5)}=\begin{bmatrix} \{s_3(1)\} & \{s_2(1)\} & \{s_2(1)\} & \{s_{-1}(1)\} \\ \{s_2(1)\} & \{s_1(0.5),s_2(0.5)\} & \{s_1(1)\} & \{s_{-1}(0.5),s_0(0.5)\} \\ \{s_0(1)\} & \{s_2(0.5),s_3(0.5)\} & \{s_{-2}(1)\} & \{s_1(1)\} \\ \{s_{-2}(1)\} & \{s_0(0.5),s_1(0.5)\} & \{s_0(0.5),s_1(0.5)\} & \{s_{-1}(0.5),s_0(0.5)\} \\ \{s_0(1)\} & \{s_{-3}(0.5),s_{-2}(0.5)\} & \{s_2(1)\} & \{s_1(0.5),s_2(0.5)\} \end{bmatrix}$$

$$D^{(6)}=\begin{bmatrix} \{s_2(1)\} & \{s_1(1)\} & \{s_1(0.5),s_2(0.5)\} & \{s_0(0.5),s_1(0.5)\} \\ \{s_2(1)\} & \{s_1(0.5),s_2(0.5)\} & \{s_1(1)\} & \{s_0(0.5),s_1(0.5)\} \\ \{s_0(1)\} & \{s_2(1)\} & \{s_{-2}(1)\} & \{s_1(1)\} \\ \{s_{-2}(1)\} & \{s_0(0.5),s_1(0.5)\} & \{s_0(0.5),s_1(0.5)\} & \{s_{-1}(0.5),s_0(0.5)\} \\ \{s_{-1}(1)\} & \{s_{-3}(0.5),s_{-2}(0.5)\} & \{s_2(0.5),s_3(0.5)\} & \{s_1(0.5),s_2(0.5)\} \end{bmatrix}$$

步骤 2：根据概率集成法对上述个人决策矩阵进行集成，得到综合决策矩阵，如下所示：

$$D=\begin{bmatrix} \{s_2(0.5),s_3(0.5)\} & \{s_1(0.8),s_2(0.2)\} & \{s_1(0.4),s_2(0.6)\} & \{s_{-1}(0.5),s_0(0.3),s_1(0.2)\} \\ \{s_2(1)\} & \{s_1(0.4),s_2(0.6)\} & \{s_1(1)\} & \{s_{-1}(0.2),s_0(0.4),s_1(0.4)\} \\ \{s_0(0.9),s_1(0.1)\} & \{s_1(0.1),s_2(0.7),s_3(0.2)\} & \{s_{-3}(0.2),s_{-2}(0.8)\} & \{s_1(0.5),s_2(0.3),s_3(0.2)\} \\ \{s_{-2}(0.8),s_{-1}(0.2)\} & \{s_0(0.3),s_1(0.7)\} & \{s_0(0.6),s_1(0.4)\} & \{s_{-1}(0.4),s_0(0.6)\} \\ \{s_{-1}(0.7),s_0(0.3)\} & \{s_{-3}(0.3),s_{-2}(0.7)\} & \{s_2(0.7),s_3(0.3)\} & \{s_1(0.3),s_2(0.7)\} \end{bmatrix}$$

步骤 3：假设语言术语集的语义均匀分布。取 $\lambda=1$，根据公式（3.20）计算每个属性下各概率语言数之间的距离。

步骤 4：根据公式（3.21），计算得到各属性下概率语言数之间的支持度。结果如表 3.7 所示。

表 3.7　各属性下概率语言数之间的支持度

支持度		c_1	c_2	c_3	c_4	支持度		c_1	c_2	c_3	c_4
a_1	a_2	0.884	0.909	0.867	0.762	a_2	a_1	0.884	0.909	0.867	0.762
	a_3	0.442	0.795	0.156	0.048		a_3	0.558	0.886	0.289	0.286
	a_4	0	0.886	0.733	0.857		a_4	0.116	0.795	0.867	0.714
	a_5	0.256	0.205	0.844	0.048		a_5	0.372	0.114	0.711	0.286
a_3	a_1	0.442	0.795	0.156	0.048	a_4	a_1	0	0.886	0.733	0.857
	a_2	0.558	0.886	0.289	0.286		a_2	0.116	0.795	0.867	0.714
	a_4	0.558	0.682	0.422	0		a_3	0.558	0.862	0.422	0
	a_5	0.814	0	0	0.810		a_5	0.744	0.318	0.578	0
a_5	a_1	0.256	0.805	0.844	0.048						
	a_2	0.372	0.114	0.711	0.286						
	a_3	0.814	0	0	0.810						
	a_4	0.744	0.318	0.578	0						

步骤 5：假设 4 个属性权重相等，即 $W=(0.25,0.25,0.25,0.25)^{\mathrm{T}}$。于是，$w^{ij}=\dfrac{w_j(1+T(h_S^{*ij}(p)))}{\sum\limits_{j=1}^{n}w_j(1+T(h_S^{*ij}(p)))}$，从而有

$$W_{5\times4}=\begin{bmatrix} 0.203 & 0.299 & 0.284 & 0.214 \\ 0.218 & 0.276 & 0.278 & 0.227 \\ 0.314 & 0.313 & 0.174 & 0.200 \\ 0.197 & 0.300 & 0.293 & 0.210 \\ 0.298 & 0.209 & 0.293 & 0.200 \end{bmatrix}$$

根据公式（3.22），计算得到方案的综合值为

$$\begin{aligned}\mathrm{GPLWPA}(a_1) &= 0.203 \otimes \{s_2(0.5), s_3(0.5)\} \oplus 0.299 \otimes \{s_1(0.8), s_2(0.2)\} \\ &\quad \oplus 0.284 \otimes \{s_1(0.4), s_2(0.6)\} \oplus 0.214 \otimes \{s_{-1}(0.5), s_0(0.3), s_1(0.2)\} \\ &= 0.203 \otimes \{s_2(0.4), s_2(0.1), s_3(0.3), s_3(0.2)\} \\ &\quad \oplus 0.299 \otimes \{s_1(0.4), s_1(0.1), s_1(0.3), s_2(0.2)\} \\ &\quad \oplus 0.284 \otimes \{s_1(0.4), s_2(0.1), s_2(0.3), s_2(0.2)\} \\ &\quad \oplus 0.214 \otimes \{s_{-1}(0.4), s_{-1}(0.1), s_0(0.3), s_1(0.2)\} \\ &= \{(0.203 s_2 \oplus 0.299 s_1 \oplus 0.284 s_1 \oplus 0.214 s_{-1})(0.4), \\ &\quad (0.203 s_2 \oplus 0.299 s_1 \oplus 0.284 s_2 \oplus 0.214 s_{-1})(0.1), \\ &\quad (0.203 s_3 \oplus 0.299 s_1 \oplus 0.284 s_1 \oplus 0.214 s_0)(0.3), \\ &\quad (0.203 s_3 \oplus 0.299 s_2 \oplus 0.284 s_2 \oplus 0.214 s_1)(0.2)\} \\ &= \{s_{0.8}(0.4), s_{1.1}(0.1), s_{1.5}(0.3), s_2(0.2)\}\end{aligned}$$

同理，

$$\mathrm{GPLWPA}(a_2) = \{s_{0.8}(0.2), s_1(0.2), s_{1.3}(0.2), s_{1.5}(0.4)\}$$

$$\mathrm{GPLWPA}(a_3) = \{s_0(0.1), s_{0.3}(0.1), s_{0.5}(0.3), s_{0.7}(0.3), s_{1.2}(0.1), s_{1.5}(0.1)\}$$

$$\mathrm{GPLWPA}(a_4) = \{s_{-0.2}(0.3), s_{0.3}(0.1), s_{0.3}(0.2), s_{0.6}(0.2), s_{0.8}(0.2)\}$$

$$\mathrm{GPLWPA}(a_5) = \{s_{-0.1}(0.3), s_{0.3}(0.4), s_{0.9}(0.3)\}$$

步骤 6：根据定义 1.17，计算各方案的综合概率语言数的得分值，结果为 $E(\mathrm{GPLWPA}(a_1)) = 0.71$，$E(\mathrm{GPLWPA}(a_2)) = 0.70$，$E(\mathrm{GPLWPA}(a_3)) = 0.61$，$E(\mathrm{GPLWPA}(a_4)) = 0.55$，$E(\mathrm{GPLWPA}(a_5)) = 0.55$。进一步计算得到各方案的综合概率语言数的离差值，结果为 $\sigma(\mathrm{GPLWPA}(a_1)) = 0.078$，$\sigma(\mathrm{GPLWPA}(a_2)) = 0.145$，$\sigma(\mathrm{GPLWPA}(a_3)) = 0.068$，$\sigma(\mathrm{GPLWPA}(a_4)) = 0.127$，$\sigma(\mathrm{GPLWPA}(a_5)) = 0.065$。因为 $E(\mathrm{GPLWPA}(a_1)) \approx E(\mathrm{GPLWPA}(a_2))$，且 $\sigma(\mathrm{GPLWPA}(a_1)) < \sigma(\mathrm{GPLWPA}(a_2))$，所以 $a_1 \succ a_2$。因为 $E(\mathrm{GPLWPA}(a_4)) = E(\mathrm{GPLWPA}(a_5))$，且 $\sigma(\mathrm{GPLWPA}(a_4)) > \sigma(\mathrm{GPLWPA}(a_5))$，所以 $a_5 \succ a_4$。5 种备选单车设计方案排序为 $a_1 \succ a_2 \succ a_3 \succ a_5 \succ a_4$，因此 a_1 为客户最满意的单车创新设计方案。

第 4 章　考虑理想解的概率语言 TOPSIS 及 VIKOR 方法

TOPSIS 和 VIKOR 方法是较早提出且被广泛应用的基于多属性价值理论的决策方法。它们均通过测度各方案与理想解间的距离来找出最接近理想解的最优解或妥协解。这里的理想解是指在每个属性下表现均为最优的解。在实际问题中，理想解可能并不存在。本章主要介绍概率语言环境下的 TOPSIS 和 VIKOR 方法，并介绍概率语言环境下的三种 TOPSIS 方法，分别是基于分离度的概率语言 TOPSIS 方法（PL-TOPSIS Ⅰ）、基于距离测度的概率语言 TOPSIS 方法（PL-TOPSIS Ⅱ）和考虑目标值的概率语言 TOPSIS 方法（PL-TOPSIS Ⅲ）。通过案例对上述三种方法进行对比分析。本章研究发现，PL-TOPSIS Ⅱ 能更准确地刻画方案间的差异，而 PL-TOPSIS Ⅲ可解决包含目标型属性的多属性决策问题。

与 TOPSIS 方法相比，VIKOR 方法刻画了方案最劣属性值对方案综合表现值的影响。本章介绍一种考虑目标值的概率语言 VIKOR 方法（PL-VIKOR Ⅰ），并通过案例对 PL-VIKOR Ⅰ 以及 PL-TOPSIS Ⅱ 和 PL-TOPSIS Ⅲ进行对比分析。此外，本章介绍一种考虑方案属性不一致的概率语言 VIKOR 法（PL-VIKOR Ⅱ）。基于属性的期望值和容忍值，给出一种概率语言线性标准化法来分别对各方案的属性值进行标准化。最后，基于拓展的 Borda 法则，提出妥协值集成函数用于对方案综合效用值及单个属性后悔值进行集成。与传统 VIKOR 方法的妥协法则相比，该集成函数能降低排序对系数的敏感性，同时能提升方案对比的有效性。

4.1　基于概率语言信息的 TOPSIS 方法及应用

TOPSIS 方法旨在寻找一个最优解，使其离正理想解的距离最近且离负理想解的距离最远。正理想解最大化效益型属性和最小化成本型属性，而负理想解最小化效益型属性和最大化成本型属性。TOPSIS 法主要包含五个步骤：①对属性值进行标准化，得到标准化决策矩阵；②考虑属性权重，计算属性间的加权标准化值；③找出正理想解和负理想解；④采用距离公式分别测度每个方案与正理想解间的分离度以及与负理想解间的分离度；⑤合成两种分离度，得到方案与理想解的相对贴近度，并根据相对贴近度判断方案间的偏好关系。

由于贴近度中包含了两种分离度，需要在方案离正理想解的距离和离负理想解的距离之间进行权衡。经典 TOPSIS 方法[44]仅将两种分离度进行简单加权来计算贴近度，得到的最优解可能难以同时离正理想解最近并离负理想解最远。Lai 等[100]引入了满意度水平来权衡方案与正理想解的距离和与负理想解的距离。考虑到实际决策问题中具有三种类型属性，即效益型（最大值为最优）、成本型（最小值为最优）和目标型（最优值为最大值与最小值间的某个数或某个区间），Jahan 等[101]将基于目标的线性标准化方法引入 TOPSIS 方法中，提出了基于目标的 TOPSIS 方法。此外，模糊环境下的 TOPSIS 方法受到了学者的广泛关注[102]。Salih 等[102]指出，将 TOPSIS 方法拓展到模糊环境下的关键在于标准化方法、距离测度技术以及属性权重确定方法。

考虑一个包含 m 个方案 $A=\{a_1,a_2,\cdots,a_m\}$ 和 n 个属性 $C=\{c_1,c_2,\cdots,c_n\}$ 的多属性决策问题，其中，属性的权重向量为 $W=(w_1,w_2,\cdots,w_n)^{\mathrm{T}}$ 。用概率语言数 $h_S^{ij}(p)$ 表示方案 a_i 在属性 c_j 下的属性值。

$$h_S^{ij}(p)=\{s_\alpha^{ij(l)}(p^{ij(l)})\mid s_\alpha^{ij(l)}\in S,\ l=1,2,\cdots,L_{ij},\sum_{l=1}^{L_{ij}}p^{ij(l)}\leqslant 1\} \tag{4.1}$$

其中，$s_\alpha^{ij(l)}$ 为语言术语集 S 中的一个语言术语，其下标可表示为 $\alpha^{ij(l)}$；$p^{ij(l)}$ 为 $s_\alpha^{ij(l)}$ 对应的概率；L_{ij} 为 $h_S^{ij}(p)$ 中语言术语的个数。于是，可构建如下概率语言决策矩阵：

$$D=\begin{bmatrix} h_S^{11}(p) & h_S^{12}(p) & \cdots & h_S^{1n}(p) \\ h_S^{21}(p) & h_S^{22}(p) & \cdots & h_S^{2n}(p) \\ \vdots & \vdots & & \vdots \\ h_S^{m1}(p) & h_S^{m2}(p) & \cdots & h_S^{mn}(p) \end{bmatrix}_{m\times n} \tag{4.2}$$

基于概率语言数之间的分离度（见定义 2.1），Pang 等[10]将 TOPSIS 方法推广到了概率语言决策环境中，提出了基于分离度的概率语言 TOPSIS 方法（本书称之为 PL-TOPSIS Ⅰ）。该方法的计算步骤如算法 4.1 所示。

算法 4.1（PL-TOPSIS Ⅰ）

步骤 1：对概率语言数中的各语言术语按照 $\alpha^{ij(l)}\times p^{ij(l)}$（$l=1,2,\cdots,L$）由大到小的顺序排列。通过添加概率为 0 的语言术语，将决策矩阵中概率语言数的语言术语个数调整至一致，使得 $L_{ij}=L$（$i=1,2,\cdots,m;j=1,2,\cdots,n$）。

步骤 2：确定概率语言决策矩阵 $D=\left[h_S^{ij}(p)\right]_{m\times n}$ 的正理想解 a^+ 和负理想解 a^-。

$$a^+=\left\{h_S^{1+},h_S^{2+},\cdots,h_S^{n+}\right\} \tag{4.3}$$

$$a^-=\left\{h_S^{1-},h_S^{2-},\cdots,h_S^{n-}\right\} \tag{4.4}$$

其中，$h_S^{j+}=\{s_{\max\limits_i\{\alpha^{ij(l)}\cdot p^{ij(l)}\}}|l=1,2,\cdots,L\}$，$h_S^{j-}=\{s_{\min\limits_i\{\alpha^{ij(l)}\cdot p^{ij(l)}\}}|l=1,2,\cdots,L\}$。

步骤 3：基于概率语言分离度公式［公式（2.1）］，计算各方案与正理想解的距离，即

$$\begin{aligned} d(a_i,a^+)&=\sum_{j=1}^n w_j d(h_S^{ij}(p),h_S^{j+}) \\ &=\sum_{j=1}^n w_j\sqrt{\frac{1}{L}\sum_{l=1}^L(\alpha^{ij(l)}\times p^{ij(l)}-\max_i(\alpha^{ij(l)}\times p^{ij(l)}))^2} \end{aligned} \tag{4.5}$$

同理，计算各方案与负理想解的距离，即

$$\begin{aligned} d(a_i,a^-)&=\sum_{j=1}^n w_j d(h_S^{ij}(p),h_S^{j-}) \\ &=\sum_{j=1}^n w_j\sqrt{\frac{1}{L}\sum_{l=1}^L(\alpha^{ij(l)}\times p^{ij(l)}-\min_i(\alpha^{ij(l)}\times p^{ij(l)}))^2} \end{aligned} \tag{4.6}$$

$d(a_i,a^+)$ 的值越小，且 $d(a_i,a^-)$ 的值越大，表示方案 a_i 越优。

步骤 4：根据改进的贴近度公式[103]计算方案的综合效用值，如下所示：

$$\mathrm{CI}(a_i)=\frac{d(a_i,a^-)}{\max\limits_i d(a_i,a^-)}-\frac{d(a_i,a^+)}{\min\limits_i d(a_i,a^+)} \tag{4.7}$$

步骤 5：根据贴近度判断方案间的偏好关系，$\mathrm{CI}(a_i)$ 越大，表示方案 a_i 越优。最优的方案满足

$$a^*=\{a_i\mid\max_{1\leqslant i\leqslant m}\mathrm{CI}(a_i)\} \tag{4.8}$$

事实上，在 Pang 等[10]定义的概率语言正理想解和负理想解中，属性值表示为数值而非概率语言数。此外，通过例 2.1 可知，概率语言分离度公式无法准确反映两个概率语言数之间的实际差异。为合理地刻画概率语言数之间的差异，Wu 和 Liao[17]、Wu 等[37]用基于概率调整法的概率语言距离测度替代概率语言分离度，改进了 PL-TOPSIS Ⅰ，并提出了基于距离测度的概率语言 TOPSIS 方法（本书称之为 PL-TOPSIS Ⅱ）。该方法的计算步骤如算法 4.2 所示。

算法 4.2（PL-TOPSIS Ⅱ）

步骤 1：确定正理想解与负理想解。下面给出两种方法来确定正理想解和负理想解。

（1）考虑方案中的最大值和最小值。根据概率语言数的得分和离差（见定义 1.17），对各属性下的概率语言数进行比较，并找出最优值 $h_S^{j+}(p)$ 和最劣值 $h_S^{j-}(p)$。其中，若 c_j 为效益型属性，则 $h_S^{j+}(p)=\max\limits_i h_S^{ij}(p)$，$h_S^{j-}(p)=\min\limits_i h_S^{ij}(p)$；若 c_j 为成本型属性，则 $h_S^{j+}(p)=\min\limits_i h_S^{ij}(p)$，$h_S^{j-}(p)=\max\limits_i h_S^{ij}(p)$。于是，概率语言决策矩阵 $D=\left[h_S^{ij}(p)\right]_{m\times n}$ 的正理想解和负理想解可分别表示为

$$a'^{+}=\left\{h_S^{1+}(p),h_S^{2+}(p),\cdots,h_S^{n+}(p)\right\} \tag{4.9}$$

$$a'^{-}=\left\{h_S^{1-}(p),h_S^{2-}(p),\cdots,h_S^{n-}(p)\right\} \tag{4.10}$$

（2）基于可能的最大值 $h_S^{j+}(p)$ 和最小值 $h_S^{j-}(p)$。若 c_j 为效益型属性，则 $h_S^{j+}(p)=\{s_\tau(1)\}$，$h_S^{j-}(p)=\{s_{-\tau}(1)\}$；若 c_j 为成本型属性，则 $h_S^{j+}(p)=\{s_{-\tau}(1)\}$，$h_S^{j-}(p)=\{s_\tau(1)\}$。其中，假设语言术语集为 $S=\{s_{-\tau},\cdots,s_0,\cdots,s_\tau\}$。

方法（1）适用于方案个数较多的情况，方法（2）适用于方案个数较少的情况。当方案个数较少时，方案间的差异可能较小。因此，若求已有方案的最大值或最小值，则可能无法满足对正理想解和负理想解的要求。当方案较多时，各属性下方案间差异显著，方案可能取到较优值和较差值，此时，将它们分别作为正理想解和负理想解的构成元素是合理的。

步骤 2：分别计算各方案与正理想解之间的距离和各方案与负理想解之间的距离。将决策矩阵中的概率语言数的概率归一化，得到标准概率语言数，即

$$\hat{h}_S^{ij}(p)=\{s_\alpha^{ij(l)}(\hat{p}^{ij(l)})\mid s_\alpha^{ij(l)}\in S,l=1,2,\cdots,L_{ij},\sum_{l=1}^{L_{ij}}\hat{p}^{ij(l)}=1\} \tag{4.11}$$

其中，$\hat{p}^{ij(l)}$ 为语言术语 $s_\alpha^{ij(l)}$ 的调整概率。为简便计算，令 $\hat{p}^{ij(l)}=p^{ij(l)}\Big/\sum_{l=1}^{L}p^{ij(l)}$。

同理，

$$\hat{h}_S^{j+}(p)=\{s_\alpha^{j+(l)}(\hat{p}^{j+(l)})\mid s_\alpha^{j+(l)}\in S,l=1,2,\cdots,L_{j+},\sum_{l=1}^{L_{j+}}\hat{p}^{j+(l)}=1\}$$

$$\hat{h}_S^{j-}(p)=\{s_\alpha^{j-(l)}(\hat{p}^{j-(l)})\mid s_\alpha^{j-(l)}\subset S,l=1,2,\cdots,L_{j-},\sum_{l=1}^{L_{j-}}\hat{p}^{j-(l)}=1\}$$

建立标准化的概率语言决策矩阵，如下所示：

$$\hat{D}=\begin{bmatrix}\hat{h}_S^{11}(p) & \hat{h}_S^{12}(p) & \cdots & \hat{h}_S^{1n}(p)\\ \hat{h}_S^{21}(p) & \hat{h}_S^{22}(p) & \cdots & \hat{h}_S^{2n}(p)\\ \vdots & \vdots & & \vdots\\ \hat{h}_S^{m1}(p) & \hat{h}_S^{m2}(p) & \cdots & \hat{h}_S^{mn}(p)\end{bmatrix}_{m\times n} \tag{4.12}$$

步骤 3：根据基于语言标度函数的距离测度，即公式（2.7），分别计算方案与正理想解之间的距离以及方案与负理想之间的距离。以欧氏距离测度为例，存在

$$d'(a_i,a'^{+})=\sum_{j=1}^{n}w_j d'\left(\hat{h}_S^{ij}(p),\hat{h}_S^{j+}(p)\right)=\sum_{j=1}^{n}w_j\left(\sum_{k=1}^{K}p^{*(k)}\left|f\left(\alpha^{ij(k)}\right)-f\left(\alpha^{j+(k)}\right)\right|^2\right)^{1/2}\tag{4.13}$$

$$d'(a_i,a'^{-})=\sum_{j=1}^{n}w_j d'\left(\hat{h}_S^{ij}(p),\hat{h}_S^{j-}(p)\right)=\sum_{j=1}^{n}w_j\left(\sum_{k=1}^{K}p^{*(k)}\left|f\left(\alpha^{ij(k)}\right)-f\left(\alpha^{j-(k)}\right)\right|^2\right)^{1/2}\tag{4.14}$$

其中，需要采用概率调整法将 $\hat{h}_S^{ij}(p)$、$\hat{h}_S^{j+}(p)$ 和 $\hat{h}_S^{j-}(p)$ 的概率进行调整，使其含有相同概率向量，对应的调整形式分别为 $h_S^{*ij}(p)=\{s_\alpha^{ij(k)}(p^{*(k)})\mid k=1,2,\cdots,K_j\}$，$h_S^{*j+}(p)=\{s_\alpha^{j+(k)}(p^{*(k)})\mid k=1,2,\cdots,K_j\}$ 和 $h_S^{*j-}(p)=\{s_\alpha^{j-(k)}(p^{*(k)})\mid k=1,2,\cdots,K_j\}$。$\alpha^{ij(k)}$、$\alpha^{j+(k)}$ 和 $\alpha^{j-(k)}$ 分别为语言术语 $s_\alpha^{ij(k)}$、$s_\alpha^{j+(k)}$ 和 $s_\alpha^{j-(k)}$ 的下标。f 为语言标度函数，对于语义均衡分布的语言术语集，存在 $f(\alpha)=(\tau+\alpha)/2\tau$。

步骤 4：根据公式（4.15）计算方案与理想解的相对贴近度。

$$\mathrm{CI}'(a_i)=\frac{d'(a_i,a^-)}{\max_i d'(a_i,a^-)}-\frac{d'(a_i,a^+)}{\min_i d'(a_i,a^+)}\tag{4.15}$$

步骤 5：根据方案的贴近度确定方案间的偏好关系，其中，最优方案为 $a^*=\{a_i\mid\max_{1\leqslant i\leqslant m}\mathrm{CI}'(a_i)\}$。

PL-TOPSIS Ⅰ 和 PL-TOPSIS Ⅱ 均无法处理包含目标型属性的多属性决策问题。为了拓展概率语言 TOPSIS 方法的应用范围，Liao 和 Wu[49]将基于目标值的线性标准化技术和基于目标值的向量标准化技术引入 PL-TOPSIS Ⅱ 中，使其能灵活地处理带有效益型、成本型和目标型属性的决策问题，从而提出了考虑目标值的概率语言 TOPSIS 方法（本书称之为 PL-TOPSIS Ⅲ）。该方法的计算步骤如算法 4.3 所示。

算法 4.3（PL-TOPSIS Ⅲ）

步骤 1：归一化（亦称标准化）属性值。Liao 和 Wu[49]定义了基于目标值的概率语言向量标准化算子，如下所示：

$$N^{\text{vec}}(a_{ij}) = 1 - \frac{\left| E\left(h_S^{ij}(p)\right) - E\left(h_S^{j*}(p)\right) \right|}{\sqrt{\sum_{i=1}^{m} \left(E\left(h_S^{ij}(p)\right)\right)^2 + \left(E\left(h_S^{j*}(p)\right)\right)^2}} \tag{4.16}$$

其中，$h_S^{j*}(p)$ 为属性 c_j 的目标值。该目标值可为属性 c_j 下的最优值，也可为决策者对属性 c_j 的期望值。$E(\cdot)$ 为概率语言得分函数。根据定义 1.17 可得，$E\left(h_S^{ij}(p)\right) = \sum_{l=1}^{L_{ij}} (f(s_{\alpha}^{ij(l)}) \times \hat{p}^{ij(l)})$。

线性标准化和向量标准化方法具有不同的优缺点，并适用于不同的决策问题。因此，应根据实际情况来选择合适的标准化方法。第 6 章将详细介绍概率语言环境下的标准化方法。将概率语言属性值标准化后，可以建立概率语言标准化决策矩阵，如下所示：

$$D_N^{\text{vec}} = \begin{bmatrix} N^{\text{vec}}(a_{11}) & N^{\text{vec}}(a_{12}) & \cdots & N^{\text{vec}}(a_{1n}) \\ N^{\text{vec}}(a_{21}) & N^{\text{vec}}(a_{22}) & \cdots & N^{\text{vec}}(a_{2n}) \\ \vdots & \vdots & & \vdots \\ N^{\text{vec}}(a_{m1}) & N^{\text{vec}}(a_{m2}) & \cdots & N^{\text{vec}}(a_{mn}) \end{bmatrix}_{m \times n} \tag{4.17}$$

步骤 2：确定正理想解 a''^{+} 和负理想解 a''^{-}。

$$\begin{aligned} a''^{+} &= \left\{ N^{\text{vec}}(a_{1+}), N^{\text{vec}}(a_{2+}), \cdots, N^{\text{vec}}(a_{n+}) \right\} \\ &= \left\{ \max_i N^{\text{vec}}(a_{i1}), \max_i N^{\text{vec}}(a_{i2}), \cdots, \max_i N^{\text{vec}}(a_{in}) \right\} \end{aligned} \tag{4.18}$$

$$\begin{aligned} a''^{-} &= \left\{ N^{\text{vec}}(a_{1-}), N^{\text{vec}}(a_{2-}), \cdots, N^{\text{vec}}(a_{n-}) \right\} \\ &= \left\{ \min_i N^{\text{vec}}(a_{i1}), \min_i N^{\text{vec}}(a_{i2}), \cdots, \min_i N^{\text{vec}}(a_{in}) \right\} \end{aligned} \tag{4.19}$$

步骤 3：计算方案与正理想解之间的距离 $d''(a_i, a''^{+})$。

$$d''(a_i, a''^{+}) = \sqrt{\sum_{j=1}^{n} w_j \left(N(a_{ij}) - N(a_{j+}) \right)^2} \tag{4.20}$$

同理，计算方案与负理想解之间的距离 $d''(a_i, a''^{-})$。

$$d''(a_i, a''^{-}) = \sqrt{\sum_{j=1}^{n} w_j \left(N(a_{ij}) - N(a_{j-}) \right)^2} \tag{4.21}$$

步骤 4：确定方案与理想解之间的相对贴近度 $\text{CI}''(a_i)$。

$$\text{CI}''(a_i) = \frac{d''(a_i, a''^{-})}{\left(d''(a_i, a''^{+}) + d''(a_i, a''^{-}) \right)} \tag{4.22}$$

步骤 5：根据方案的贴近度确定方案间的偏好关系，$\mathrm{CI}''(a_i)$ 的值越大，方案越优。最优方案满足 $a^* = \left\{a_i \mid \max\limits_{1\leqslant i\leqslant m} \mathrm{CI}''(a_i)\right\}$。

下面使用案例来演示三种概率语言 TOPSIS 方法，并对三种算法进行对比分析。

例 4.1 某公司计划根据四个评估属性 c_j（$j=1,2,3,4$）对三个项目 a_i（$i=1,2,3$）进行评估。设属性的权重向量为 $W=(0.138,0.304,0.416,0.142)^{\mathrm{T}}$。评估专家给出的概率语言决策矩阵为

$$D=\begin{bmatrix} \{s_3(0.4),s_4(0.6)\} & \{s_2(0.2),s_4(0.8)\} & \{s_3(0.2),s_4(0.8)\} & \{s_3(0.4),s_5(0.6)\} \\ \{s_3(0.8),s_5(0.2)\} & \{s_2(0.2),s_3(0.4),s_4(0.2)\} & \{s_1(0.2),s_2(0.4),s_3(0.2)\} & \{s_2(0.2),s_3(0.8)\} \\ \{s_3(0.6),s_4(0.4)\} & \{s_3(0.6),s_4(0.2)\} & \{s_3(0.2),s_4(0.2),s_5(0.2)\} & \{s_4(0.8),s_6(0.2)\} \end{bmatrix}$$

在上述矩阵中，部分概率语言数的概率之和小于 1，说明专家未给出完整的评估信息。将缺失的概率平均分配给已有的语言术语，使概率之和为 1，得到标准化的概率语言决策矩阵，如下所示（注意，这里也可以采用第 1 章提到的其他标准化方法进行计算）：

$$\hat{D}=\begin{bmatrix} \{s_3(0.4),s_4(0.6)\} & \{s_2(0.2),s_4(0.8)\} & \{s_3(0.2),s_4(0.8)\} & \{s_3(0.4),s_5(0.6)\} \\ \{s_3(0.8),s_5(0.2)\} & \{s_2(0.25),s_3(0.5),s_4(0.25)\} & \{s_1(0.25),s_2(0.5),s_3(0.25)\} & \{s_2(0.2),s_3(0.8)\} \\ \{s_3(0.6),s_4(0.4)\} & \{s_3(0.75),s_4(0.25)\} & \{s_3(0.33),s_4(0.33),s_5(0.33)\} & \{s_4(0.8),s_6(0.2)\} \end{bmatrix}$$

1）采用 PL-TOPSIS Ⅰ 分析例 4.1

步骤 1：将 $\hat{D}$ 中的概率语言数的语言术语进行调整，使 $\alpha^{ij(l)}\times p^{ij(l)}$（$l=1,2,\cdots,L_{ij}$）由大到小排列，且添加语言术语使所有的概率语言数的语言术语个数相同。调整后的决策矩阵如下所示：

$$D'=\begin{bmatrix} \{s_4(0.6),s_3(0.4),s_3(0)\} & \{s_4(0.8),s_2(0.2),s_2(0)\} & \{s_4(0.8),s_3(0.2),s_3(0)\} & \{s_5(0.6),s_3(0.4),s_3(0)\} \\ \{s_3(0.8),s_5(0.2),s_3(0)\} & \{s_3(0.5),s_4(0.25),s_2(0.25)\} & \{s_2(0.5),s_3(0.25),s_1(0.25)\} & \{s_3(0.8),s_2(0.2),s_3(0)\} \\ \{s_3(0.6),s_4(0.4),s_3(0)\} & \{s_3(0.75),s_4(0.25),s_3(0)\} & \{s_5(0.33),s_4(0.33),s_3(0.33)\} & \{s_4(0.8),s_6(0.2),s_4(0)\} \end{bmatrix}$$

步骤 2：根据公式（4.3）和公式（4.4）确定决策矩阵的正理想解和负理想解为

$$a^+=\{\{s_{2.4},s_{1.6},s_0\},\{s_{3.2},s_1,s_{0.5}\},\{s_{3.2},s_{1.32},s_{0.99}\},\{s_{3.2},s_{1.2},s_0\}\}$$

$$a^-=\{\{s_{1.8},s_1,s_0\},\{s_{1.5},s_{0.4},s_0\},\{s_1,s_{0.6},s_0\},\{s_{2.4},s_{0.4},s_0\}\}$$

步骤 3：根据公式（4.5）和公式（4.6）分别计算方案与正理想解之间的分离度以及方案与负理想解之间的分离度，结果为 $d(a_1,a^+)=0.479$，$d(a_2,a^+)=1.013$，$d(a_3,a^+)=0.608$，$d(a_1,a^-)=0.959$，$d(a_2,a^-)=0.255$，$d(a_3,a^-)=0.642$，$\min\limits_i d(a_i,a^+)=0.479$，$\max\limits_i d(a_i,a^-)=0.959$。

步骤 4：根据公式（4.7）计算方案与理想解的贴近系数，结果为 $\mathrm{CI}(a_1)=0$，$\mathrm{CI}(a_2)=-1.85$，$\mathrm{CI}(a_3)=-0.60$。

步骤 5：根据上述贴近度，得到方案的偏好关系为 $a_1 \succ a_3 \succ a_2$。因此，方案 a_1 最优，方案 a_2 最差。

2）采用 PL-TOPSIS Ⅱ 分析例 4.1

步骤 1：所有的属性为效益型，且方案个数较少。令 $h_S^{j+}(p)=\{s_6(1)\}$ 和 $h_S^{j-}(p)=\{s_0(1)\}$ 分别为各属性下的最优值和最劣值，得到另一种形式的正理想解和负理想解分别为 $a'^{+}=\{\{s_6(1)\},\{s_6(1)\},\{s_6(1)\},\{s_6(1)\}\}$ 和 $a'^{-}=\{\{s_0(1)\},\{s_0(1)\},\{s_0(1)\},\{s_0(1)\}\}$。

步骤 2：将各概率语言数的概率和调整为 1，再将各属性下的概率语言数的概率集调整为一致，得到调整后的矩阵，即

$$\left[h_S^{*ij}(p)\right]_{3\times 4}=$$
$$\begin{bmatrix} \{s_3(0.4),s_4(0.2),s_4(0.2),s_4(0.2)\} & \{s_2(0.2),s_4(0.05),s_4(0.5),s_4(0.25)\} & \{s_3(0.2),s_4(0.05),s_4(0.08),s_4(0.33),s_4(0.09),s_4(0.25)\} & \{s_3(0.2),s_3(0.2),s_5(0.4),s_5(0.2)\} \\ \{s_3(0.4),s_3(0.2),s_3(0.2),s_5(0.2)\} & \{s_2(0.2),s_2(0.05),s_3(0.5),s_4(0.25)\} & \{s_1(0.2),s_1(0.05),s_2(0.08),s_2(0.33),s_2(0.09),s_3(0.25)\} & \{s_2(0.2),s_3(0.2),s_3(0.4),s_3(0.2)\} \\ \{s_3(0.4),s_3(0.2),s_4(0.2),s_4(0.2)\} & \{s_3(0.2),s_3(0.05),s_3(0.5),s_4(0.25)\} & \{s_3(0.2),s_3(0.05),s_3(0.08),s_4(0.33),s_5(0.09),s_5(0.25)\} & \{s_4(0.2),s_4(0.2),s_4(0.4),s_6(0.2)\} \end{bmatrix}$$

步骤 3：假设语言术语集的语义均衡分布。根据公式（2.7）分别计算各方案在各属性下与最优值的距离 $d'_j(a_i,a'^{+})$，以及各方案在各属性下与最劣值的距离 $d'_j(a_i,a'^{-})$。结果如下：

$$D\left(d'_j(a_i,a'^{+})\right)=\begin{bmatrix} 0.408 & 0.422 & 0.373 & 0.342 \\ 0.453 & 0.514 & 0.677 & 0.537 \\ 0.441 & 0.464 & 0.359 & 0.298 \end{bmatrix}$$

$$D\left(d'_j(a_i,a'^{-})\right)=\begin{bmatrix} 0.606 & 0.615 & 0.637 & 0.719 \\ 0.582 & 0.514 & 0.354 & 0.471 \\ 0.573 & 0.546 & 0.682 & 0.745 \end{bmatrix}$$

根据公式（4.13）和公式（4.14），分别计算方案与正理想解的距离和与负理想解的距离，结果为 $d'(a_1,a'^{+})=0.388$，$d'(a_2,a'^{+})=0.577$，$d'(a_3,a'^{+})=0.393$，$d'(a_1,a'^{-})=0.637$，$d'(a_2,a'^{-})=0.451$，$d'(a_3,a'^{-})=0.635$。

步骤 4：根据公式（4.15）计算得到方案与理想解的贴近度，结果为 $\mathrm{CI}'(a_1)=0$，$\mathrm{CI}'(a_2)=-0.779$，$\mathrm{CI}'(a_3)=-0.018$。

步骤 5：根据上述相对贴近度，确定方案的严格排序关系为 $a_1 \succ a_3 \succ a_2$。方案 a_1 为最优解。考虑到 $\mathrm{CI}'(a_1)$ 与 $\mathrm{CI}'(a_3)$ 取值接近，以及存在不确定性信息和计算误差等因素，可以判断方案 a_3 与 a_1 无显著偏好关系。

3）采用 PL-TOPSIS Ⅲ分析例 4.1

步骤 1：假设语言术语集均匀分布。基于标准化概率语言决策矩阵 $\hat{D}$，根据

公式（1.38）计算概率语言数的得分值，结果如下：

$$\left[E(h_S^{ij}(p))\right]_{3\times 4}=\begin{bmatrix}0.600 & 0.600 & 0.633 & 0.700\\ 0.567 & 0.500 & 0.333 & 0.467\\ 0.567 & 0.542 & 0.668 & 0.733\end{bmatrix}$$

由于所有的属性均为效益型，每个属性下的目标值可定义为 $h_S^{j*}(p)=\max\limits_i h_S^{ij}(p)$。选择基于目标的向量标准化算子对决策矩阵进行标准化。根据公式（4.16），计算各方案基于目标的概率语言向量标准化值，从而构建概率语言标准化决策矩阵，如下所示：

$$D_N^{\text{vec}}=\begin{bmatrix}1 & 1 & 0.970 & 0.975\\ 0.971 & 0.911 & 0.717 & 0.800\\ 0.971 & 0.948 & 1 & 1\end{bmatrix}$$

步骤 2：根据公式（4.18）和公式（4.19），确定正理想解和负理想解分别为 $a''^{+}=\{1,1,1,1\}$ 和 $a''^{-}=\{0.971,0.911,0.717,0.800\}$。

步骤 3：根据公式（4.20）计算各方案与正理想解之间的距离，结果为 $d''(a_1,a''^{+})=0.021$，$d''(a_2,a''^{+})=0.203$，$d''(a_1,a''^{+})=0.031$。根据公式（4.21）计算各方案与负理想解之间的距离，结果为 $d''(a_1,a''^{-})=0.183$，$d''(a_1,a''^{-})=0$，$d''(a_1,a''^{-})=0.198$。

步骤 4：根据公式（4.22），计算方案与理想解的贴近度，结果为 $\mathrm{CI}''(a_1)=0.897$，$\mathrm{CI}''(a_2)=0$，$\mathrm{CI}''(a_3)=0.865$。

步骤 5：根据上述相对贴近度，确定方案的严格排序关系为 $a_1\succ a_3\succ a_2$。$\mathrm{CI}''(a_1)$ 与 $\mathrm{CI}''(a_3)$ 取值接近，因此，可以认为 a_1 与 a_3 无显著偏好关系。

4）对比分析

虽然上述三种 PL-TOPSIS 方法得出的方案排序结果一致，但方案综合效用值（与理想解的相对贴近度）之间的差异不同。PL-TOPSIS Ⅰ得出方案 a_3 的综合效用值处于方案 a_1 与 a_2 之间，因此，方案 a_1 对 a_3 具有严格偏好关系。然而，PL-TOPSIS Ⅱ和 PL-TOPSIS Ⅲ得出方案 a_3 与 a_1 的综合效用值贴近，因此，不能认为两者之间有严格偏好关系，也就是说决策者可选择方案 a_3 和 a_1 中的任何一个。此外，当采用基于概率语言算术集成算子的多属性决策方法求解此案例时（见例 4.1），亦得出方案 a_3 与 a_1 的综合效用值十分接近的结论。

PL-TOPSIS Ⅰ和 PL-TOPSIS Ⅱ均基于概率语言数的距离测度来实现决策矩阵的标准化。PL-TOPSIS Ⅰ采用的是概率语言分离度法，而该距离测度方法在理论上存在一些不足。PL-TOPSIS Ⅱ采用的是基于概率调整的概率语言距离测度法，该方法能有效地反映两个概率语言数间的差异。由此可见，距离测度法是多属性决策方法的基础，且对决策结果的有效性具有一定的决定性。PL-TOPSIS Ⅲ是基于概率语言数的得分值来实现决策矩阵的标准化。期望值能反映一个概率语言数的中心值（或称特征值），然而，它也会在一定程度上丢失不确定信息。因此，期望值难以详尽地反映两个概率语言数间的差异。基于概率语言期望值的方法具有运算简便的优势。当对决策结果精度要求不高（仅需方案的排序或选择最优方案）时，PL-TOPSIS Ⅲ是三种方法中最合适的选择；当要求高精度（需要方案的综合效用值）的决策结果时，PL-TOPSIS Ⅱ是最合适的选择。

4.2 基于概率语言信息的 VIKOR 方法及应用

VIKOR 方法[47]用来解决含有多个不可公度和具有冲突性属性的多属性决策问题。与 TOPSIS 法相似，VIKOR 方法的核心思想是以测度理论为基础，寻找与正理想解最接近的方案作为妥协解。VIKOR 方法的基本步骤是：①找出每个属性下最优和最劣的属性值；②将属性值标准化后，利用加权平均算子将每个方案的标准化属性值集成为该方案的综合效用值；同时，采用最大化算子计算每个方案的最劣标准化属性值作为该方案的单个属性后悔值；③采用加权算子将综合效用值与单个属性后悔值集成为方案的妥协值；④根据妥协规则对所有方案的综合效用值、单个属性后悔值和妥协值进行对比分析，找出妥协解。

4.2.1 考虑目标值的概率语言 VIKOR 方法及其应用

为有效地处理不确定信息，许多拓展形式的 VIKOR 方法被提出，包括区间模糊 VIKOR、区间直觉模糊 VIKOR、犹豫模糊 VIKOR 等。学者也将 VIKOR 方法与语言评估表达模型相结合来解决含有语言评估信息的多属性决策问题，如犹豫模糊语言 VIKOR、二元语义 VIKOR 等[104]。Zhang 和 Xing[105]在定义了基于概率语言数的概率集的差异的距离测度后，提出了概率语言 VIKOR 方法。由于概率集之间的差异与语言术语之间的差异属于两个不同的维度，Zhang 和 Xing[105]使用的概率语言距离测度值可能超过了 1，难以满足距离测度的基本性质。Liao 和 Wu[49]通过引入基于目标的概率语言向量标准化方法，提出了另一种形式的概率语言 VIKOR 方法（本书称之为 PL-VIKOR Ⅰ）。该方法的计算步骤如算法 4.4 所示。

算法 4.4（PL-VIKOR Ⅰ）

步骤 1：将决策矩阵标准化。令 $h_S^{j*}(p)$ 为属性 c_j 下的目标值。基于目标的概率语言线性标准化算子为[49]

$$N^{\text{lin}}(a_{ij})=1-\frac{d\left(h_S^{ij}(p),h_S^{j*}(p)\right)}{\max\limits_i d\left(h_S^{ij}(p),h_S^{j*}(p)\right)} \tag{4.23}$$

其中，$d\left(h_S^{ij}(p),h_S^{j*}(p)\right)$ 为属性 c_j 下方案 a_i 的概率语言数与该属性下的目标值 $h_S^{j*}(p)$ 之间的距离。概率语言数的距离测度见公式（2.7）。根据线性标准化之后的概率语言数构建概率语言标准化决策矩阵 D_N^{lin}。

$$D_N^{\text{lin}}=\begin{bmatrix} N^{\text{lin}}(a_{11}) & N^{\text{lin}}(a_{12}) & \cdots & N^{\text{lin}}(a_{1n}) \\ N^{\text{lin}}(a_{21}) & N^{\text{lin}}(a_{22}) & \cdots & N^{\text{lin}}(a_{2n}) \\ \vdots & \vdots & & \vdots \\ N^{\text{lin}}(a_{m1}) & N^{\text{lin}}(a_{m2}) & \cdots & N^{\text{lin}}(a_{mn}) \end{bmatrix}_{m\times n}$$

步骤 2：利用公式（4.24）和公式（4.25）分别计算各方案的综合效用值 $G(a_i)$ 和单个属性后悔值 $R(a_i)$。

$$G(a_i)=\sum_{j=1}^{n} w_j N^{\text{lin}}(a_{ij}) \tag{4.24}$$

$$R(a_i)=\max_j\left[w_j(1-N^{\text{lin}}(a_{ij}))\right] \tag{4.25}$$

其中，$N^{\text{lin}}(a_{ij})$ 为方案 a_i 在属性 c_j 下的概率语言数 $h_S^{ij}(p)$ 的线性标准化值。$G(a_i)$ 越大，表示方案 a_i 越贴近于正理想解，方案 a_i 越优。$R(a_i)$ 越小，表示方案 a_i 的最劣属性值越可被接受，方案 a_i 越优。

步骤 3：根据公式（4.26）计算各方案的妥协值 $Q(a_i)$。

$$Q(a_i)=v\frac{G^*-G_i}{G^*-G^-}+(1-v)\frac{R_i-R^*}{R^--R^*}，\quad i=1,2,\cdots,m \tag{4.26}$$

其中，$G^*=\max\limits_i G_i$，$G^-=\min\limits_i G_i$，$R^*=\min\limits_i R_i$，$R^-=\max\limits_i R_i$。v 为权重系数，用于表示方案的综合效用值与单个属性后悔值之间的相对重要度。$v=0.5$ 表示 $G(a_i)$ 与 $R(a_i)$ 同等重要；$v=1$ 表示只考虑方案的综合效用值；而 $v=0$ 表示只考虑单个属性后悔值。妥协值是对方案的综合效用值与单个属性后悔值的折中。

步骤 4：根据方案的妥协值判断方案间的偏好关系。其中，妥协解满足 $a^*=\{a_i \mid \min\limits_{1\leqslant i\leqslant m} Q(a_i)\}$。当只需找出一个妥协解时，根据妥协值直接判断是有效且简单的方法。当要求获取多个妥协解时，需要根据妥协原则对方案的综合效用值 $G(a_i)$、单个属性后悔值 $R(a_i)$ 和妥协值 $Q(a_i)$ 进行进一步分析。妥协解的分析原则如下。

首先，按照 $Q(a_i)$ 的升序排列，得到方案的排序为 a^1，a^2，…，a^m。若 a^1

为妥协解，则应满足两个条件：① $Q(a^2)-Q(a^1)\geqslant 1/(m-1)$；② $G(a^1)\geqslant G(a^i)$，$R(a^1)\leqslant R(a^i)$，其中，$i=1,2,\cdots,m$。若两个条件无法同时满足，则分以下两种情况。

（1）若 a^1 和 a^2 不满足第 1 个条件，即 $Q(a^2)-Q(a^1)\geqslant 1/(m-1)$，但满足第 2 个条件，即 $G(a^1)\geqslant G(a^i)$，$R(a^1)\leqslant R(a^i)$，其中 $i=1,2,\cdots,m$，$a^i\neq a^1$ 且 $a^i\neq a^2$，则妥协解为 a^1 和 a^2。

（2）若 a^1 与多个方案 a^2，a^3，…，a^g 均不满足第 1 个条件但满足第 2 个条件，则妥协解为 a^1，a^2，…，a^g。

下面通过例 4.2 来展示 PL-VIKOR Ⅰ 方法的求解过程。

例 4.2（选自文献[106]）　由于公立医院存在入院难等问题，民营医院在我国发挥着重要作用，尤其是我国三、四线城市的民营医院[107]。民营医院在全国所有的医疗机构中已经占据了将近一半。然而，民营医院的过度治疗和医疗欺诈案件屡见不鲜。对民营医院进行监管是保证患者接受有效诊疗的基本要求，对解决就医难问题具有重要作用。绩效评估是民营医院管理的基础，其不仅可以为患者提供医院选择建议，还可以促进形成优胜劣汰的竞争机制，指导我国医疗行业的健康发展。

选择某地区 5 家民营肿瘤专科医院作为对象展开评价，评价的属性包括管理能力（c_1）、质量和效率（c_2）、服务能力（c_3）、资源水平（c_4）和资费水平（c_5）。属性的权重向量为 $W=(0.25,0.25,0.2,0.2,0.1)^{\mathrm{T}}$。令评价的语言术语集为 S={s_{-3}=非常低，s_{-2}=低，s_{-1}=有点低，s_0=一般，s_1=有点高，s_2=高，s_3=非常高}。专家给出的概率语言决策矩阵如下：

$$D_{5\times5}=\begin{bmatrix} \{s_3(1)\} & \{s_2(0.3),s_3(0.7)\} & \{s_{-2}(1)\} & \{s_1(0.7),s_2(0.3)\} & \{s_1(0.5),s_2(0.5)\} \\ \{s_1(1)\} & \{s_2(1)\} & \{s_1(0.7),s_2(0.3)\} & \{s_1(1)\} & \{s_0(0.4),s_1(0.6)\} \\ \{s_{-1}(0.2),s_0(0.8)\} & \{s_0(0.6),s_1(0.4)\} & \{s_1(0.3),s_2(0.5),s_3(0.2)\} & \{s_{-3}(0.3),s_{-2}(0.7)\} & \{s_1(0.3),s_2(0.7)\} \\ \{s_{-2}(0.5),s_{-1}(0.5)\} & \{s_{-2}(0.5),s_{-1}(0.5)\} & \{s_2(0.2),s_3(0.8)\} & \{s_0(0.6),s_1(0.4)\} & \{s_{-1}(0.5),s_0(0.5)\} \\ \{s_0(1)\} & \{s_{-1}(0.2),s_0(0.8)\} & \{s_{-1}(0.5),s_0(0.5)\} & \{s_2(0.8),s_3(0.2)\} & \{s_1(0.6),s_2(0.4)\} \end{bmatrix}$$

1）采用 PL-VIKOR Ⅰ 分析例 4.2

步骤 1：五个属性均为效益型。令各属性的目标值为 $\{s_3(1)\}$。根据公式(4.23)，计算各方案的基于目标的概率语言线性标准化值，得到标准化决策矩阵，如下所示：

$$D_N^{\text{lin}}=\begin{bmatrix} 1 & 0.933 & 0 & 0.679 & 0.571 \\ 0.556 & 0.778 & 0.660 & 0.623 & 0.314 \\ 0.289 & 0.422 & 0.780 & 0 & 0.629 \\ 0 & 0 & 0.960 & 0.509 & 0 \\ 0.333 & 0.289 & 0.300 & 0.849 & 0.543 \end{bmatrix}$$

步骤 2：根据公式（4.24），计算各方案的综合效用值，得到 $G(a_1)=0.676$，$G(a_2)=0.621$，$G(a_3)=0.397$，$G(a_4)=0.294$，$G(a_5)=0.440$。根据综合效用值对方案进行排序，得到 $a_1 \succ a_2 \succ a_5 \succ a_3 \succ a_4$。根据公式（4.25）计算各方案的单个属性后悔值，得到 $R(a_1)=0.200$，$R(a_2)=0.111$，$R(a_3)=0.200$，$R(a_4)=0.250$，$R(a_5)=0.178$。根据单个属性后悔值对方案进行排序，得到 $a_2 \succ a_5 \succ a_1 \sim a_3 \succ a_4$。

步骤 3：令 $v=0.5$。根据公式（4.26），计算方案的妥协值，得到 $Q(a_1)=0.320$，$Q(a_2)=0.072$，$Q(a_3)=0.686$，$Q(a_4)=1$，$Q(a_5)=0.549$。根据妥协值对方案进行排序，得到 $a_2 \succ a_1 \succ a_5 \succ a_3 \succ a_4$。

步骤 4：根据三种效用值找出妥协解。由于没有一个方案满足 $G(a^*)=\max\limits_i G(a_i)$ 且 $R(a^*)=\max\limits_i G(a_i)$，因此，无法直接判断出最优解。由于 $Q(a_1)-Q(a_2)=0.248 \approx 1/(5-1)$，$a_2$ 为唯一妥协解，即为该地区排名第一的民营肿瘤医院。

2）采用 PL-TOPSIS Ⅱ和 PL-TOPSIS Ⅲ分析例 4.2

下面分别采用 PL-TOPSIS Ⅱ和 PL-TOPSIS Ⅲ来分析例 4.2，并将其与 PL-VIKOR Ⅰ获得的结果进行对比分析。

令各属性下的最优值和最劣值分别为 $h_S^{j+}(p)=\{s_3(1)\}$ 和 $h_S^{j-}(p)=\{s_{-3}(1)\}$。采用 PL-TOPSIS Ⅱ与 PL-TOPSIS Ⅲ方法求解例 4.2 的计算结果如表 4.1 所示。

表 4.1　PL-TOPSIS Ⅱ和 PL-TOPSIS Ⅲ分析例 4.2 的计算结果

	PL-TOPSIS Ⅱ				PL-TOPSIS Ⅲ			
	$d'(a_i,a'^+)$	$d'(a_i,a'^-)$	$\mathrm{CI}'(a_i)$	排名	$d''(a_i,a'^+)$	$d''(a_i,a'^-)$	$\mathrm{CI}''(a_i)$	排名
a_1	0.285	0.741	0	1	0.222	0.872	0.797	2
a_2	0.300	0.713	–0.089	2	0.169	0.838	0.832	1
a_3	0.500	0.533	–1.035	4	0.305	0.742	0.708	4
a_4	0.545	0.483	–1.260	5	0.338	0.718	0.680	5
a_5	0.445	0.575	–0.785	3	0.259	0.765	0.747	3

PL-TOPSIS Ⅲ与 PL-VIKOR Ⅰ得出的方案排序结果相似。而 PL-TOPSIS Ⅱ得出的排序结果与前两者得出的结果略有差异，但该方法与 PL-VIKOR Ⅰ中基于方案的综合效用值的排序结果一致。不同方法的排序结果的差异点主要在于方案 a_1 与 a_2 的偏好关系。通过 PL-VIKOR Ⅰ可以直观地看出，a_1 的综合表现最优，但在属性 c_3 下的表现却极差。在实际的选择过程中，往往极差的属性值会降低决策者对方案的满意度。在这一点上，PL-VIKOR Ⅰ能将单个属性的后悔值作为衡量方案优劣的另一项指标。PL-TOPSIS 方法虽然考虑了方案与正理想解之间的距离以及方案与负理想解之间的距离，但是，通常情况下，考虑与两种理想解的距离和

只考虑与一种理想解的距离产生的结果并无差异。也就是说，方案与正理想解距离近，通常也会与负理想解距离远。此外，PL-TOPSIS 方法只关注方案的综合效用值。因此，PL-VIKOR Ⅰ 能为决策者提供更多的决策信息。

4.2.2 考虑方案属性不一致的概率语言 VIKOR 方法及其应用

对于某些包含多个方案和多个属性的决策问题，决策者针对不同方案考虑的属性可能并不统一，因此无法用同一个属性集来衡量所有方案。例如，对自然科学领域科技人才的科研能力评价更注重科学引文索引（Science Citation Index，SCI）期刊的发文量，而对社会科学类的科技人才的科研能力评价则更注重社会科学引文索引（Social Science Citation Index，SSCI）期刊的发文量。Ou-Yang 等[108]提出了一个考虑期望水平和容忍水平的 VIKOR 方法来解决方案的属性集不统一的问题。然而，Ou-Yang 等[108]提出的方法存在一些不足之处：①无法处理评估信息表示为概率语言数的多属性决策问题；②该方法在求解单个属性后悔值时未考虑属性的权重；③由于方案综合效用值与单个属性后悔值属于两个不同的维度，因此，将其进行直接集成会使结果产生偏差。为解决上述问题，本节对 Ou-Yang 等[108]提出的 VIKOR 法进行改进，提出另一种概率语言 VIKOR 决策方法（简称 PL-VIKOR Ⅱ）。

考虑一个包含 m 个方案 $\{a_1,a_2,\cdots,a_m\}$ 的多属性决策问题，其中每个方案的属性集分别为 $\{c_{11},c_{12},\cdots,c_{1n_1}\}$、$\{c_{21},c_{22},\cdots,c_{2n_2}\}$、…、$\{c_{m1},c_{m2},\cdots,c_{mn_m}\}$，对应的权重集分别为 $(w_{11},w_{12},\cdots,w_{1n_1})^{\mathrm{T}}$、$(w_{21},w_{22},\cdots,w_{2n_2})^{\mathrm{T}}$、…、$(w_{m1},w_{m2},\cdots,w_{mn_m})^{\mathrm{T}}$，$n_i$ 为方案 a_i 的属性个数，c_{ij} 为方案 a_i 的第 j 个属性。假设 a_i 在属性 c_{ij} 下的评估值表示为一个概率语言数 $h_S^{ij}(p)$。每个方案的属性值可用一个向量表示为

$$H(a_i)=\{h_S^{i1}(p),h_S^{i2}(p),\cdots,h_S^{in_i}(p)\}\text{，}\ i=1,2,\cdots,m \tag{4.27}$$

PL-VIKOR Ⅱ 方法的计算步骤如算法 4.5 所示。

算法 4.5（PL-VIKOR Ⅱ）

步骤 1：确定每个属性的期望值 $h_S^{j*}(p)$ 和容忍值 $h_S^{j\circ}(p)$。由于不同方案是在不同属性集下取值，无法根据经典 VIKOR 方法中的定义来确定正理想解和负理想解。此时，需要决策者主观地确定每个属性期望达到的水平值 $h_S^{j*}(p)$，以及每个属性最低可接受的容忍值 $h_S^{j\circ}(p)$。需要指出的是，有些方案可能具有一些共同的属性，此时，仍可以根据传统 VIKOR 方法中确定正理想解和负理想解的方法来确定两者的取值。例如，对于效益型属性，期望值为 $h_S^{j*}(p)=\max\limits_i h_S^{ij}(p)$，容忍值为 $h_S^{j\circ}(p)=\min\limits_i h_S^{ij}(p)$。

步骤 2：将属性值归一化。对于效益型属性，方案 a_i 在第 j 个属性下的线性标准化值可定义为

$$N'^{\text{lin}}(a_{ij})=\begin{cases}0, & \text{当} h_S^{ij}(p)\leqslant h_S^{j\circ}(p)\\ 1-\dfrac{d\left(h_S^{ij}(p),h_S^{j*}(p)\right)}{d\left(h_S^{j\circ}(p),h_S^{j*}(p)\right)}, & \text{当} h_S^{j\circ}(p)<h_S^{ij}(p)<h_S^{j*}(p)\\ 1, & \text{当} h_S^{ij}(p)\geqslant h_S^{j*}(p)\end{cases} \tag{4.28}$$

对于成本型属性，方案 a_i 在第 j 个属性下的线性标准化值可定义为

$$N'^{\text{lin}}(a_{ij})=\begin{cases}0, & \text{当} h_S^{ij}(p)\geqslant h_S^{j\circ}(p)\\ 1-\dfrac{d\left(h_S^{ij}(p),h_S^{j*}(p)\right)}{d\left(h_S^{j\circ}(p),h_S^{j*}(p)\right)}, & \text{当} h_S^{j*}(p)<h_S^{ij}(p)<h_S^{j\circ}(p)\\ 1, & \text{当} h_S^{ij}(p)\leqslant h_S^{j*}(p)\end{cases} \tag{4.29}$$

其中，$d\left(h_S^{ij}(p),h_S^{j*}(p)\right)$ 为概率语言数 $h_S^{ij}(p)$ 与 $h_S^{j*}(p)$ 之间的距离，该距离可通过公式（2.7）进行计算。公式（4.28）与公式（4.29）为公式（4.23）的拓展形式，它们均为概率语言线性标准化算子。公式（4.28）与公式（4.29）主要衡量方案与决策者的期望值和容忍值之间的距离，而公式（4.23）衡量的是方案与目标值之间的距离。在公式（4.28）与公式（4.29）中，当方案达到期望值时，其标准化值为 1；当方案无法达到容忍值时，其标准化值为 0。

步骤 3：根据公式（4.30）和公式（4.31）分别计算各方案的综合效用值 $\tilde{G}(a_i)$ 和单个属性后悔值 $\tilde{R}(a_i)$。

$$\tilde{G}(a_i)=\sum_{j=1}^{n_i} w_{ij}N'^{\text{lin}}(a_{ij}) \tag{4.30}$$

$$\tilde{R}(a_i)=\max_j\left[w_{ij}(1-N'^{\text{lin}}(a_{ij}))\right] \tag{4.31}$$

$\tilde{G}(a_i)$ 越大且 $\tilde{R}(a_i)$ 越小，方案 a_i 越优。

步骤 4：计算方案妥协值。当不存在一个方案 a_i 满足 $\tilde{G}(a_i)=\max\limits_{t=1,2,\cdots,m}\tilde{G}(a_t)$ 且 $\tilde{R}(a_i)=\min\limits_{t=1,2,\cdots,m}\tilde{R}(a_t)$ 时，需要综合考虑所有方案的综合效用值和单个属性的后悔值，使得选择的最优解在所有属性下的综合表现较好且不存在极差的属性值。受 PL-DNMA[49]和 PL-MULTIMOORA[37]方法的启发，本节采用拓展的 Borda 原则来集成方案的综合效用值和单个属性的后悔值。该集成函数同时考虑方案间的基数关系和序数关系，不仅能降低只考虑基数关系时方案对排序的敏感度，也能减少只考虑序数关系时方案间差异的模糊性。由于方案的综合效用值和单个属性的后

悔值具有不同的维度，因此在集成之前需要将两者进行标准化。为了保留原始值的区分度，采用向量标准化算子对方案的综合效用值进行标准化，即

$$\tilde{G}^N(a_i) = \frac{\tilde{G}(a_i)}{\max\limits_i \tilde{G}(a_i)} \tag{4.32}$$

需要指出的是，公式（4.30）对各属性值进行加权集成求方案的综合效用值时，相当于求各方案在所有属性上的平均值。因此，可以认为方案的综合效用值具有相同的维度。而公式（4.31）计算出的单个属性后悔值只含有某一个属性的加权值。属性的权重容易受到该方案的属性个数的影响，属性个数越少，属性相对权重越大。因此，方案的单个属性后悔值具有不同的维度，需进一步将其标准化。为此，采用公式（4.33）对单个属性后悔值进行标准化。

$$\tilde{R}^N(a_i) = \frac{\tilde{R}(a_i)\cdot n_i \Big/ \prod\limits_{i=1,2,\cdots,m} n_i}{\max\limits_i \left(\tilde{R}(a_i)\cdot n_i \Big/ \prod\limits_{i=1,2,\cdots,m} n_i \right)} = \frac{\tilde{R}(a_i)\cdot n_i}{\max\limits_i \left(\tilde{R}(a_i)\cdot n_i \right)} \tag{4.33}$$

其中，n_i 为方案 a_i 的属性个数。

将 $\tilde{G}^N(a_i)$（$i=1,2,\cdots,m$）降序排列，得到方案的第一种排序 $r_1=\{r_1(a_1), r_1(a_2),\cdots,r_1(a_m)\}$。其中，若 $\tilde{G}^N(a_i)<\tilde{G}^N(a_t)$，则 $r_1(a_i)>r_1(a_t)$；若 $\tilde{G}^N(a_i)=\tilde{G}^N(a_t)$，则 $r_1(a_i)=r_1(a_t)$。

其次，将 $\tilde{R}(a_i)$（$i=1,2,\cdots,m$）升序排列，得到方案的第二种排序 $r_2=\{r_2(a_1), r_2(a_2),\cdots,r_2(a_m)\}$。其中，若 $\tilde{R}^N(a_i)<\tilde{R}^N(a_t)$，则 $r_2(a_i)<r_2(a_t)$；若 $\tilde{R}^N(a_i)=\tilde{R}^N(a_t)$，则 $r_2(a_i)=r_2(a_t)$。

基于拓展的 Borda 原则[49]，提出以下妥协值集成算子：

$$Q'(a_i) = v\times\sqrt{\varphi\left(\tilde{G}^N(a_i)\right)^2+(1-\varphi)\left(\frac{m-r_1(a_i)+1}{m}\right)^2} - (1-v)\times\sqrt{\varphi\left(\tilde{R}^N(a_i)\right)^2+(1-\varphi)\left(\frac{r_2(a_i)}{m}\right)^2} \tag{4.34}$$

其中，φ 为权重系数，表示序数关系与基数关系间的相对重要度。在无特殊要求时，一般令 $\varphi=0.5$。

步骤 5：根据妥协值 $Q'(a_i)$（$i=1,2,\cdots,m$），判断方案间的偏好关系。妥协解满足 $a^*=\{a_i \mid \max\limits_{1\leqslant i\leqslant m} Q'(a_i)\}$。

例 4.3　科技人才评价是引进和培养科技人才的依据，对科技人才的发展具有引导作用。人才评价涉及诸多方面和环节。由于评价对象和评价内容不同，存在

着多种评价方法和评价标准的选择。国外注重对科技人才评价方法的研究。Golec 和 Kahya[109]运用模糊 AHP 法建立了人才评价综合层次结构，该结构能够利用合适的因素与指标建立一致的评估标准，且模型计算结果能够减弱主观判断的影响。Dursun 和 Karsak[110]结合模糊信息、二元语义信息与偏好排序方法，提出了理想解算法来解决科技人才评价问题，该算法能同时处理多属性决策问题中的定量与定性信息。Lin[111]利用网络分析法与数据包络分析法进行人才的评估与筛选。Dağdeviren[112]提出了将网络分析法与 TOPSIS 法相结合的方法来处理人才选择问题，其中，网络分析法用于确定指标权重，TOPSIS 法用于对备选人才排序。国内关于人才评价的方法主要有德尔菲法、AHP 法、模糊综合评判法、熵值法和主成分分析法等。刘宗劳[113]根据对科技人才考评的原则，提出了科技人才考评二级指标体系结构模型，并利用模糊方法对人才进行评价。贾明媚等[114]在对高层次科技人才进行明确界定的基础上，采用竞优分析法设计指标权重，并建立评价模型对高层次人才进行评价。

然而，不同类型的科技人才具有不同的特点和成长规律，需要根据不同的标准来衡量人才的优劣。科技人才分类评价是评估不同人才的有效途径。在科技人才分类评价中，人才主要分为基础研究类人才、工程技术类人才和创新创业类人才。基础研究类人才指基础研究与应用基础类科技人才，主要研究自然界物质运动规律，揭示科学技术活动中自然现象的内在联系和客观规律，并将所获得的结果应用于实践研究。工程技术类人才指技术研发与应用类科技人才，是在应用基础研究和应用研究成果的基础上，开展新体系、新产品、新结构、新工艺和新材料等研究的科研人员。创新创业类人才致力于将科学研究成果应用于实践，通过各种有效途径将已有的科学研究成果转化为生产力。国内外关于科技人才分类评价方法的研究侧重于评价同一类科技人才，难以同时衡量不同类别科技人才的优劣。本节介绍的 PL-VIKOR Ⅱ 方法可处理不同类别科技人才的评价问题。

某地区计划开展人才评选活动，需根据人才的综合实力给出 5 个评奖名额，包括一等奖、二等奖、三等奖各 1 人，普通奖 2 人。现有 7 人通过初筛，被推荐参加此奖评选。这 7 名科技人才中有 3 名属于基础研究类人才 (a_1,a_2,a_3)，2 名属于工程技术类人才 (a_4,a_5)，2 名属于创新创业类人才 (a_6,a_7)。基于胜任力模型，赵伟等[115]指出，科技人才评价的六大要素包括：创新知识、创新技能、影响力、创新能力、创新动力和管理能力。根据不同类别人才的特征以及人才评价的六大要素，设置三种类别人才的评价指标如下。

（1）基础研究类人才：H 指数 (c_{11})、拥有知识产权情况 (c_{12})、在学术界被认可的程度 (c_{13})、学习能力 (c_{14})、科研兴趣 (c_{15})。

（2）工程技术类人才：拥有知识产权及应用情况 (c_{21})、被产业和行业同行认可的程度 (c_{22})、行业/市场分析能力 (c_{23})、产业领域影响力 (c_{24})、工程规划与决策能力(c_{25})。

（3）创新创业类人才：拥有知识产权及应用情况(c_{31})、被产业和行业同行认可的程度(c_{32})、知识产权影响力(c_{33})、市场营销和管理能力(c_{34})。

三类科技人才评价指标中有两个共同的指标：知识产权情况(c_{12},c_{21},c_{31})和同行认可(c_{13},c_{22},c_{32})。这两个指标在三类人才的考察内容上略有差异。工程技术类人才和创新创业类人才除了注重知识产权的申请情况，还关注知识产权的应用情况。对于基础研究类人才，主要考察其在学术界的同行认可程度，而对于工程技术类人才和创新创业类人才，则需要考察其在企业和行业中的同行认可程度。基础研究类人才的创新知识（创新成果）可以通过发文量、被引用情况等进行量化评估（H 指数是反映发文量和论文被引量的综合性指标），而工程技术类人才和创新创业类人才由于其研究方向的特征，对发文量没有定量考察要求，更注重于考察其产业能力或知识产权的影响力。

为了获得可比较的评估信息，首先定义以下语言术语集：

S_1={s_{-3}=极低，s_{-2}=低，s_{-1}=较低，s_0=一般，s_1=较高，s_2=高，s_3=极高}

S_2={s_{-3}=非常差，s_{-2}=差，s_{-1}=较差，s_0=一般，s_1=较好，s_2=好，s_3=非常好}

S_3={s_{-3}=极小，s_{-2}=小，s_{-1}=稍微小，s_0=一般，s_1=稍微大，s_2=大，s_3=极大}

其中，语言术语集S_1适用于指标c_{11}、c_{13}、c_{14}、c_{15}、c_{22}、c_{23}、c_{25}、c_{32}和c_{34}；语言术语集S_2适用于指标c_{12}、c_{21}和c_{31}；语言术语集S_3适用于指标c_{24}和c_{33}。所有的属性均为效益型。

给出以下假设：①基础研究类人才对应的评价指标体系$C_1=\{c_{11},\cdots,c_{15}\}$的权重向量为$W_1=(0.5,0.1,0.2,0.1,0.1)^{\mathrm{T}}$；②工程技术类人才对应的评价指标体系$C_2=\{c_{21},\cdots,c_{25}\}$的权重向量为$W_2=(0.25,0.25,0.2,0.2,0.1)^{\mathrm{T}}$；③创新创业类人才对应的评价指标体系$C_3=\{c_{31},\cdots,c_{34}\}$的权重向量为$W_3=(0.3,0.2,0.3,0.2)^{\mathrm{T}}$。现邀请多位专家对每位备选科技人才进行评价，并将评价信息转换为概率语言数。通过对专家的评估信息进行集成，得到备选科技人才的综合评估意见，如表 4.2~表 4.4 所示。

表 4.2　基础研究类人才的概率语言评估信息

	c_{11}	c_{12}	c_{13}	c_{14}	c_{15}
a_1	$\{s_{-1}(0.6),s_0(0.4)\}$	$\{s_{-1}(0.4),s_0(0.6)\}$	$\{s_2(1)\}$	$\{s_1(0.2),s_2(0.8)\}$	$\{s_{-1}(1)\}$
a_2	$\{s_2(0.5),s_3(0.5)\}$	$\{s_1(1)\}$	$\{s_2(0.5),s_3(0.5)\}$	$\{s_2(1)\}$	$\{s_1(0.2),s_2(0.8)\}$
a_3	$\{s_0(0.2),s_1(0.8)\}$	$\{s_0(1)\}$	$\{s_1(0.6),s_2(0.4)\}$	$\{s_1(0.5),s_2(0.5)\}$	$\{s_1(1)\}$
$h_S^{j^*}(p)$	$\{s_3(1)\}$	$\{s_3(1)\}$	$\{s_3(1)\}$	$\{s_3(1)\}$	$\{s_3(1)\}$
$h_S^{j^\circ}(p)$	$\{s_{-1}(1)\}$	$\{s_{-1}(1)\}$	$\{s_{-1}(1)\}$	$\{s_{-1}(1)\}$	$\{s_{-1}(1)\}$

表 4.3　工程技术类人才的概率语言评估信息

	c_{21}	c_{22}	c_{23}	c_{24}	c_{25}
a_4	$\{s_2(0.5), s_3(0.5)\}$	$\{s_1(0.4), s_2(0.6)\}$	$\{s_2(1)\}$	$\{s_1(1)\}$	$\{s_2(1)\}$
a_5	$\{s_1(1)\}$	$\{s_0(0.3), s_1(0.7)\}$	$\{s_1(0.5), s_2(0.5)\}$	$\{s_0(0.8), s_1(0.2)\}$	$\{s_1(1)\}$
$h_S^{j^*}(p)$	$\{s_3(1)\}$	$\{s_3(1)\}$	$\{s_3(1)\}$	$\{s_3(1)\}$	$\{s_3(1)\}$
$h_S^{j^\circ}(p)$	$\{s_{-1}(1)\}$	$\{s_{-1}(1)\}$	$\{s_{-1}(1)\}$	$\{s_{-1}(1)\}$	$\{s_{-1}(1)\}$

表 4.4　创新创业类人才的概率语言评估信息

	c_{31}	c_{32}	c_{33}	c_{34}
a_6	$\{s_2(0.6), s_3(0.4)\}$	$\{s_1(0.2), s_2(0.8)\}$	$\{s_1(0.6), s_2(0.2), s_3(0.2)\}$	$\{s_1(1)\}$
a_7	$\{s_{-1}(0.8), s_0(0.2)\}$	$\{s_0(0.8), s_1(0.2)\}$	$\{s_2(0.6), s_3(0.4)\}$	$\{s_{-1}(0.6), s_0(0.3), s_1(0.1)\}$
$h_S^{j^*}(p)$	$\{s_3(1)\}$	$\{s_3(1)\}$	$\{s_3(1)\}$	$\{s_3(1)\}$
$h_S^{j^\circ}(p)$	$\{s_{-1}(1)\}$	$\{s_{-1}(1)\}$	$\{s_{-1}(1)\}$	$\{s_{-1}(1)\}$

下面采用算法 4.5 来求解上述问题。

步骤 1：令各属性的期望值和容忍值分别为$\{s_3(1)\}$和$\{s_{-1}(1)\}$。

步骤 2：根据公式（4.28）计算备选人才在各属性下的线性标准化值，结果见表 4.5。

表 4.5　各备选人才在不同属性下的线性标准化值

	c_{11}	c_{12}	c_{13}	c_{14}	c_{15}
a_1	0.100	0.150	0.750	0.700	0
a_2	0.875	0.500	0.875	0.750	0.700
a_3	0.450	0.250	0.600	0.625	0.500
	c_{21}	c_{22}	c_{23}	c_{24}	c_{25}
a_4	0.875	0.650	0.750	0.500	0.750
a_5	0.500	0.425	0.625	0.300	0.500
	c_{31}	c_{32}	c_{33}	c_{34}	
a_6	0.850	0.700	0.650	0.500	
a_7	0.050	0.300	0.850	0.125	

步骤 3：根据公式（4.30）计算各备选人才的综合效用值，得到$\tilde{G}(a_1)=0.285$，$\tilde{G}(a_2)=0.808$，$\tilde{G}(a_3)=0.483$，$\tilde{G}(a_4)=0.706$，$\tilde{G}(a_5)=0.466$，$\tilde{G}(a_6)=0.690$，$\tilde{G}(a_7)=0.355$。根据公式（4.31）计算各备选人才在单个属性下的后悔值，得到$\tilde{R}(a_1)=0.45$，$\tilde{R}(a_2)=0.063$，$\tilde{R}(a_3)=0.275$，$\tilde{R}(a_4)=0.100$，$\tilde{R}(a_5)=0.144$，$\tilde{R}(a_6)=0.105$，$\tilde{R}(a_7)=0.285$。

步骤 4：根据公式（4.32）和公式（4.33）分别将备选人才的综合得分值和单个属性后悔值进行标准化，得到 $\tilde{G}^N(a_1)=0.353$，$\tilde{G}^N(a_2)=1.000$，$\tilde{G}^N(a_3)=0.598$，$\tilde{G}^N(a_4)=0.875$，$\tilde{G}^N(a_5)=0.577$，$\tilde{G}^N(a_6)=0.854$，$\tilde{G}^N(a_7)=0.440$，$\tilde{R}^N(a_1)=1.000$，$\tilde{R}^N(a_2)=0.139$，$\tilde{R}^N(a_3)=0.611$，$\tilde{R}^N(a_4)=0.222$，$\tilde{R}^N(a_5)=0.319$，$\tilde{R}^N(a_6)=0.187$，$\tilde{R}^N(a_7)=0.507$。将 $\tilde{G}^N(a_i)$（$i=1,2,\cdots,m$）降序排列，得到方案的第一种排序为 $r_1=\{7,1,4,2,5,3,6\}$，即 $a_2 \succ a_4 \succ a_6 \succ a_3 \succ a_5 \succ a_7 \succ a_1$。将 $\tilde{R}^N(a_i)$（$i=1,2,\cdots,m$）升序排列，得到方案的第二种排序为 $r_1=\{7,1,6,3,4,2,5\}$，即 $a_2 \succ a_6 \succ a_4 \succ a_5 \succ a_7 \succ a_3 \succ a_1$。令 $v=0.5$ 和 $\varphi=0.5$，根据公式（4.34）计算各方案的妥协值，得到 $Q'(a_1)=-0.459$，$Q'(a_2)=0.495$，$Q'(a_3)=-0.008$，$Q'(a_4)=0.349$，$Q'(a_5)=0.101$，$Q'(a_6)=0.334$，$Q'(a_7)=-0.028$。

步骤 5：方案的最终排序为 $a_2 \succ a_4 \succ a_6 \succ a_5 \succ a_3 \succ a_7 \succ a_1$。由备选人才的综合得分值、单个属性后悔值和最终妥协值得出的方案排序略有差异，其中差异最大的是 a_3 与 a_5 之间的偏好关系。a_3 与 a_5 的综合得分值差异不大，a_5 在所有属性下的表现较为均衡，而 a_3 在权重极高的属性 c_{11}（H 指数）下表现并不突出，因此 a_5 的单个属性后悔值比 a_3 的单个属性后悔值更高。分以下三种情况确定评奖结果。

（1）若专家看重人才的综合表现，而不关注人才的单项表现（$\eta\in\{0.9,1\}$），则可确定人才的排序关系为 $a_2 \succ a_4 \succ a_6 \succ a_3 \succ a_5 \succ a_7 \succ a_1$。分别授予人才 a_2、a_4 和 a_6 一等奖、二等奖和三等奖，并授予人才 a_3 和 a_5 普通奖。

（2）若专家只关注候选人才较差的单项表现（$\eta\in\{0,0.1,0.2\}$），则可确定人才的排序关系为 $a_2 \succ a_6 \succ a_4 \succ a_5 \succ a_7 \succ a_3 \succ a_1$。分别授予人才 a_2、a_6 和 a_4 一等奖、二等奖和三等奖，并授予人才 a_5 和 a_7 普通奖。

（3）若专家同时看重人才的综合表现以及单项表现（$\eta\in\{0.3,0.4,\cdots,0.8\}$），则可确定人才的排序关系为 $a_2 \succ a_4 \succ a_6 \succ a_5 \succ a_3 \succ a_7 \succ a_1$。分别授予人才 a_2、a_4 和 a_6 一等奖、二等奖和三等奖，并授予人才 a_5 和 a_3 普通奖。

学者通过引入不同的集成函数或标准化方法对 VIKOR 方法进行了改进。为避免当所有方案的综合效用值一致或单个属性后悔值一致时，原始 VIKOR 方法的妥协值测度公式失效（分母为 0），Chang[116]改进了妥协值测度公式。受 TOPSIS 方法中最优解离正理想解距离最近且离负理想解距离最远的思想的启发，Vahdani 等[117]将方案与负理想解间的距离添加到 VIKOR 方法中，从而得到两种妥协值，并将其集成为方案的综合值。由于经典的 VIKOR 方法中关于妥协值的求解算子将已有方案的最大值作为理想方案值，Ou-Yang 等[108]指出，经典 VIKOR 方法无法得出与理想解（或者是决策者的期望解）最贴近的妥协解，因此，他们改进了经典 VIKOR 方法的妥协值计算公式。一些学者采用其他的标准化技术来替换经典 VIKOR 方法中的线性标准化技术[117]。例如，Ou-Yang 等[108]认为，经典 VIKOR 方法中采用的线性标准化技术无法反映决策者对每个属性的期望水平。为此，他们提出了期望度和容忍度的概念，并分别用来替换经典 VIKOR 方法中的线性标准化中的最大值和最小值。为了衡量方案与目标值间的距离，Jahan 等[101]提出了一种指数形式的标准化方法，并将其替代经典 VIKOR 方法中的线性标准化方法。如何引入合理的标准化技术和集成函数来对 VIKOR 方法进行改进或拓展仍是值得研究的方向。

与 TOPSIS 方法相比，VIKOR 方法在理论上的优势在于找出的妥协解不仅有较优的综合表现，而且在每个属性下的表现都不会太差，这更加符合实际决策要求。Opricovic 和 Tzeng[118]对 VIKOR 和 TOPSIS 方法进行了对比分析，说明了 VIKOR 方法在集成函数及标准化技术上的优势。他们还指出，TOPSIS 方法仅对与正理想解的距离及与负理想解的距离进行折中，这使得最后选择的最优方案可能无法实现与正理想解最近并离负理想解最远的目标。尽管 VIKOR 方法在理论上比 TOPSIS 方法的优势更明显，但是，TOPSIS 方法比 VIKOR 方法获得了更多的应用，其中一个重要的原因在于 VIKOR 方法的妥协原则不直观，且多个妥协解的存在增加了决策的难度。为了简便，一些学者倾向于直接根据妥协值来确定方案间的偏好关系[117]。如何对综合效用值、单个属性后悔值及方案的妥协值进行有效地集成仍值得深入研究。

第5章　基于概率语言信息的MULTIMOORA方法

在对属性值进行向量标准化的基础上，Brauers 和 Zavadskas[119]采用比率系统（ratio system，RS）和参考点（reference point，RP）法这两种集成方式来计算方案的综合值，并对方案进行排序。这种多属性决策方法称为 MOORA 方法[120]。随后，Brauers 和 Zavadskas[65]将全乘模型（full multiplicative form，FMF）引入 MOORA 方法中，并将新的方法命名为 MULTIMOORA。比率系统采用算术加权集成算子，它能够反映属性间的完全补偿性。例如，在比较学生综合成绩时，若各科考试成绩之间可以相互补偿，则可以采用算术加权集成算子将学生的各科成绩加权集成作为该学生的总分。然而，比率系统无法处理含有关联型属性的多属性决策问题。全乘模型是一种几何加权集成算子，能反映属性间的不完全补偿性，对比率系统的缺陷进行补充。使用最小-最大测度的参考点法适用于选择在每个属性下都没有较差表现的方案。可见，比率系统、参考点法和全乘模型是三类适用于不同类别问题的多属性集成方法。Brauers 和 Zavadskas[121]采用优势理论（dominance theory）来整合三种集成模型得出的不同结果，其通过对方案的排序进行两两比较来逐一判断方案间的偏好关系，对比过程复杂，且存在难以比较的情况。学者提出了不同的排序整合方法，如优势有向图法[122]、秩位法[122]、精确序偏好技术[123]、ORESTE 方法[16]和优化模型等[124]。

MULTIMOORA 方法主要包含三个步骤：①决策矩阵标准化；②分别根据比率系统、参考点法和全乘模型计算方案效用值；③聚合效用值并判断方案间偏好关系。考虑到实际决策问题中评估信息的多样性，学者从不同表达信息的角度对 MULTIMOORA 方法进行了拓展[125]。传统的 MULTIMOORA 方法及其拓展形式在聚合三种集成模型得到的结果时只考虑了方案间的序数关系或基数关系，聚合得到的效用值在一定程度上可能会存在偏差。Wu 等[37]改进了 MULTIMOORA 方法，并将其拓展到概率语言环境下。本章主要介绍概率语言环境下的 MULTIMOORA 方法，并将其应用于解决复杂语言环境下的群体决策问题，探讨其相较其他基于多属性价值理论的决策方法而言的优势。

5.1　概率语言决策信息采集与标准化

考虑一个包含有限方案集 $A=\{a_1,a_2,\cdots,a_m\}$（$m\geqslant 2$）、属性集 $C=\{c_1,c_2,\cdots,c_n\}$（$n\geqslant 2$）和专家集 $E=\{e_1,e_2,\cdots,e_Q\}$（$Q\geqslant 2$）的多属性决策问题。其中，属性的权重向量为 $W=(w_1,w_2,\cdots,w_n)^{\mathrm{T}}$，$\sum_{j=1}^{n}w_j=1$，$c_j$ $(j=1,2,\cdots,h)$ 为效益型属性，而 c_j $(j=h+1,h+2,\cdots,n)$ 为成本型属性。不同属性对应的语言术语集的维度及其语言术语的语义不尽相同。令属性 c_j 对应的语言术语集为 S_j。概率语言 MULTIMOORA 方法[37]（简写为 PL-MULTIMOORA）主要包括三个阶段：①决策信息采集和标准化；②信息集成；③排序聚合。图 5.1 展示了 PL-MULTIMOORA 方法的基本框架。

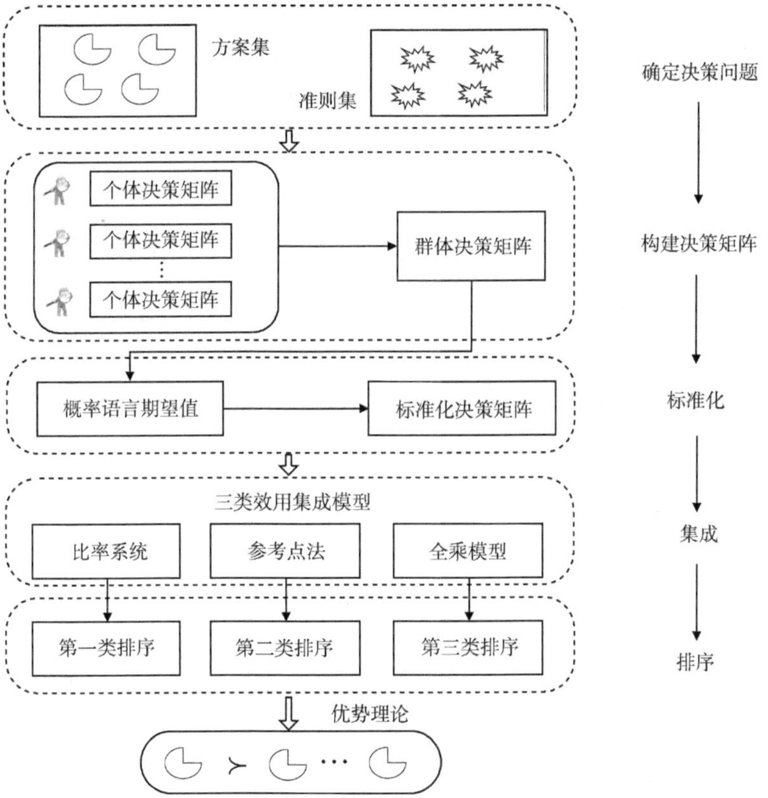

图 5.1　PL-MULTIMOORA 方法的基本框架

邀请每位专家基于确定的语言术语集对方案在各属性下的表现进行评价。将评价信息转换为概率语言数 $h_S^{ij(q)}(p)$。根据每位专家给出的概率语言数，构建每个专家对应的概率语言决策矩阵 $D^{(q)}=\left[h_S^{ij(q)}(p)\right]_{m\times n}$。

$$D^{(q)}=\begin{matrix} a_1 \\ \vdots \\ a_i \\ \vdots \\ a_m \end{matrix}\begin{bmatrix} h_S^{11(q)}(p) & \cdots & h_S^{1j(q)}(p) & \cdots & h_S^{1n(q)}(p) \\ \vdots & & \vdots & & \vdots \\ h_S^{i1(q)}(p) & \cdots & h_S^{ij(q)}(p) & \cdots & h_S^{in(q)}(p) \\ \vdots & & \vdots & & \vdots \\ h_S^{m1(q)}(p) & \cdots & h_S^{mj(q)}(p) & \cdots & h_S^{mn(q)}(p) \end{bmatrix} \tag{5.1}$$

根据概率集成法（见定义 1.7）将各个专家对同一方案的一列属性评估值 $\{h_S^{ij(1)}(p),h_S^{ij(2)}(p),\cdots,h_S^{ij(Q)}(p)\}$（$i=1,2,\cdots,m;j=1,2,\cdots,n$）集成为专家综合评估值 $h_S^{ij}(p)$（$i=1,2,\cdots,m;j=1,2,\cdots,n$），其中

$$h_S^{ij(q)}(p)=\left\{s_\alpha^{ij(q)}(p_\alpha^{ij(q)})\middle|s_\alpha^{ij(q)}\in S\right\} \tag{5.2}$$

令专家的权重向量为 $\omega=(\omega_1,\omega_2,\cdots,\omega_Q)^{\mathrm{T}}$，$\sum_{q=1}^{Q}\omega_q=1$，则

$$h_S^{ij}(p)=\left\{s_\alpha^{ij(l)}(p^{ij(l)})\middle|s_\alpha^{ij(l)}\in S,p^{ij(l)}=\sum_{q=1}^{Q}p_\alpha^{ij(q)}\omega_q,l=1,2,\cdots,L_{ij}\right\} \tag{5.3}$$

其中，$s_\alpha^{ij(l)}$（$l=1,2,\cdots,L_{ij}$）为 $\{h_S^{ij(1)}(p),h_S^{ij(2)}(p),\cdots,h_S^{ij(Q)}(p)\}$ 中包含的所有不同的语言术语。然后，将各概率语言数中的概率之和归一化，即 $\hat{p}^{ij(l)}=p^{ij(l)}\Big/\sum_{l=1}^{L}p^{ij(l)}$。

根据专家的综合意见，建立概率语言群体决策矩阵 $D=\left[h_S^{ij}(p)\right]_{m\times n}$。

$$D=\begin{matrix} a_1 \\ \vdots \\ a_i \\ \vdots \\ a_m \end{matrix}\begin{bmatrix} h_S^{11}(p) & \cdots & h_S^{1j}(p) & \cdots & h_S^{1n}(p) \\ \vdots & & \vdots & & \vdots \\ h_S^{i1}(p) & \cdots & h_S^{ij}(p) & \cdots & h_S^{in}(p) \\ \vdots & & \vdots & & \vdots \\ h_S^{m1}(p) & \cdots & h_S^{mj}(p) & \cdots & h_S^{mn}(p) \end{bmatrix} \tag{5.4}$$

假设语言术语集为 $S=\{s_{-\tau},\cdots,s_0,\cdots,s_\tau\}$。各属性下的最优值可定义为

$$h_S^{j+}(p)=\begin{cases} \max\limits_i\left\{h_S^{ij}(p)\right\}, & \text{若}c_j\text{为效益型属性} \\ \min\limits_i\left\{h_S^{ij}(p)\right\}, & \text{若}c_j\text{为成本型属性} \end{cases} \tag{5.5}$$

各属性下的最劣值可定义为

$$h_S^{j-}(p)=\begin{cases}\min\limits_i\left\{h_S^{ij}(p)\right\}, & 若c_j为效益型属性\\ \max\limits_i\left\{h_S^{ij}(p)\right\}, & 若c_j为成本型属性\end{cases} \tag{5.6}$$

其中，可通过概率语言数的得分值 $E(h_S^{ij}(p))$ 和离差 $\sigma(h_S^{ij}(p))$（见定义 1.17）来找出 $\max\limits_i\left\{h_S^{ij}(p)\right\}$ 和 $\min\limits_i\left\{h_S^{ij}(p)\right\}$，也可根据极大值和极小值来分别确定各属性下的最优值和最劣值。当 c_j 为效益型属性时，$h_S^{j+}(p)=\{s_\tau\}$，$h_S^{j-}(p)=\{s_{-\tau}\}$；当 c_j 为成本型属性时，$h_S^{j+}(p)=\{s_{-\tau}\}$，$h_S^{j-}(p)=\{s_\tau\}$。

当评估值都表示为概率语言数时，方案在不同属性下的取值也可能具有不同的维度。例如，专家在评估产品价格时可能使用 5 值语言术语集{s_{-2}=很低，s_{-1}=低，s_0=一般，s_1=高，s_2=很高}，而在评价产品质量时可能会使用 7 值语言术语集{s_{-3}=很低，s_{-2}=低，s_{-1}=有点低，s_0=一般，s_1=有点高，s_2=高，s_3=很高}。即使对不同属性采用相同粒度的语言术语集,不同属性对应的语言术语的语义也有差异。例如，价格的波动可能在低与非常高之间，而质量的波动可能只在很低与一般之间。因此，需要将属性的概率语言信息进行标准化后才能集成。概率语言信息的标准化可以通过对其得分值的标准化实现。

Karande 和 Chakraborty[126]认为，在对决策信息 x_{ij} 进行标准化时，应采用简单的标准化技术，即

$$x_{ij}^N=\frac{x_{ij}}{\sum\limits_{i=1}^m x_{ij}} \tag{5.7}$$

来代替原始 MULTIMOORA 方法中含均方运算的标准化方法，即

$$x_{ij}^N=\frac{x_{ij}}{\sqrt{\sum\limits_{i=1}^m x_{ij}^2}} \tag{5.8}$$

而 Brauers 和 Zavadskas[119]认为，公式（5.8）给出的向量标准化的鲁棒性更强，是最适用于 MULTIMOORA 方法的标准化技术。基于概率语言得分函数 $E\left(h_S^{ij}(p)\right)=\sum\limits_{l=1}^L\left(f(\alpha^{ij(l)})\hat{p}^{ij(l)}\right)$，概率语言向量标准化算子定义为

$$\tilde{N}^{\text{vec}}(a_{ij})=\frac{E\left(h_S^{ij}(p)\right)}{\sqrt{\sum\limits_{i=1}^m\left(E\left(h_S^{ij}(p)\right)\right)^2}} \tag{5.9}$$

于是，概率语言标准化决策矩阵可构建为 $\tilde{D}_N^{\text{vec}}=(\tilde{N}^{\text{vec}}(a_{ij}))_{m\times n}$。

$$\tilde{D}_N^{\text{vec}} = \begin{matrix} a_1 \\ \vdots \\ a_i \\ \vdots \\ a_m \end{matrix} \begin{bmatrix} \tilde{N}^{\text{vec}}(a_{11}) & \cdots & \tilde{N}^{\text{vec}}(a_{1j}) & \cdots & \tilde{N}^{\text{vec}}(a_{1n}) \\ \vdots & & \vdots & & \vdots \\ \tilde{N}^{\text{vec}}(a_{i1}) & \cdots & \tilde{N}^{\text{vec}}(a_{ij}) & \cdots & \tilde{N}^{\text{vec}}(a_{in}) \\ \vdots & & \vdots & & \vdots \\ \tilde{N}^{\text{vec}}(a_{m1}) & \cdots & \tilde{N}^{\text{vec}}(a_{mj}) & \cdots & \tilde{N}^{\text{vec}}(a_{mn}) \end{bmatrix} \quad (5.10)$$

5.2 概率语言信息的集成模型

作为一种属性值完全补偿的集成模型，比率系统适用于对“独立”属性的评价值进行集成。对于存在关联关系的属性的评价值，可由属性值不完全补偿的全乘模型来集成。作为一种非补偿模型，参考点法的集成规则比比率系统和全乘模型更“保守”。比率系统和全乘模型都提供了用优异的属性值来补偿不良属性值的机会，区别只在于这两种技术的补偿程度不同，而参考点法没有提供属性值之间相互补偿的机会。多属性决策问题中可能同时存在“依赖”和“独立”属性，决策者可能会倾向于“保守”的决策结果[127]。此时，通过结合三种集成模型的优势，MULTIMOORA 方法能得出比单个集成模型更可靠的结果。下面引入概率语言环境下的三种集成模型来处理概率语言标准化决策矩阵，获得方案的三类效用值及排序。

5.2.1 概率语言比率系统

概率语言比率系统是将同一方案在不同属性上的得分进行算术加权，以获得方案的综合性能，这使得方案的较小属性值可以由相同程度的较大属性值完全补偿。换言之，在一些属性下表现不佳但在另一些属性下表现良好的方案可以被认为优于在所有属性下表现中等的方案。

计算概率语言比率系统的效用，需正向累加标准化的效益型属性值，并负向累加标准化的成本型属性值。于是，方案 a_i 的概率语言比率系统效用值可定义为

$$\text{PLRS}(a_i) = \sum_{j=1}^{h} w_j \tilde{N}^{\text{vec}}(a_{ij}) - \sum_{j=h+1}^{n} w_j \tilde{N}^{\text{vec}}(a_{ij}) \quad (5.11)$$

其中，h 为效益型属性的个数，$n-h$ 为成本型属性的个数。$\text{PLRS}(a_i)$ 越大，表示 a_i 越优。对所有方案的概率语言比率系统效用值进行比较，可得所有方案的第一种排序 $R_1 = \{r_1(a_1), r_1(a_2), \cdots, r_1(a_m)\}$。

5.2.2　概率语言参考点法

概率语言参考点法的思想与 PL-VIKOR Ⅱ算法中的单个属性后悔值类似，其核心思想是寻找一个最优解，使其最差的属性值与理想解（参考点）的差距最小。该方法是基于一种非补偿性算子——Tchebycheff 最小-最大测度。该测度通过衡量与每个属性的参考点（亦称为目标值或最优值）间的距离来判断方案的优劣，再根据最小化算子找出各方案最劣属性值中的最小值。传统的 MULTIMOORA 方法是基于向量标准化值来度量方案与参考点间的距离。概率语言向量标准化的值只能刻画原始评估信息的特征值，丢失了评估信息中的不确定性信息，因而无法准确反映方案与参考点之间的距离。为此，可直接采用概率语言距离测度来构建概率语言参考点法。

首先，定义概率语言参考点为

$$h_S^{j+}(p)=\{\max_i(h_S^{ij}(p)), j\leqslant h; \min_i(h_S^{ij}(p)), j>h\} \tag{5.12}$$

或

$$h_S^{j+}(p)=\left\{\{s_\tau(1)\}, j\leqslant h; \{s_{-\tau}(1)\}, j>h\right\} \tag{5.13}$$

所有属性下的参考点构成一个多属性决策的正理想解，这与 PL-TOPSIS Ⅱ算法和 PL-VIKOR Ⅱ算法中定义的理想解一致。

其次，通过最大化每个方案的各个属性值到参考点的相应属性值的距离来识别方案的最劣属性值，即

$$\mathrm{PLRP}(a_i)=\max_j\left(w_j\frac{d\left(h_S^{j+}(p),h_S^{ij}(p)\right)}{\max_i\left(d\left(h_S^{j+}(p),h_S^{ij}(p)\right)\right)}\right) \tag{5.14}$$

其中，$d\left(h_S^{j+}(p),h_S^{ij}(p)\right)$为属性$c_j$下方案$a_i$的属性值与参考点的对应属性值之间的距离，且

$$d\left(h_S^{j+}(p),h_S^{ij}(p)\right)=\left(\sum_{k=1}^{K}p^{*(k)}\left|f\left(\alpha^{ij(k)}\right)-f\left(\alpha^{j+(k)}\right)\right|\right) \tag{5.15}$$

其中，$p^{*(k)}$（k=1,2,…,K）为$\hat{h}_S^{ij}(p)$和$\hat{h}_S^{j+}(p)$通过定义 1.9 进行调整得到的相同概率集。

$\mathrm{PLRP}(a_i)$为方案a_i相对参考点的最差效用值。$\mathrm{PLRP}(a_i)$越小，表示a_i的最劣属性值越好，那么，选择a_i作为最优方案的风险越小。对所有方案相对参考点的最差效用值$\mathrm{PLRP}(a_i)$进行比较，得出方案的第二种排序$R_2=\{r_2(a_1),r_2(a_2),\cdots,r_2(a_m)\}$。

5.2.3 概率语言全乘模型

全乘模型由几何加权集成算子构成，属于属性值不完全补偿的集成算子。在这种算子中，较小的标准化属性值不能同等程度地被较大的标准化属性值补偿。该特性符合某些决策场景，如决策者更偏向于选择表现中等的方案而非在一些属性下表现良好而在另外一些属性下表现较差的方案。全乘模型需要最大化效益型属性值和最小化成本型属性值，可用效益型属性的加权标准化值的乘积除以成本型属性的加权标准化值的乘积。于是，方案 a_i 的全乘模型效用值 $\mathrm{PLFMF}(a_i)$ 可定义为

$$\mathrm{PLFMF}(a_i)=\frac{\sqrt[h]{\prod_{j=1}^{h}\left(1-\left(1-\tilde{N}^{\mathrm{vec}}(a_{ij})\right)^{w_j}\right)}}{\sqrt[n-h]{\prod_{j=h+1}^{n}\left(1-\left(1-\tilde{N}^{\mathrm{vec}}(a_{ij})\right)^{w_j}\right)}} \tag{5.16}$$

$\mathrm{PLFMF}(a_i)$ 越大，表示 a_i 的综合性能越好。对所有方案的全乘模型效用值 $\mathrm{PLFMF}(a_i)$ 进行比较，得出方案的第三种排序 $R_3=\{r_3(a_1),r_3(a_2),\cdots,r_3(a_m)\}$。

注 5.1　①当 $\tilde{N}^{\mathrm{vec}}(a_{ij})\in[0,1]$ 和 $w_j\in(0,1]$ 时，$g\left(\tilde{N}^{\mathrm{vec}}(a_{ij})\right)=\left(\tilde{N}^{\mathrm{vec}}(a_{ij})\right)^{w_j}$ 是一个减函数。也就是说，当 $\tilde{N}^{\mathrm{vec}}(a_{ij})>\tilde{N}^{\mathrm{vec}}(a_{tj})$ 时，$\left(\tilde{N}^{\mathrm{vec}}(a_{ij})\right)^{w_j}<\left(\tilde{N}^{\mathrm{vec}}(a_{tj})\right)^{w_j}$。这不符合实际。因此，公式（5.16）采用严格单调递增函数 $1-\left(1-\tilde{N}^{\mathrm{vec}}(a_{ij})\right)^{w_j}$ 替换经典 MULTIMOORA 方法中使用的算子 $\left(\tilde{N}^{\mathrm{vec}}(a_{ij})\right)^{w_j}$ 来计算加权属性值。②公式（5.16）使用标准化值 $\tilde{N}^{\mathrm{vec}}(a_{ij})$ 代替经典 MULTIMOORA 方法中使用的数值 $E\left(h_S^{ij}(p)\right)$ 来构建概率语言全乘模型。例 5.1 说明了标准化值在全乘模型中的有效性。

例 5.1　假设一个多属性决策问题包含三个备选方案 $\{a_1,a_2,a_3\}$ 和两个成本型属性 $\{c_1,c_2\}$，且其权重相等，即 $W=(0.5,0.5)^{\mathrm{T}}$。令语言术语集 $S=\{s_{-3},\cdots,s_0,\cdots,s_3\}$。三个方案在两个属性下的评估值用概率语言数表示为 $h_S^{11}(p)=\{s_0(1)\}$，$h_S^{12}(p)=\{s_2(1)\}$，$h_S^{21}(p)=\{s_2(1)\}$，$h_S^{22}(p)=\{s_0(1)\}$，$h_S^{31}(p)=\{s_{-3}(1)\}$，$h_S^{32}(p)=\{s_3(1)\}$。方案 a_1 在第一个属性下表现为中等，在第二个属性下表现接近于最大值。方案 a_2 在第一个属性下表现最好，而在第二个属性下表现最差。因此，可以直观地判断方案 a_1 优于 a_2。

若基于非标准化值 $E(h_S^{ij}(p))$（这里用概率语言数的得分值表示）构建全乘模型，则可得两个方案的全乘模型效用值为 $\mathrm{PLFMF}(a_1)=0.099$，$\mathrm{PLFMF}(a_2)=0.099$。

于是，$a_1 = a_2$。

若基于标准化值 $\tilde{N}^{\text{vec}}(a_{ij})$［由公式（5.9）计算而得］构建全乘模型，则可得两个方案的全乘模型效用值为 $\text{PLFMF}(a_1) = 0.111$，$\text{PLFMF}(a_2) = 0.105$。于是，$a_1 \succ a_2$。

在不同属性下，尽管使用了相同的语言术语集对方案进行评价，但方案在不同属性下取值的尺度不同，导致不同属性下相同的评估值的实际偏好值不完全相同。在例 5.1 中，属性 c_1 下的取值跨度大于属性 c_2 下的取值跨度。因此，方案 a_1 的评估值 $h_S^{11}(P) = \{s_0(1)\}$ 和 $h_S^{12}(P) = \{s_2(1)\}$ 的偏好值之和大于方案 a_2 的评估值 $h_S^{21}(P) = \{s_2(1)\}$ 和 $h_S^{22}(P) = \{s_0(1)\}$ 的偏好值之和。

5.3　基于拓展的 Borda 法则的子排序聚合

在获得方案的三种效用值及对应的排序之后，需要集结这些效用或排名来获得方案的最终排名。由于这三种集成模型是根据不同决策要求来求解方案的效用值的，可以将这三类模型看作三种属性（准则）：PLRS（属性 C_1）、PLRP（属性 C_2）、PLFMF（属性 C_3），各方案 a_i（$i = 1,2,\cdots,m$）在属性 C_y（$y = 1,2,3$）下具有效用值 $u_y(a_i)$ 和排名 $r_y(a_i)$。对子排序进行聚合需综合考虑三个属性下的效用值和排名。因此，可以构建一个多属性决策问题，该问题中包含两个决策矩阵，即效用值矩阵 $D(u) = \left(u_y(a_i)\right)_{m\times 3}$（$u_y(a_i)$，$y = 1,2,3$，分别指 $\text{PLRS}(a_i)$、$\text{PLRP}(a_i)$、$\text{PLFMF}(a_i)$）和排序矩阵 $D(r) = \left(r_y(a_i)\right)_{m\times 3}$。

$$D(u) = \begin{array}{c} \\ a_1 \\ \vdots \\ a_i \\ \vdots \\ a_m \end{array} \begin{array}{c} \begin{array}{ccc} C_1 & C_2 & C_3 \end{array} \\ \begin{bmatrix} u_1(a_1) & u_2(a_1) & u_3(a_1) \\ \vdots & \vdots & \vdots \\ u_1(a_i) & u_2(a_i) & u_3(a_i) \\ \vdots & \vdots & \vdots \\ u_1(a_m) & u_2(a_m) & u_3(a_m) \end{bmatrix} \end{array},\quad D(r) = \begin{array}{c} \\ a_1 \\ \vdots \\ a_i \\ \vdots \\ a_m \end{array} \begin{array}{c} \begin{array}{ccc} C_1 & C_2 & C_3 \end{array} \\ \begin{bmatrix} r_1(a_1) & r_2(a_1) & r_3(a_1) \\ \vdots & \vdots & \vdots \\ r_1(a_i) & r_2(a_i) & r_3(a_i) \\ \vdots & \vdots & \vdots \\ r_1(a_m) & r_2(a_m) & r_3(a_m) \end{bmatrix} \end{array} \tag{5.17}$$

Borda 法则是一种简单且有效的决策方法，适用于多人投票问题。它首先将每个投票对象获得的票数转换为分数，其次将所有专家给出的分数相加得到每个投票对象的总分数。由于序数关系难以反映方案之间的真实差异，只考虑到方案间的序数关系可能使结果产生偏差。例如，三位考生的数学成绩分别为 90 分、87 分和 60 分，其排名分别为 1、2 和 3。只看排名无法反映出考生 2 与考生 1 的成绩是接近的，而与考生 3 的成绩相差较远。杨季美和史本山[128]将 Borda 法则进行了拓展，使其同时考虑方案间的基数关系和序数关系，在一定程度上保留序数关系中丢失的信息。受拓展的 Borda 法则的启发，下面给出一种同时考虑基数关系和序数关系的子排序聚合方法来融合 PL-MULTIMOORA 方法中三种集成模型得到的结果。

首先，用向量标准化方法将三种效用值进行归一化，即

$$u_y^N(a_i)=\frac{u_y(a_i)}{\sqrt{\sum_{i=1}^{m}\left(u_y(a_i)\right)^2}} \tag{5.18}$$

为了集成基数关系和序数关系，将方案的排名（序数关系）进行归一化，并将其作为标准化效用值 $u_y^N(a_i)$ 的权系数。PLRS（属性 C_1）和 PLFMF（属性 C_3）为效益型属性，即效用值越大方案越优，而 PLRP（属性 C_2）为成本型属性，即效用值越小方案越优。因此，需正向累加 C_1 与 C_3 对应的值，并负向累加 C_2 对应的值。概率语言聚合函数可定义为

$$\begin{aligned}\mathrm{IBS}_i&=u_1^N(a_i)\times\frac{m-r_1(a_i)+1}{m(m+1)/2}\\&\quad-u_2^N(a_i)\times\frac{r_2(a_i)}{m(m+1)/2}+u_3^N(a_i)\times\frac{m-r_3(a_i)+1}{m(m+1)/2}\end{aligned} \tag{5.19}$$

根据 IBS_i（$i=1,2,\cdots,m$），可确定方案间的偏好关系。其中，IBS_i 越大表示方案越优。最优方案满足 $a^*=\{a_i\mid\max\limits_{1\leqslant i\leqslant m}\mathrm{IBS}_i(a_i)\}$。

为便于应用，算法 5.1 给出了 PL-MULTIMOORA 方法的计算步骤。

算法 5.1（PL-MULTIMOORA 方法）

步骤 1：确定方案集 $A=\{a_1,a_2,\cdots,a_m\}$、属性集 $C=\{c_1,c_2,\cdots,c_n\}$、专家组 $E=\{e_1,e_2,\cdots,e_Q\}$ 及属性的权重向量 $W=(w_1,w_2,\cdots,w_n)^{\mathrm{T}}$。收集专家的语言评估信息，并将其转换为概率语言数，构建每个专家的概率语言决策矩阵 $D^{(q)}=\left[h_S^{ij(q)}(p)\right]_{m\times n}$。

步骤 2：根据公式（5.2）和公式（5.3）集成专家的评估值，构建概率语言群体决策矩阵 $D=\left[h_S^{ij}(p)\right]_{m\times n}$。

步骤 3：根据公式（5.9）对概率语言群体决策矩阵进行标准化，得到概率语言向量标准化决策矩阵为 $\tilde{D}_N^{\mathrm{vec}}=(\tilde{N}^{\mathrm{vec}}(a_{ij}))_{m\times n}$。

步骤 4：基于概率语言标准化决策矩阵，根据公式（5.11）和公式（5.16）分别计算各方案的比率系统效用值 $\mathrm{PLPS}(a_i)$ 和全乘模型效用值 $\mathrm{PLFMF}(a_i)$，并找出第一类方案排序 $R_1=\{r_1(a_1),r_1(a_2),\cdots,r_1(a_m)\}$ 和第三类方案排序 $R_3=\{r_3(a_1),$

$r_3(a_2),\cdots, r_3(a_m)\}$。

步骤 5：确定各属性下的参考点，根据公式（5.15）计算各方案在不同属性下与参考点在对应属性上的距离，再根据公式（5.14）计算参考点效用值 $\mathrm{PLRP}(a_i)$，并找出第二类方案排序 $R_2=\{r_2(a_1),r_2(a_2),\cdots,r_2(a_m)\}$。

步骤 6：根据获得的效用值和排序，构建效用决策矩阵 $D(u)$ 和排序决策矩阵 $D(r)$。根据公式（5.18）将效用值标准化，再根据公式（5.19）计算方案的综合效用值 IBS_i，确定方案的排序或选择出最优方案。

与经典的 MULTIMOORA 方法相比，PL-MULTIMOORA 方法在理论上的改进之处主要包括：①比率系统和全乘模型基于方案在不同属性下的概率语言向量标准化取值；②参考点法基于概率语言线性标准化取值；③全乘模型采用严格单调递增函数进行加权集成；④采用基于拓展的 Borda 法则的子排序聚合方法来融合三种集成模型得出的方案综合效用值和排序。

5.4　案 例 分 析

以共享自行车、共享汽车、共享充电宝等为代表的共享租赁产品已经构成了一种新的商业模式。共享 KTV 将在线和离线 K 歌娱乐活动集成在一起，广泛地分布在购物中心、电影院、社区和其他人流量较大的区域。这种新型的自助式迷你共享 KTV 满足了年轻消费者个性化的需求。由于共享 KTV 具有铺设简单、运行维护成本低、投资回收期短、营利模式清晰、收入多样化等优点，许多品牌的共享 KTV 正涌入市场，如星范儿、友唱 M-Bar、咪哒 miniK、WOW 屋、聆哒 miniK、科美唱吧等。我国共享 KTV 产业正处于早期阶段。据调查，共享 KTV 拥有约 100 万台大市场容量，但目前市场仅推出 2 万多台。因此，这种迷你共享 KTV 具有很大的市场潜力。而选择有潜力的共享 KTV 品牌进行投资，对风险投资公司而言至关重要。Brusche[129]通过对风险投资决策的相关文献进行综述，将评估属性分为人、技术和财务等方面。考虑到共享 KTV 市场的具体背景，某风险投资公司选择以下 5 个属性来评估共享 KTV 品牌的投资潜力。

（1）专有技术（c_1）：指备选方案是否具有核心技术和专利数量。

（2）经营能力（c_2）：指企业综合管理能力，包括人员技能和知识水平、管理团队的领导经验、组织架构成熟度水平。

（3）营销和互联网业务能力（c_3）：指线上和线下的营销能力，可以通过广告活动、应用程序成熟度来衡量。

（4）用户体验（c_4）：指用户对共享 KTV 品牌在设备、价格、环境、应用方便等方面的满意度，可通过问卷调查进行选择。

（5）团队规模（c_5）：指近几年的资本额、市场占有率和总收入。

上述 5 个属性均为效益型，令属性的权重向量为$W=(0.29,0.22,0.19,0.17,0.13)^{\mathrm{T}}$。通过访谈和调查，初步筛选出 4 个备选共享 KTV 投资品牌$\{a_1,a_2,a_3,a_4\}$，并邀请 5 位专家$\{e_1,e_2,e_3,e_4,e_5\}$对备选品牌进行评估。假定专家的重要性一致。令语言术语集为$S=\{s_{-3}$=非常差，s_{-2}=差，s_{-1}=较差，s_0=一般，s_1=较好，s_2=好，s_3=非常好$\}$。所有专家根据语言术语集S评估共享 KTV 品牌在每个属性下的表现。将专家的语言评估信息转换为概率语言数，构建概率语言个体决策矩阵，包括$D^{(1)}$、$D^{(2)}$、$D^{(3)}$、$D^{(4)}$和$D^{(5)}$。

$$D^{(1)}=\begin{bmatrix}\{s_1(0.1),s_2(0.9)\} & \{s_0(0.5),s_1(0.5)\} & \{s_2(0.5),s_3(0.5)\} & \{s_0(0.5),s_1(0.5)\} & \{s_{-1}(1)\}\\ \{s_{-1}(1)\} & \{s_1(0.33),s_2(0.33),s_3(0.33)\} & \{s_{-1}(0.5),s_0(0.5)\} & \{s_1(1)\} & \{s_2(0.5),s_3(0.5)\}\\ \{s_0(0.5),s_1(0.5)\} & \{s_{-1}(0.5),s_0(0.5)\} & \{s_{-3}(0.5),s_{-2}(0.5)\} & \{s_0(0.5),s_1(0.5)\} & \{s_1(0.5),s_2(0.5)\}\\ \{s_0(1)\} & \{s_2(1)\} & \{s_1(0.5),s_2(0.5)\} & \{s_{-2}(1)\} & \{s_{-2}(0.5),s_{-1}(0.5)\}\end{bmatrix}$$

$$D^{(2)}=\begin{bmatrix}\{s_1(0.4),s_2(0.6)\} & \{s_0(1)\} & \{s_2(0.2),s_3(0.8)\} & \{s_0(0.5),s_1(0.5)\} & \{s_{-1}(0.6),s_0(0.4)\}\\ \{s_{-1}(0.5),s_0(0.5)\} & \{s_2(1)\} & \{s_{-1}(1)\} & \{s_1(1)\} & \{s_2(0.7),s_3(0.3)\}\\ \{s_{-1}(0.5),s_0(0.5)\} & \{s_{-1}(0.5),s_0(0.5)\} & \{s_{-2}(1)\} & \{s_0(1)\} & \{s_1(0.5),s_2(0.5)\}\\ \{s_0(1)\} & \{s_2(0.5),s_3(0.5)\} & \{s_1(0.3),s_2(0.7)\} & \{s_{-1}(1)\} & \{s_{-2}(1)\}\end{bmatrix}$$

$$D^{(3)}=\begin{bmatrix}\{s_1(0.6),s_2(0.4)\} & \{s_0(0.5),s_1(0.5)\} & \{s_2(0.8),s_3(0.2)\} & \{s_1(1)\} & \{s_{-1}(0.4),s_0(0.6)\}\\ \{s_{-1}(1)\} & \{s_1(0.5),s_2(0.5)\} & \{s_{-1}(0.5),s_0(0.5)\} & \{s_1(1)\} & \{s_2(0.3),s_3(0.7)\}\\ \{s_0(1)\} & \{s_0(0.5),s_1(0.5)\} & \{s_{-2}(1)\} & \{s_0(0.5),s_1(0.5)\} & \{s_2(1)\}\\ \{s_0(1)\} & \{s_2(1)\} & \{s_1(0.7),s_2(0.3)\} & \{s_{-2}(0.5),s_{-1}(0.5)\} & \{s_{-2}(0.5),s_{-1}(0.5)\}\end{bmatrix}$$

$$D^{(4)}=\begin{bmatrix}\{s_1(0.5),s_2(0.5)\} & \{s_0(1)\} & \{s_3(1)\} & \{s_1(1)\} & \{s_{-1}(1)\}\\ \{s_{-1}(1)\} & \{s_2(0.5),s_3(0.5)\} & \{s_{-1}(1)\} & \{s_1(1)\} & \{s_2(0.8),s_3(0.2)\}\\ \{s_0(0.5),s_1(0.5)\} & \{s_{-1}(1)\} & \{s_{-3}(0.5),s_{-2}(0.5)\} & \{s_0(0.5),s_1(0.5)\} & \{s_2(1)\}\\ \{s_0(1)\} & \{s_2(1)\} & \{s_1(0.6),s_2(0.4)\} & \{s_{-2}(1)\} & \{s_{-2}(0.5),s_{-1}(0.5)\}\end{bmatrix}$$

$$D^{(5)}=\begin{bmatrix}\{s_1(0.9),s_2(0.1)\} & \{s_0(1)\} & \{s_2(0.5),s_3(0.5)\} & \{s_0(0.5),s_1(0.5)\} & \{s_{-1}(1)\}\\ \{s_{-1}(0.5),s_0(0.5)\} & \{s_2(1)\} & \{s_{-1}(0.5),s_0(0.5)\} & \{s_1(1)\} & \{s_2(0.2),s_3(0.8)\}\\ \{s_{-1}(0.5),s_0(0.5)\} & \{s_0(1)\} & \{s_{-3}(0.5),s_{-2}(0.5)\} & \{s_0(1)\} & \{s_1(0.5),s_2(0.5)\}\\ \{s_0(1)\} & \{s_2(1)\} & \{s_1(0.4),s_2(0.6)\} & \{s_{-2}(1)\} & \{s_{-2}(1)\}\end{bmatrix}$$

下面使用 PL-MULTIMOORA 方法为该风险投资公司选择合适的共享 KTV 品牌。由于已给出了每位专家的概率语言决策矩阵，因此，接下来从算法 5.1 的步骤 2 开始计算。

步骤 2：根据公式（5.2）和公式（5.3）计算专家的集成评估值，并构建概率语言群体决策矩阵，如下所示：

$$D=\begin{bmatrix}\{s_1(0.5),s_2(0.5)\} & \{s_0(0.8),s_1(0.2)\} & \{s_2(0.4),s_3(0.6)\} & \{s_0(0.3),s_1(0.7)\} & \{s_{-1}(0.8),s_0(0.2)\}\\ \{s_{-1}(0.8),s_0(0.2)\} & \{s_1(0.2),s_2(0.6),s_3(0.2)\} & \{s_{-1}(0.7),s_0(0.3)\} & \{s_1(1)\} & \{s_2(0.5),s_3(0.5)\}\\ \{s_{-1}(0.2),s_0(0.6),s_1(0.2)\} & \{s_{-1}(0.4),s_0(0.5),s_1(0.1)\} & \{s_{-3}(0.3),s_{-2}(0.7)\} & \{s_0(0.3),s_1(0.7)\} & \{s_1(0.3),s_2(0.7)\}\\ \{s_0(1)\} & \{s_2(0.9),s_3(0.1)\} & \{s_1(0.5),s_2(0.5)\} & \{s_{-2}(0.7),s_{-1}(0.3)\} & \{s_{-1}(0.7),s_0(0.3)\}\end{bmatrix}$$

步骤 3：上述概率语言群体决策矩阵中的各概率语言数的概率和为 1，无须再调整概率集。根据公式（5.9）得到概率语言标准化决策矩阵，如下所示：

$$\tilde{D}_N^{\text{vec}} = \begin{bmatrix} 0.686 & 0.387 & 0.739 & 0.551 & 0.278 \\ 0.335 & 0.604 & 0.304 & 0.596 & 0.696 \\ 0.457 & 0.326 & 0.092 & 0.551 & 0.595 \\ 0.457 & 0.616 & 0.594 & 0.194 & 0.291 \end{bmatrix}$$

步骤 4：基于上述标准化决策矩阵，根据公式（5.11）和公式（5.16）计算得到各方案的比率系统效用值 $\text{PLPS}(a_1)=0.554$， $\text{PLPS}(a_2)=0.479$， $\text{PLPS}(a_3)=0.393$， $\text{PLPS}(a_4)=0.452$， 全乘模型效用值 $\text{PLFMF}(a_1)=0.128$， $\text{PLFMF}(a_2)=0.123$，$\text{PLFMF}(a_3)=0.081$，$\text{PLFMF}(a_4)=0.095$。于是，方案的第一类排序为 $a_1 \succ a_2 \succ a_4 \succ a_3$，方案的第三类排序为 $a_1 \succ a_2 \succ a_4 \succ a_3$。

步骤 5：假设各属性下的参考点为 $\{s_3(1)\}$。基于公式（5.15）计算各属性下的概率语言数与该属性的参考点的距离，结果如表 5.1 所示。

表 5.1　方案在各属性下的概率语言数与参考点在该属性的取值的距离

	c_1	c_2	c_3	c_4	c_5
a_1	0.250	0.467	0.067	0.383	0.633
a_2	0.633	0.167	0.617	0.333	0.083
a_3	0.500	0.550	0.883	0.383	0.217
a_4	0.500	0.150	0.250	0.783	0.617
$h_S^{j+}(p)$	$\{s_3(1)\}$	$\{s_3(1)\}$	$\{s_3(1)\}$	$\{s_3(1)\}$	$\{s_3(1)\}$

根据公式（5.14）计算各方案的参考点效用值，得到 $\text{PLRP}(a_1)=0.187$，$\text{PLRP}(a_2)=0.290$， $\text{PLRP}(a_3)=0.229$， $\text{PLRP}(a_4)=0.229$。因此，方案的第二类排序为 $a_1 \succ a_4 \sim a_3 \succ a_2$。

步骤 6：综合上述三种方案的效用值，构建效用决策矩阵 $D(u)$。同时，综合上述三类方案排序，构建排序决策矩阵 $D(r)$。当一些方案的排名相同时，取 Besson 平均排名 [62]。例如，由参考点法算出的结果是方案 3 和方案 4 同等重要，那么，它们的排名应该取 2 和 3 的均值 2.5。于是，

$$D(u) = \begin{bmatrix} 0.554 & 0.187 & 0.128 \\ 0.479 & 0.290 & 0.123 \\ 0.393 & 0.229 & 0.081 \\ 0.452 & 0.229 & 0.095 \end{bmatrix}, \quad D(r) = \begin{bmatrix} 1 & 1 & 1 \\ 2 & 4 & 2 \\ 4 & 2.5 & 4 \\ 3 & 2.5 & 3 \end{bmatrix}$$

根据公式（5.18）将 $D(u)$ 进行标准化，得到

$$D^N(u)=\begin{bmatrix} 0.586 & 0.395 & 0.591 \\ 0.507 & 0.613 & 0.566 \\ 0.415 & 0.481 & 0.373 \\ 0.477 & 0.484 & 0.437 \end{bmatrix}$$

根据公式（5.19）计算方案的综合效用值，得到$\text{IBS}_1 = 0.431$，$\text{IBS}_2 = 0.077$，$\text{IBS}_3 = -0.042$，$\text{IBS}_4 = 0.062$。于是，方案排序为$a_1 \succ a_2 \succ a_4 \succ a_3$。因此，$a_1$是该风险投资公司的最佳投资品牌。

PL-MULTIMOORA 法是一种基于属性值的多属性决策方法。基于属性值的多属性决策方法通过将决策矩阵中的属性值集成起来获得每个备选方案的综合值。SMART 法是最简单的一种基于属性值的多属性决策方法，它只使用算术集成算子来聚合线性标准化值，从而确定方案的排序。TOPSIS 法则是在计算每个备选方案到负理想解的距离和到正理想解的距离后，用加权平均算子计算方案综合值。然而，该方法并未考虑两种距离的相对重要性。VIKOR 法使用折中理论，根据加权算术平均集成模型计算方案的综合值，同时根据最小-最大集成算法计算的方案的单个属性后悔值，最后确定折中（或妥协）解。由于方案的综合效用值与单个属性后悔值之间存在复杂的相对关系，VIKOR 法很难确定所有备选方案的排序。此外，最终结果对方案的综合值与单个属性后悔值的相对重要度非常敏感，使得 VIKOR 法的鲁棒性较差。MOORA 和 MULTIMOORA 法通过优势理论整合了下级效用值，但优势理论具有一定的局限性，包括计算难度大、理论呈现出模糊性。PL-MULTIMOORA 法在 MULTIMOORA 法的基础上进行了理论创新，包括：①考虑到集成函数在多属性价值理论中具有不同功能，PL-MULTIMOORA 法分别使用算术平均集成、最小-最大集成和几何平均集成函数来分别构建多属性价值集成模型；②采用拓展的 Borda 法则，同时考虑三种效用值和排序，计算方案的综合值和排序，运算简单且判断法则清晰。与上述方法相比，PL-MULTIMOORA 法在属性值标准化、属性值集成函数和子排序聚合等方面具有一定的优势。为了进一步验证 PL-MULTIMORA 的可靠性，我们运用其他多属性决策方法来解决上述案例，计算结果如表 5.2 所示。

表 5.2　多种多属性决策方法得出的方案效用值及排序

排序法	效用值				排序
	a_1	a_2	a_3	a_4	
SMART [130]	0.68	0.57	0.35	0.47	$a_1 \succ a_2 \succ a_4 \succ a_3$
TOPSIS [43]	0.66	0.51	0.35	0.50	$a_1 \succ a_2 \succ a_4 \succ a_3$
VIKOR [47]	0.34,0.18	0.45,0.29	0.68,0.22	0.53,0.19	$a_1 \succ a_2 = a_4 \succ a_3$
MOORA [119]	0.55,0.06	0.48,0.10	0.39,0.12	0.46,0.07	$a_1 \succ a_2 = a_4 \succ a_3$
MULTIMOORA [65]	0.55,0.06,0.53	0.48,0.10,0.46	0.39,0.12,0.34	0.46,0.07,0.42	$a_1 \succ a_2 \succ a_4 \succ a_3$
PL-MULTIMOORA	0.43	0.08	−0.04	0.06	$a_1 \succ a_2 \succ a_4 \succ a_3$

各方法均得出方案 a_2 和 a_4 的效用值接近，但不同的排序方法得出的结果有细微差异。SMART 法由于未考虑方案的最差属性值（单个属性后悔值），而得出方案 a_2 显著优于 a_4 的结论。然而，a_2 在属性 c_1 下表现极差，该极差值会降低 a_2 的整体表现。由于妥协理论和优势理论在判断方案关系时具有一定的模糊性，因此，VIKOR 和 MOORA 法无法确定方案 a_2 与 a_4 的占优关系。算术平均集成算子和几何平均集成算子虽然得出的方案综合值之间的差异不一致，但得出的方案排序是一致的。不难发现，基于方案排序的优势理论得出的方案排序总是与算术平均集成算子和几何平均集成算子导出的排序一致。那么，最小-最大集成算子在 MULTIMOORA 中的作用失效。PL-MULTIMOORA 法将拓展的 Borda 法则作为融合方法替换了原始 MULTIMOORA 法中的优势理论，同时考虑了方案的效用值及排序关系，确保了结果的鲁棒性。

第 6 章　基于概率语言信息的 DNMA 方法

基于属性值的不同形式的多属性决策方法的主要区别在于属性值的标准化方法和属性值的集成函数。常用的标准化方法有线性标准化和向量标准化。常用的集成算法有算术平均、几何平均和最小-最大法。Jahan 和 Edwards[131]指出，在多属性决策中使用不同的标准化方法可能得出不同的决策结果，选择合理的标准化方法至关重要。SMART[130]是一种简单的排序方法，它使用线性标准化来消除属性的维度，并使用加权平均集成算子来集成标准化属性值。MULTIMOORA 方法[65]在使用向量标准化的基础上分别采用加权平均集成算子、最大-最小算子和加权几何平均算子这三种具有不同集成特性并能反映决策者对最优方案不同要求的集成算子来求解方案的综合值。基于向量标准化和加权平均集成算子的 TOPSIS 方法[43]通过计算各备选方案与正理想解和负理想解之间的距离来确定最优解。Opricovic 和 Tzeng[118]认为，TOPSIS 方法忽略了各备选方案到正理想解的距离和到负理想解的距离之间的相对重要性，获得的最优解可能并没有最接近理想解。VIKOR 方法[47]在线性标准化的基础上采用加权平均集成算子和最小-最大算子分别刻画方案的综合值和单个属性后悔值。然而，在合并两类属性值时，VIKOR 方法没有考虑方案在不同集成算法下得到的排序，而只考虑了属性值，使得方案对集成算法的权重系数非常敏感，从而增加了决策者选择合理权重系数的难度。考虑到属性有效益型、成本型和目标型等不同类型，且决策者的期望值可能是最大值、最小值或处于中间的某个值或区间，Jahan 等[101]将线性标准化扩展为基于属性目标值的线性标准化。在此基础上，一些基于属性目标值的多属性决策方法被提出，如基于属性目标值的 TOPSIS 方法[132]、基于属性目标值的 VIKOR 方法[101]和基于属性目标值的 MULTIMOORA 方法 [133]。这些方法可以处理多种类型或目标属性值多样的多属性决策问题。上述基于属性值的多属性决策方法的异同点如表 6.1 所示。

表 6.1　基于属性值的多属性决策方法异同点

多属性决策方法	标准化方法	集成方法	信息类型	目标值类别	集成理论
SMART	线性标准化	算术平均	定量和定性	最大或最小	加性
TOPSIS	向量标准化	算术平均	定量或定性	最大或最小	与理想解距离

续表

多属性决策方法	标准化方法	集成方法	信息类型	目标值类别	集成理论
VIKOR	线性标准化	算术平均和最大-最小	定量或定性	最大或最小	与理想解距离
MULTIMOORA	向量标准化	算术平均、最大-最小和几何平均	定量或定性	最大或最小	加性
target-based TOPSIS	线性标准化	算术平均	定量	最大、最小或目标	与理想解距离
target-based VIKOR	线性标准化	算术平均和最大-最小	定量	最大、最小或目标	与理想解距离
target-based MULTIMOORA	线性标准化	算术平均、最大-最小和几何平均	定量或定性	最大、最小或目标	加性
DNMA	向量和线性标准化	算术平均、最大-最小和几何平均	定量和定性	最大、最小或目标	与理想解距离

从表 6.1 可以看出，现有多属性决策方法均只采用一种标准化方法来消除属性间的维度，其结果容易受不合适的标准化方法的影响。虽然 VIKOR、MULTIMOORA、target-based VIKOR 和 target-based MULTIMOORA 等方法用了多种集成方法计算方案的综合值，但如何对多种属性值进行有效汇总得出方案的综合排序仍是一个研究挑战。实际决策问题可能同时包含定量和定性属性，因此，决策矩阵往往同时含有定量和定性信息。决策者针对不同类型属性的目标值也不一样。

本章致力于解决同时包含定性和定量属性且属性类型包含效益型、成本型和目标型的多属性决策问题。首先，我们介绍基于属性目标值的线性标准化和向量标准化方法。基于属性目标值的线性标准化方法能度量方案在整个属性的取值区间内的比例关系，能有效处理具有不同单位的属性值，但是无法反映方案间的真实差异，而基于属性目标值的向量标准化方法具有相反的特性。其次，介绍基于这两种标准化方法的 DNMA 方法，该方法考虑基于属性目标值的两种标准化方法以及三种集成技术，获得三类次级综合属性值，并研究一种属性值和排序的聚合算法来整合方案的次级综合属性值和排序以确定方案的综合排序。

6.1　概率语言 DNMA 方法

假设一个多属性决策问题的方案集为 $A=\{a_1,a_2,\cdots,a_m\}$（$m\geqslant 2$），专家组为 $E=\{e_1,e_2,\cdots,e_q\}$（$Q\geqslant 2$），属性集为 $C=\{c_1,c_2,\cdots,c_n\}$（$n\geqslant 2$），包含 g 个定性属性 $C_1=\{c_1,c_2,\cdots,c_g\}$ 和 $n-g$ 个定量属性 $C_2=\left\{c_{g+1},c_{g+2},\cdots,c_n\right\}$，其中，属性的权重向量为 $W=(w_1,w_2,\cdots,w_n)^{\mathrm{T}}$。方案在定性属性下的取值需要专家根据知识和经验

进行评估，而在定量属性下的取值可以通过直接或间接的采集获得，且表示为具有一定量纲的数值。采用概率语言数表示定性属性的取值，即 $h_S^{ij}(p)$（$i=1,2,\cdots,m$，$j=1,2,\cdots,g$）。同时，用数值表示定量属性的取值，即 $x^{ij'}$（$i=1,2,\cdots,m$，$j'=g+1,g+2,\cdots,n$）。于是，建立以下混合决策矩阵 $D^{\text{hyb}}=\left[h_S^{ij}(p),x^{ij'}\right]_{m\times n}$。

$$D^{\text{hyb}}=\begin{bmatrix} h_S^{11}(p) & \cdots & h_S^{1g}(p) & x^{1g+1} & \cdots & x^{1n} \\ \vdots & & \vdots & \vdots & & \vdots \\ h_S^{i1}(p) & \cdots & h_S^{ig}(p) & x^{ig+1} & \cdots & x^{in} \\ \vdots & & \vdots & \vdots & & \vdots \\ h_S^{m1}(p) & \cdots & h_S^{mg}(p) & x^{mg+1} & \cdots & x^{mn} \end{bmatrix} \tag{6.1}$$

概率语言的 DNMA 方法主要由三个阶段构成：①决策矩阵标准化；②效用集成；③多效用和排序聚合。首先，分别用基于属性目标值的线性标准化和向量标准化方法对决策矩阵进行归一化。其次，对属性权重和标准化值进行调整，以实现属性之间的权衡，并通过三种集成算法对调整后的标准化值进行集成，得到三种效用值和排序。最后，应用聚合算法对三种效用值和排序进行整合，得到方案的综合效用值。图 6.1 直观地展示了 DNMA 方法的框架。

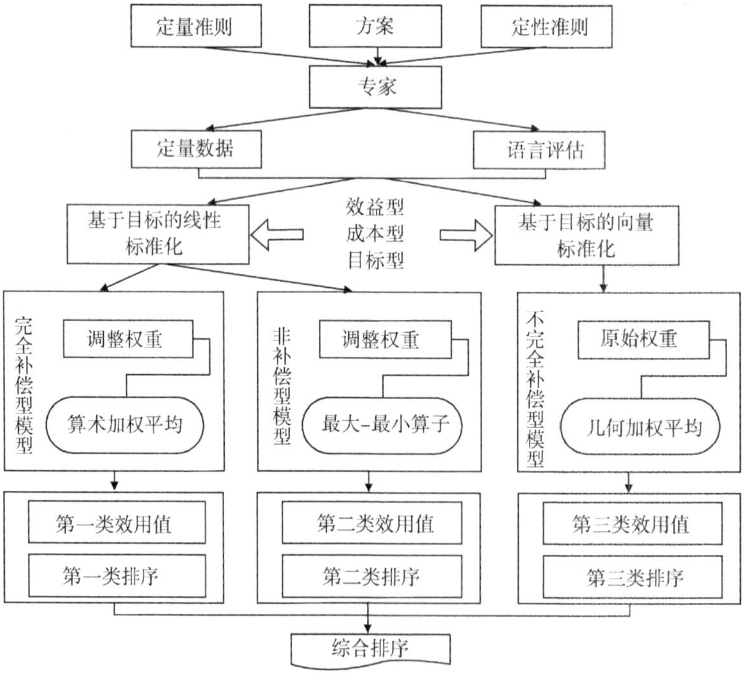

图 6.1　概率语言 DNMA 方法的框架

6.1.1　基于属性目标值的标准化方法

线性标准化的核心思想是刻画属性值在整个取值区间内所处的比例。例如，若一个值处于最大值和最小值中间，则该值对应的标准化值为 0.5。设 x^{ij} 为某效益型属性的取值。线性标准化的一般化公式可表示为

$$N^{\text{lin}}(a_{ij})=\frac{\max\limits_i x^{ij}-x^{ij}}{\max\limits_i x^{ij}-\min\limits_i x^{ij}} \tag{6.2}$$

线性标准化被应用于 VIKOR 方法和扩展的 TOPSIS 方法中。通过度量与目标值的距离，Jahan 等[101]提出了基于目标的线性标准化公式，如下所示：

$$N^{\text{lin}}(a_{ij})=1-\frac{\left|x^{ij}-r_j\right|}{\max\left\{\max\limits_i x^{ij},r_j\right\}-\min\left\{\min\limits_i x^{ij},r_j\right\}} \tag{6.3}$$

其中，r_j 为属性 c_j 下的目标值，该值一般由决策者决定。特别地，若 c_j 为效益型属性，则 $r_j=\max\limits_i x^{ij}$；若 c_j 为成本型属性，则 $r_j=\min\limits_i x^{ij}$。

为同时归一化定性和定量信息，将公式（6.3）拓展为以下形式：

$$N^{\text{lin}}(a_{ij})=1-\frac{d_{ij}}{\max\limits_i d_{ij}} \tag{6.4}$$

其中，

$$d_{ij}=\begin{cases}d\left(h_S^{ij}(p),h_S^{j*}(p)\right), & 若 j=1,2,\cdots,g\\ \left|x^{ij}-r_j\right|, & 若 j=g+1,g+2,\cdots,n\end{cases} \tag{6.5}$$

其中，$h_S^{j*}(p)$ 为一个概率语言数，表示定性属性 c_j（$j=1,2,\cdots,g$）的目标值。显然，$0\leqslant N^{\text{lin}}(a_{ij})\leqslant 1$。当 $x^{ij}=r_j$ 或 $h_S^{ij}(p)=h_S^{j*}(p)$ 时，$N^{\text{lin}}(a_{ij})=1$。当 $d_{ij}=\max\limits_t d_{tj}$ 时，$N^{\text{lin}}(a_{ij})=0$。也就是说，属性的线性标准化值存在 0（最劣值）和 1（最优值）。

基于属性目标值的线性标准化方法可以反映方案与各属性目标值之间的贴近度。此外，当一个属性具有多种可转换单位时，采用属性的不同单位可得到相同的线性标准化值。例如，长度的单位可以为米或者千米，温度可表示为摄氏度或华氏度。一般地，同一属性的单位具有线性转换关系，即

$$\phi^{ij}=\psi x^{ij}+\beta \tag{6.6}$$

其中，x^{ij} 和 ϕ^{ij} 为两个具有不同单位的属性值，ψ 和 β 为两个常数，且存在 $\psi>0$。根据公式（6.4）可得，x^{ij} 和 ϕ^{ij} 的标准化的值完全等价，即

$$\phi_N^{ij}=1-\frac{\left|\phi^{ij}-\phi_j\right|}{\max\limits_i\left|\phi^{ij}-\phi_j\right|}=\frac{\left|(\psi x^{ij}+\beta)-(\psi r_j+\beta)\right|}{\max\limits_i\left|(\psi x^{ij}+\beta)-(\psi r_j+\beta)\right|}=x_N^{ij}=N^{\mathrm{lin}}(a_{ij}) \tag{6.7}$$

其中，当属性值为ϕ^{ij}时，ϕ_j表示属性c_j的目标值。

线性标准化能表示方案的属性值在该属性的取值区间内与目标值的贴近度。然而，这种转换得到的比例关系无法反映原始属性值的取值大小。例 6.1 可以说明该问题。

例 6.1　假设有三个备选投资项目$\{a_1,a_2,a_3\}$，衡量项目优劣的属性为内部收益率c_1（单位为%，效益型）和投资回收期c_2（单位为年，成本型），二者均为定量属性，其值表示为实数。设三个项目的决策矩阵为

$$D_1=\begin{bmatrix}1 & 5\\ 6 & 5.5\\ 11 & 6\end{bmatrix}$$

根据公式（6.4）对上述矩阵进行标准化可得到线性标准化决策矩阵，即

$$D_{N1}^{\mathrm{lin}}=\begin{bmatrix}0 & 1\\ 0.5 & 0.5\\ 1 & 0\end{bmatrix}$$

假设属性权重相等，即$W=(0.5,0.5)^{\mathrm{T}}$。根据加权平均算子

$$U_i=\sum_{j=1}^{n}w_1 N^{\mathrm{lin}}(a_{ij}) \tag{6.8}$$

可得三个项目的效用值均为 0.5。也就是说，三个项目的表现一致，即$a_1\sim a_2\sim a_3$。可是，从原始决策矩阵中可以发现这两个属性的取值方差相差较大，即各属性下项目取值的差异性不一致。三个项目在第一个属性下的取值差异较大，项目a_1的投资回收率与最大投资回收率相比差很多。直观而言，决策者不会选择a_1。在属性c_2下，项目的取值差异较小。虽然a_3的投资回收期最长，但是它只比最短的投资回收期长一年，a_3在属性c_2的表现并不差。因此，决策者会更倾向于选择a_3作为投资方案，项目的排序为$a_3\succ a_2\succ a_1$。该结果与基于线性标准化后计算得出的结果不一致，说明线性标准化会在一定程度上丢失原始信息。从标准化决策矩阵可以看出，线性标准化将属性c_2下方案间的差异扩大了，其原因是线性标准化只考虑了属性值在取值区间中所占的比例，而忽略了该属性下所有取值的实际大小。

与线性标准化不同，向量标准化旨在通过与最大属性值或与所有属性值之和相比较来实现所有属性值的归一化。向量标准化被应用于经典的 TOPSIS 方法和 MULTIMOORA 方法中。常用的向量标准化可表示为

$$N^{\text{vec}}(a_{ij})=\begin{cases}x^{ij}\Big/\sqrt{\sum\limits_{i=1}^{m}\left(x^{ij}\right)^2}, & \text{当 } c_j \text{ 为效益型准则时}\\ 1-x^{ij}\Big/\sqrt{\sum\limits_{i=1}^{m}\left(x^{ij}\right)^2}, & \text{当 } c_j \text{ 为成本型准则时}\end{cases} \tag{6.9}$$

公式（6.9）中分母 $\sqrt{\sum_{i=1}^{m}\left(x^{ij}\right)^2}$ 为所有属性值的平方根。与直接将所有属性值累加作为分母相比，这种形式可以避免属性值取负值时对结果产生的影响，同时能避免分母为 0 的情况。需要指出的是，当所有属性值均大于等于 0 时，可以使用其他两种简单的向量标准化方法，即

$$N^{\text{vec}}(a_{ij})=x^{ij}\Big/\max_i(x^{ij}) \tag{6.10}$$

$$N^{\text{vec}}(a_{ij})=x^{ij}\Big/\sum_{i=1}^{m}x^{ij} \tag{6.11}$$

显然，$N^{\text{vec}}(a_{ij})\in[0,1]$。

考虑到上述向量标准化方法只能处理定量信息而无法处理定性信息，且无法处理属性的目标值不是最大值或最小值的情况，我们将公式（6.9）进行拓展，提出基于属性目标值的向量标准化公式，如下所示：

$$N^{\text{vec}}(a_{ij})=\begin{cases}1-\dfrac{\left|E\left(h_S^{ij}(p)\right)-E\left(h_S^{j^*}(p)\right)\right|}{\sqrt{\sum\limits_{i=1}^{m}\left(E\left(h_S^{ij}(p)\right)\right)^2+\left(E\left(h_S^{j^*}(p)\right)\right)^2}}, & \text{当 } j=1,2,\cdots,g \text{ 时}\\ 1-\dfrac{\left|x^{ij}-r_j\right|}{\sqrt{\sum\limits_{i=1}^{m}\left(x^{ij}\right)^2+\left(r_j\right)^2}}, & \text{当 } j=g+1,g+2,\cdots,n \text{ 时}\end{cases} \tag{6.12}$$

其中，$E\left(h_S^{ij}(p)\right)$ 为概率语言数 $h_S^{ij}(p)$ 的得分值，可通过定义 1.17 确定。

在公式（6.12）中，为分母增加一项目标值的目的是使整个式子的取值处于 0~1。由于 $\left|E\left(h_S^{ij}(p)\right)-E\left(h_S^{j^*}(p)\right)\right|\leqslant\sqrt{\sum_{i=1}^{m}\left(E\left(h_S^{ij}(p)\right)\right)^2+\left(E\left(h_S^{j^*}(p)\right)\right)^2}$ 且 $\left|x^{ij}-r_j\right|\leqslant\sqrt{\sum_{i=1}^{m}\left(x^{ij}\right)^2+\left(r_j\right)^2}$，因此，$N^{\text{vec}}(a_{ij})\in[0,1]$。

例 6.2　用向量标准化方法求解例 6.1。根据公式（6.9）对 D_1 进行标准化，可得到以下向量标准化决策矩阵。

$$D_{N1}^{\text{vec}} = \begin{bmatrix} 0.08 & 0.52 \\ 0.48 & 0.58 \\ 0.89 & 0.63 \end{bmatrix}$$

根据公式（6.8）得到向量标准化下三个项目的综合属性值分别为 0.3、0.52 和 0.75。因此，$a_3 \succ a_2 \succ a_1$。该结果符合事实。从 D_{N1}^{vec} 可以看出，向量标准化可以反映原始数值本身的差异。

向量标准化的优势正好是线性标准化的缺点，即向量标准化保留了原始数据之间的差异大小，若原始方案的属性值间差异较大，则向量标准化值差异也较大。然而，向量标准化也具有一些缺陷，包括①当同一属性取不同单位时，向量标准化可能会得出不同的标准化值。这不符合标准化的要求。令某属性的单位转换关系为 $\phi^{ij} = \psi x^{ij} + \beta$（$\psi > 0$），则当 $\beta \neq 0$ 时，存在以下不等式：

$$\phi^{ij} \Big/ \sqrt{\sum_{i=1}^{m} \left(\phi^{ij}\right)^2} = \left(\psi x^{ij} + \beta\right) \Big/ \sqrt{\sum_{i=1}^{m} \left(\psi x^{ij} + \beta\right)^2} \neq x^{ij} \Big/ \sqrt{\sum_{i=1}^{m} \left(x^{ij}\right)^2} \tag{6.13}$$

因此，向量标准化不适用于同一属性含有不同单位的决策问题。②当采用完全补偿型集成算子来计算多属性决策中方案的综合值时，向量标准化不能消除属性单位差异对结果的影响。我们用例 6.3 来说明此问题。

例 6.3　假设有 3 条生产线 $\{a_1, a_2, a_3\}$，衡量生产线的属性包括成本 c_1（单位为百万元，成本型）和产量 c_2（单位为件，效益型），其值均可定量化。假设决策矩阵为

$$D_2 = \begin{bmatrix} 43 & 1100 \\ 42 & 1050 \\ 41 & 900 \end{bmatrix}$$

根据公式（6.9），将上述决策矩阵进行向量标准化，结果为

$$D_{N2}^{\text{vec}} = \begin{bmatrix} 0.409 & 0.623 \\ 0.423 & 0.594 \\ 0.437 & 0.509 \end{bmatrix}$$

假设属性权重相等，即 $W=(0.5,0.5)^{\mathrm{T}}$。采用公式（6.8）对向量标准化的值进行集成，可得到三个项目的综合值分别为 0.515、0.505 和 0.475。同样地，利用公式（6.12）进行向量标准化，得到三个项目的综合值分别为 0.99、0.98 和 0.95。方案排序为 $a_1 \succ a_2 \succ a_3$。

为了判断结果的可靠性，采用线性标准化对上述决策矩阵进行归一化，得到如下线性标准化决策矩阵：

$$D_{N2}^{\text{lin}}=\begin{bmatrix}0 & 1\\ 0.5 & 0.75\\ 1 & 0\end{bmatrix}$$

采用加权平均算子计算三个方案的综合值，结果分别为 0.5、0.625 和 0.5。此时，方案间的偏好关系为 $a_2 \succ a_1 = a_3$。由此可见，用线性标准化方法和向量标准化方法处理同一多属性决策问题时会得出不一致的结果。接下来通过逻辑分析来判断例 6.3 的合理决策结果，并对向量标准化法和线性标准化法进行对比分析。

只从数值上看，在属性 c_1 下各方案的取值差异较小（两两方案间属性值仅差 1），而在属性 c_2 下各方案的取值差异相对较大（两两方案间属性值差异大于或等于 50）。然而，属性 c_1 的单位量级为百万，两两方案间实际属性值差异是 1 百万，比属性 c_2 下的属性值差异更大。方案 a_2 的成本处于中等水平，而产量接近于最大水平。直观上，决策者应选择 a_2 作为最优方案。由于 a_1 具有最大的成本和最大的产量，而 a_3 具有最小的成本和最小的产量，因此，在成本和产量同等重要的情况下，可认为 a_1 和 a_3 的综合表现相等。在这样的情况下，可判断 1 百万的成本与 100 的数量等价。那么，实际的方案排序为 $a_2 \succ a_1 \sim a_3$。该结果与线性标准化得出的结果一致，而与向量标准化得出的结果不一致。

事实上，向量标准化可以保留原始数据的分布，却无法考虑属性单位大小对结果的影响；线性标准化可以消除属性单位对结果的影响，却无法保留原始数据的分布。两种方法具有互补关系。仅从决策矩阵 D_2 中的数值可以看出，在属性 c_2 下方案 a_1 和 a_2 的差异大于在属性 c_1 下方案 a_1 和 a_2 的差异。向量标准化可以反映这样的差异，即 $\left|N^{\text{vec}}(a_{12})-N^{\text{vec}}(a_{22})\right|>\left|N^{\text{vec}}(a_{11})-N^{\text{vec}}(a_{21})\right|$。这样的差异符合数学逻辑，却与含有主观因素的决策问题有出入。通过三个方案的对比分析可以发现，在属性 c_2 下 a_2 与 a_1 的差异大于 a_2 与 a_3 的差异，而在属性 c_1 下 a_2 与 a_1 的差异等于 a_2 与 a_3 的差异。线性标准化将各方案值与目标值进行比较，可以反映整体方案的比例，而不是数值的大小，该过程在某些情况下符合人们的决策判断逻辑。因此，针对例 6.3，线性标准化得到的结果更符合实际，即 $\left|N^{\text{lin}}(a_{12})-N^{\text{lin}}(a_{22})\right|>\left|N^{\text{lin}}(a_{11})-N^{\text{lin}}(a_{21})\right|$。

通过上述分析，可得出以下结论。

（1）线性标准化旨在衡量方案在整个属性的取值区间下的比例关系，重在体现方案间的对比，该方法符合人们的决策逻辑。向量标准化旨在通过对方案值本身的归一化，将方案值进行同等比例的放大或缩小到 0~1。

（2）线性标准化适用于方案个数较多的定性或定量决策问题，因为当方案个数较多时，单个属性下的方案值分布具有一定的离散度。此时，最大值和最小值与其他方案的属性值具有一定差异，求方案在取值区间中的比例关系是有效的。

当方案个数较少时，在一些属性下方案的取值差异较小，即最大值与最小值的实际差异较小（即分别离决策者心中的最优与最劣值差异较大），线性标准化会扩大这样的差异，从而导致结果出现偏差。

（3）向量标准化注重对数值本身进行同等比例的放大或缩小。当一个属性有多个单位时，向量标准化会出现失效的情况。因此，向量标准化适用于解决只含有定性属性的决策问题，或者属性单位唯一的问题。

Belton 和 Gear[134]认为，属性权重的含义是度量每个属性在一个单位区间内的值，应将每个属性下的最大标准化值化为 1。为此，可根据公式（6.14），将一组线性标准化值或一组向量标准化值中的最大值归一化为 1。

$$\begin{cases}\tilde{N}^{\mathrm{lin}}(a_{ij}) = N^{\mathrm{lin}}(a_{ij}) \Big/ \max\limits_i N^{\mathrm{lin}}(a_{ij}) \\ \tilde{N}^{\mathrm{vec}}(a_{ij}) = N^{\mathrm{vec}}(a_{ij}) \Big/ \max\limits_i N^{\mathrm{vec}}(a_{ij})\end{cases} \tag{6.14}$$

6.1.2　基于属性目标值双标准化的集成算法和聚合算法

MULTIMOORA 方法虽然采用了三种不同的集成算法，但是它只用了向量标准化法来归一化决策矩阵，这会使得 MULTIMOORA 方法难以解决属性单位多样的决策问题。考虑到基于属性目标值的线性标准化和向量标准化技术具有各自的优点和局限性，本节讨论如何将两种标准化方法与不同的集成算子相结合，得到不同的效用集成模型；通过合理的组合，充分利用不同标准化和集成方法的优势，并消除单一标准化和集成方法造成的偏差。此外，引入一个新的聚合算法来整合不同集成模型得出的方案效用值和排序。

1. 效用集成算法

通过与理想解的距离来度量方案的优劣是基于属性值的多属性决策方法的核心思想。与理想解距离最近的方案即为妥协解。Duckstein 和 Opricovic[135]提出了一个测度函数来度量方案与理想解之间的距离。

$$R_{i,p} = \left\{\sum_{j=1}^{n}\left(w_j \left|v(x^{ij}) - v(r_j)\right|\right)^p\right\}^{1/p},\ 1 \leqslant p \leqslant \infty \tag{6.15}$$

其中，x^{ij} 为属性 c_j 下方案 a_i 的属性值；r_j 为属性 c_j 下的最优值；v 为属性 c_j 的边际值函数。一般地，可以将 v 看作属性值的归一化运算。w_j 为属性权重。

（1）当 $p=1$ 时，$R_{i,1}$ 为加权汉明距离测度。

$$R_{i,1} = \sum_{j=1}^{n}\left(w_j \left|v(x^{ij}) - v(r_j)\right|\right) \tag{6.16}$$

在 $R_{i,1}$ 测度中，各项 $w_j\left|v(x^{ij})-v(r_j)\right|$ 在集成中具有相同的重要度，相互之间进行均衡补偿。$R_{i,1}$ 测度被应用于 VIKOR 方法中，并通过与线性标准化方法结合构成了方案的综合效用模型。

（2）当 $p=2$ 时，$R_{i,2}$ 为加权欧氏距离测度。

$$R_{i,2}=\left\{\sum_{j=1}^{n}\left(w_j\left|v(x^{ij})-v(r_j)\right|\right)^2\right\}^{1/2} \tag{6.17}$$

在 $R_{i,2}$ 测度中，各项 $w_j\left|v(x^{ij})-v(r_j)\right|$ 在集成中具有不同的重要度，$w_j\left|v(x^{ij})-v(r_j)\right|$ 的值越大，其补偿作用越大。$R_{i,2}$ 测度被应用于 TOPSIS 方法中，并通过与向量标准化方法相结合构成了 TOPSIS 方法的集成模型。在多属性决策中，$R_{i,2}$ 测度可以被解释为较劣的属性值具有更强的重要性，因为它的取值难以被其他属性补偿。这符合一些实际决策问题的要求，如风险规避型决策者更偏向于关注方案较劣的部分。

（3）随着 p 值的增大，n 项集成对象 $w_j\left|v(x^{ij})-v(r_j)\right|$（$j=1,2,\cdots,n$）中越大的值发挥的作用也越大。特别地，当 $p=\infty$ 时，$R_{i,\infty}$ 为曼哈顿距离测度。

$$R_{i,\infty}=\max_i w_j\left|v(x^{ij})-v(r_j)\right| \tag{6.18}$$

在 $R_{i,\infty}$ 测度中，仅有集成对象 $w_j\left|v(x^{ij})-v(r_j)\right|$（$j=1,2,\cdots,n$）中的最大项 $\max\limits_i w_j\left|v(x^{ij})-v(r_j)\right|$ 发挥作用。$R_{i,\infty}$ 测度被应用于 VIKOR 方法中，并通过与线性标准化方法结合构成了单个属性后悔测度模型。该测度也被应用于 MULTIMOORA 方法中，通过与向量标准化方法结合构成了 MULTIMOORA 方法中的参考点法。在决策中，专家不希望选择一个在某个属性下表现极差的方案，$R_{i,\infty}$ 测度可帮助专家找出每个方案最劣的属性值。由于不同方案的 $R_{i,\infty}$ 测度容易出现相同的情况，在多属性决策方法中，如 VIKOR 方法和 MULTIMOORA 方法一般将 $R_{i,\infty}$ 测度与其他测度相结合来进行综合决策。

当 $1<p<\infty$ 时，$R_{i,p}$ 测度中更注重 $w_j\left|v(x^{ij})-v(r_j)\right|$ 的较大值（方案的较劣属性值）对结果的影响。考虑到决策者难以确定该测度应赋予 $w_j\left|v(x^{ij})-v(r_j)\right|$ 的较大值多大的权重，也难以确定应该赋予多大的权重 w_j 给较劣值，因此，一般选择测度 $R_{i,1}$ 和 $R_{i,\infty}$ 来构建集成模型，用 $R_{i,1}$ 来度量方案的综合表现，用 $R_{i,\infty}$ 来找出方案最劣的表现。

将测度 $R_{i,1}$ 和 $R_{i,\infty}$ 与基于属性目标值的线性标准化相结合，可以构造完全补偿型模型［公式（6.19）］和非补偿型模型［公式（6.20）］两种效用集成模型。

$$\mathrm{CCM}(a_i)=\sum_{j=1}^{n}\left(w_j\frac{N^{\mathrm{lin}}(a_{ij})}{\max\limits_i N^{\mathrm{lin}}(a_{ij})}\right)\tag{6.19}$$

$$\mathrm{UCM}(a_i)=\max_j\left(w_j\left(1-\frac{N^{\mathrm{lin}}(a_{ij})}{\max\limits_i N^{\mathrm{lin}}(a_{ij})}\right)\right)\tag{6.20}$$

其中，$N^{\mathrm{lin}}(a_{ij})$为方案的评估值$h_S^{ij}(p)$或x^{ij}的基于属性目标值的线性标准化值。公式（6.3）中算子$\left|x^{ij}-r_j\right|/\max(\left|x^{ij}-r_j\right|)$相当于$R_{i,1}$测度中的算子$\left|v(x^{ij})-v(r_j)\right|$，而公式（6.4）中用 1 减去该项的目的是将其转换为增函数，即属性值越优，标准化值越大，使得公式（6.17）中集成后的效用值越大。$\mathrm{CCM}(a_i)$值越大，方案越优。于是，可以获得方案的第一类排序R_{CCM}，称为完全补偿型排序。

$$R_{\mathrm{CCM}}=\{r_1(a_1),r_1(a_2),\cdots,r_1(a_m)\}\tag{6.21}$$

公式（6.20）是度量方案最差的效用值，$\mathrm{UCM}(a_i)$值越小，方案越优。于是，可以获得方案的第二类排序R_{UCM}，称为非补偿型排序。

$$R_{\mathrm{UCM}}=\{r_2(a_1),r_2(a_2),\cdots,r_2(a_m)\}\tag{6.22}$$

注 6.1　这里用 Besson 排名规则[62]来表示R_{CCM}和R_{UCM}中的方案排序关系。假设只有方案a_i排在第 u 个位置，那么a_i的 Besson 排名为$r(a_i)=u$。假设a_i和a_t同时排在第 u 个位置，那么a_i和a_t具有相同的 Besson 排名，即$r(a_i)=r(a_t)=(u+(u+1))/2\ \ =u+0.5$。例如，$a_1$偏好于$a_2$，$a_2$与$a_3$为无差异关系，则三个方案的 Besson 排名分别为$r(a_1)=1$和$r(a_2)=r(a_3)=2.5$。

公式（6.19）为完全补偿型算子，方案的较差属性值可以完全被较好的属性值补偿。公式（6.20）为非补偿型算子，方案的较差属性值不能被较好的属性值同等程度地补偿。该模型只考察方案在所有属性下表现最差的部分，当某方案最差的属性值都不差时，该方案的所有属性值均不差。该模型一般用来帮助决策者做决策，使得选择的方案的所有属性值均在可接受的范围内。

完全补偿型算子允许选择出的方案具有极差的属性值。然而，非补偿型算子只关注方案最差的属性值，而忽略其他属性值间的补偿效应。在实际决策问题中，决策者不仅会关注方案最差的属性值，同时也允许属性值之间相互补偿。也就是说，决策者会倾向于不完全补偿的集成方法。例如，有两个方案a_1和a_2，存在$\mathrm{CCM}(a_1)=\mathrm{CCM}(a_2)$，其中一个方案在一些属性下表现较差而在另一些属性下表现较好，而另一个方案在所用属性下的表现都一般。由于选择a_2会比选择a_1带来的风险更小，决策者会更倾向于选择方案a_2。加权几何平均算子是一种典型的不完全补偿型集成算子。0 值会使得整个加权几何平均算子的结果变为 0，该数学性质不满足决策中属性值相互补偿的要求。因此，在使用加权几何平均算子集成时应尽量避免 0 值的出现。向量标准化值恰好极少存在 0 值的情况，而每个属性下的线性标准化值却都包含 0 值。因此，用向量标准化与加权几何平均算子组合来构建不完全补偿型集成算法是合适的，如下所示：

$$\mathrm{ICM}(a_i)=\prod_j\left(\frac{N^{\mathrm{vec}}(a_{ij})}{\max\limits_i N^{\mathrm{vec}}(a_{ij})}\right)^{w_j} \tag{6.23}$$

当属性权重作为系数时，属性权重在几何平均集成算子中的作用失效。于是，公式（6.23）中将属性权重作为指数。不完全补偿型属性值 $\mathrm{ICM}(a_i)$ 越大，方案越优，从而得到方案的第三类排序 R_{ICM}，称为不完全补偿型排序。

$$R_{\mathrm{ICM}}=\{r_3(a_1),r_3(a_2),\cdots,r_3(a_m)\} \tag{6.24}$$

完全补偿型集成算法、非补偿型集成算法和不完全补偿型集成算法能表示决策者在方案选择时不考虑风险（可容忍极差值）、风险规避（厌恶极差值）和风险中立（偏好折中方案）等不同偏好，且融合了线性标准化和向量标准化两种方法。

2. 效用和排序聚合方法

与 PL-MULTIMOORA 法相似，在获取三种效用值和排序后，需要将其进行融合得到方案的综合值，并选择出最优方案或得出方案排序。将三种属性值集成算法看作三种属性，即完全补偿型集成算法（CCM，T_1）、非补偿型集成算法（UCM，T_2）和不完全补偿型集成算法（ICM，T_3）。每个方案 a_i 有两种不同的取值，包括效用值 $u_y(a_i)$（$u_y(a_i)$，$y=1,2,3$，分别表示 $\mathrm{CCM}(a_i)$、$\mathrm{UCM}(a_i)$ 和 $\mathrm{ICM}(a_i)$）和排序 $r_y(a_i)$（$i=1,2,\cdots,m;y=1,2,3$）。将该排序和综合值聚合问题视为一个多属性决策问题，可以构建两个决策矩阵，如下所示：

$$D(u)=\begin{bmatrix} u_1(a_1) & u_2(a_1) & u_3(a_1)\\ \vdots & \vdots & \vdots\\ u_1(a_i) & u_2(a_i) & u_3(a_i)\\ \vdots & \vdots & \vdots\\ u_1(a_m) & u_2(a_m) & u_3(a_m)\end{bmatrix},\quad D(r)=\begin{bmatrix} r_1(a_1) & r_2(a_1) & r_3(a_1)\\ \vdots & \vdots & \vdots\\ r_1(a_i) & r_2(a_i) & r_3(a_i)\\ \vdots & \vdots & \vdots\\ r_1(a_m) & r_2(a_m) & r_3(a_m)\end{bmatrix}$$

为了得到可靠性高的集成结果，需要同时考虑方案的综合值和排序，理由如下。

（1）若只考虑由三种集成模型得到的综合值，那么，最后的结果会因三种模型的相对重要性的变化而出现较大变动。例 6.4 可以用来说明只考虑综合值的局限性。

例 6.4　考虑一个包含三个方案的属性值聚合问题，其综合值矩阵为

$$D(u)=\begin{bmatrix}0.7 & 0.7 & 0.85\\ 0.6 & 0.5 & 0.8\\ 0.5 & 0.4 & 0.7\end{bmatrix}$$

其中，第一列为完全补偿型集成算法得到的综合值，对应的方案排序为 $a_1 \succ a_2 \succ a_3$；第二列为非补偿型集成算法得到的综合值，对应的方案排序为 $a_3 \succ a_2 \succ a_1$；第三列为不完全补偿型集成算法得到的综合值，对应的方案排序为 $a_1 \succ a_2 \succ a_3$。若只对方案的综合值进行集成，即 $u(a_i)=u_1(a_i)+(1-u_2(a_i))+u_3(a_i)$，则可得方案的综合效用值分别为 $u(a_1)=1.85$、$u(a_2)=1.9$ 和 $u(a_3)=1.8$，方案的占优关系为 $a_2 \succ a_1 \succ a_3$。该结果与三种集成模型得到的结果均不同。以上只考虑了三种集成算子的权重相等的情况，当三种集成算子的重要性不同时，可以为每个集成算子添加一个权重，如 $u(a_i)=w_1\times u_1(a_i)+w_2\times(1-u_2(a_i))+w_3\times u_3(a_i)$，其中 $w_1+w_2+w_3=1$。若将权重设为 w_1=0.2、$w_2=0.5$ 和 $w_3=0.3$，则 $a_2=a_3\succ a_1$。若令 w_1=0.4、$w_2=0.2$ 和 $w_3=0.4$，则 $a_1\succ a_2\succ a_3$。不难发现，聚合结果对权重的变化非常敏感。决策者往往难以确定合理的权重，这容易导致不可靠的结果。

（2）排序信息难以反映方案间的实际差异。因此，只考虑由三种集成模型得到的方案排序难以得到方案排序的准确结果。例 6.5 可以说明只考虑排序的局限性。

例 6.5　假设三个方案的综合值分别为 $\mathrm{CCM}(a_1)=0.83$、$\mathrm{CCM}(a_2)=0.85$ 和 $\mathrm{CCM}(a_3)=0.5$，它们的排序分别为 $r_1(a_1)=2$、$r_1(a_2)=1$ 和 $r_1(a_3)=3$。该排序无法反映出方案 a_1 的综合值贴近于 a_2，而与 a_3 的综合值相差较大。实际上，a_1 与 a_2 可被视为无差异关系。排名关系扩大了 a_1 与 a_2 的差异。

基于上述分析，需要同时考虑综合值和排序来构建聚合算子。其中，考虑综合值是为了反映方案间的真实差异，考虑排序是为了反映每个属性值集成算子得到的方案占优关系。为了将综合值和排序进行集成，需要对两者进行同维度化。由于综合值处于 0~1，可选择向量标准化方法对其标准化，即

$$u_y^N(a_i)=\frac{u_y(a_i)}{\max\limits_i u_y(a_i)},\quad y=1,2,3 \tag{6.25}$$

该向量标准化法可将方案的最大效用值统一化为 1。

此外，采用向量标准化方法将方案的排序进行归一化，即

$$r_y^N(a_i)=\begin{cases}\dfrac{m-r_y(a_i)+1}{m}, & y=1,3\\ \dfrac{r_y(a_i)}{m}, & y=2\end{cases} \tag{6.26}$$

由于方案的最大排序为 m，将上述标准化算子中的分母设为 m，这样可保证最大的标准化值为 1，而其他值处于 0~1。

根据标准化的效用值和标准化的排序值，提出如下聚合算子：

$$\begin{aligned}\mathrm{DN}(a_i)=&\gamma_1\times\sqrt{\varphi\left(u_1^N(a_i)\right)^2+(1-\varphi)\left(r_1^N(a_i)\right)^2}\\&-\gamma_2\times\sqrt{\varphi\left(u_2^N(a_i)\right)^2+(1-\varphi)\left(r_2^N(a_i)\right)^2}\\&+\gamma_3\times\sqrt{\varphi\left(u_3^N(a_i)\right)^2+(1-\varphi)\left(r_3^N(a_i)\right)^2}\end{aligned}\tag{6.27}$$

其中，$\mathrm{DN}(a_i)$为聚合效用值，$\mathrm{DN}(a_i)$越大，方案越优。φ为权重系数，表示效用值与排序之间的相对重要性，一般取$\varphi=0.5$。γ也是权重系数，用来表示三个集成模型的相对重要度，满足$\gamma_1+\gamma_2+\gamma_3=1$。可以根据决策者的风险态度来确定各集成模型的权重。若决策者不关注风险，而注重方案的综合表现，那么可以为完全补偿型集成算子分配较大的权重；若决策者为风险规避型，也就是说，决策者希望选择在所有属性下表现都不差的方案，则可以给非补偿型集成算子分配较大的权重；若决策者同时关注方案的综合表现和决策风险，则可以为不完全型集成算子分配较大的权重。此外，各集成算子的权重也可以根据标准化方法的相对重要性来确定。若线性标准化更适用于实际决策问题，则可以为完全补偿型集成算子和非补偿型集成算子分配较大的权重；否则，应为不完全补偿型集成算子分配较大的权重。总之，三种集成算子的权重是通过综合考虑标准化技术和专家风险偏好来确定的。

6.1.3　考虑属性间相互权衡的集成方法

在对不同属性下的值进行集成之前，应确保每个属性的取值尺度是统一的。然而，标准化过程会改变属性的单位和尺度。随着属性尺度的变化，其权重也需要进行调准，以准确反映属性之间的权衡[134]。

通过例 6.1 可知，基于属性目标值的线性标准化方法无法反映原始数据间的差异。在例 6.1 中，方案在属性c_2下的差异被线性标准化过程扩大。此时，基于原始属性权重对方案在两个属性下的标准化值进行集成时，属性c_2的权重被放大。这也是例 6.1 得出不可靠结果的主要原因。为了解决这个问题，在线性标准化之后，需要调整属性的权重。调整属性权重的基本思想是采用标准差来测量各属性下的原始数据的离散度。一般来说，标准差小表示数据间的差异小，而标准差大表示数据间的范围扩散大[136]。若一个属性下数据的标准差较小，则线性标准化过程会扩大这些数据之间的差距。因此，应该在集成过程中减少该属性的权重。

首先，求各属性下的方案评估值的标准差，如下所示：

$$\sigma_j = \begin{cases} \sqrt{\dfrac{\sum_{i=1}^{m}\left(x^{ij}\Big/\max\limits_i x^{ij} - \dfrac{1}{m}\sum_{i=1}^{m}\left(x^{ij}\Big/\max\limits_i x^{ij}\right)\right)^2}{m}}, & c_j \text{ 为定量准则} \\ \sqrt{\dfrac{\sum_{i=1}^{m}\left(E\left(h_S^{ij}(p)\right)\Big/\max\limits_i E\left(h_S^{ij}(p)\right) - \dfrac{1}{m}\sum_{i=1}^{m}\left(E\left(h_S^{ij}(p)\right)\Big/\max\limits_i E\left(h_S^{ij}(p)\right)\right)\right)^2}{m}}, & c_j \text{ 为定性准则} \end{cases} \tag{6.28}$$

综合所有属性的标准差，将各属性的权重调整系数定义为

$$w_j^{\sigma} = \sigma_j \Big/ \sum_{j=1}^{n} \sigma_j \tag{6.29}$$

令 w_j 为原始的属性权重。在集成线性标准化值时，应将属性的权重调整为

$$\tilde{w}_j = \frac{\sqrt{w_j^{\sigma} \times w_j}}{\sum_{j=1}^{n}\sqrt{w_j^{\sigma} \times w_j}} \tag{6.30}$$

其中，$\sum_{j=1}^{n}\tilde{w}_j = 1$。采用乘积的形式（$w_j^{\sigma} \times w_j$）集成原始权重和权重调整系数而非加性的形式（$w_j^{\sigma} + w_j$）的原因是，积性集成法更符合较差值与较好值的集成结果小于中等值的集成结果这一决策规律。

基于调整的属性权重和属性的标准化值，可将 PL-DNMA 方法中的前两种效用集成模型分别调整为

$$\mathrm{CCM}(a_i) = \sum_{j=1}^{n}\left(\tilde{w}_j \frac{N^{\mathrm{lin}}(a_{ij})}{\max\limits_i N^{\mathrm{lin}}(a_{ij})}\right) \tag{6.31}$$

$$\mathrm{UCM}(a_i) = \max_j\left(\tilde{w}_j\left(1 - \frac{N^{\mathrm{lin}}(a_{ij})}{\max\limits_i N^{\mathrm{lin}}(a_{ij})}\right)\right) \tag{6.32}$$

权重调整过程能够提升基于目标的线性标准化的可靠性。通过对属性权重的调整，可以弥补基于属性目标值的线性标准化丢失方案间实际差异的缺陷。决策者在使用该方法的时候可以酌情选择是否添加此步骤。若决策者希望得出一个非常精确的决策结果，且能接受烦琐的计算过程，则可选择使用该步骤；若决策者对决策结果的精度要求不高，则可忽略该步骤，确保计算过程的简单化。

为便于应用，算法 6.1 给出了 PL-DNMA 方法的计算步骤。

算法 6.1（PL-DNMA 方法）

步骤 1：（问题分析）确定待评估方案、评估属性和属性权重向量，并区分定

量属性和定性属性。邀请专家基于设定的语言术语集评价方案在各定性属性下的取值。将专家的语言评估信息转换为概率语言数 $h_S^{ij}(p)$（$i=1,2,\cdots,m$，$j=1,2,\cdots,g$）。同时，收集定量属性下方案的属性值 x^{ij}（$i=1,2,\cdots,m$，$j=g+1, g+2,\cdots,n$）。建立多属性决策矩阵 D。

步骤 2：（标准化）将属性分为效益型、成本型和目标型。根据基于属性目标值的线性标准化方法［公式（6.4）］和基于属性目标值的向量标准化方法［公式（6.12）］，分别计算方案的定量属性值和定性评估值的标准化值，将决策矩阵 D 转换为两种标准化决策矩阵，包括基于属性目标值的线性标准化矩阵 $D_N^{\text{lin}}=(N^{\text{lin}}(a_{ij}))_{m\times n}$ 和基于属性目标值的向量标准化矩阵 $D_N^{\text{vec}}=(N^{\text{vec}}(a_{ij}))_{m\times n}$。

步骤 3：（属性权重调整）根据公式（6.28）计算各属性下方案评估值的标准差 σ_j，再根据公式（6.29）计算各属性权重的调整系数 w_j^{σ}，最后根据公式（6.30）将属性的权重调整为 $\tilde{w}_j$。

步骤 4：（属性信息集成）根据公式（6.19）［或公式（6.31）］、公式（6.20）［或公式（6.32）］和公式（6.23）分别计算各方案的综合效用值，得出三种方案子排序。

步骤 5：（子排序聚合）将三种集成算法作为三种属性，根据方案的综合效用值和排序构建综合效用矩阵 $D(u)=\left[u_y(a_i)\right]_{m\times 3}$ 和排序矩阵 $D(r)=\left[r_y(a_i)\right]_{m\times 3}$。根据公式（6.25）和公式（6.26）分别将综合效用值和排序进行标准化。最后，采用公式（6.27）对标准化后的综合效用值和排序进行聚合，得到各方案的综合效用值，以确定方案排序。

6.2　案例分析

下面通过中小钢铁企业绿色生产评估案例来演示 PL-DNMA 方法的求解过程。

例 6.6　钢铁工业是中国经济发展的支柱产业。高消耗、高排放、高污染的特点使得钢铁工业成为国家节能减排的重点。钢铁企业的绿色发展对改变我国经济发展方式，解决全球气候环境问题具有重要作用。然而，受生产能力、资金和加工技术的影响，中小钢铁企业节能减排工作进展不理想。为促进钢铁企业的绿色发展和应对产能过剩，某城市政府决定淘汰部分中小钢铁企业。假设本市有七家中小钢铁企业，表示为 $A=\{a_1,a_2,\cdots,a_7\}$，政府决定以绿色发展的综合能力为标准对其进行排名。考虑到中小钢铁企业的特殊性，选择以下属性进行评价。

（1）工业废水治理和回收能力（c_1，定性属性，效益型属性，目标值为最大值）。

（2）能源管理能力（c_2，定性属性，效益型属性，目标值为最大值）：指影响节能减排的重要因素，包括人员培训、科研投入、监督机制等。

（3）煤气回收利用能力（c_3，定性属性，效益型属性，目标值为最大值）：由公司治理态度和设备技术决定。

（4）绿色研发投资占总投资比例（c_4，定量属性，目标型属性，目标值为5%）。绿色研发投资包括污水和废气处理技术开发、绿色设备开发和绿色培训成本。

（5）气体污染物年排放量（千克）（c_5，定量属性，成本型属性，目标值为最小值）：包括一氧化碳、二氧化硫和硫化氢。

（6）液体污染物年排放量（千克）（c_6，定量属性，成本型属性，目标值为最小值）：包括石油污染和有机物。

属性的权重向量为$W=(0.29,0.26,0.16,0.12,0.09,0.08)^{\mathrm{T}}$。假设上述属性相互独立。属性$c_4$的数据可以从企业直接获取，而属性$c_5$和$c_6$的数据需要通过资源环境检验获取。邀请三位专家$e_q$（$q=1,2,3$）评估企业在前三个定性属性下的优劣表现。假定三位专家的重要性一致。令语言术语集为 S={s_{-3}=非常差，s_{-2}=差，s_{-1}=较差，s_0=一般，s_1=较好，s_2=好，s_3=非常好}。每位专家根据各自的知识和经验给出相应的评估，将其评估信息转换为概率语言数，结果见表 6.2~表 6.4。

表 6.2　第一位专家给出的概率语言评估信息

	a_1	a_2	a_3	a_4
c_1	$\{s_1(0.5),s_2(0.5)\}$	$\{s_{-1}(1)\}$	$\{s_0(0.5),s_1(0.5)\}$	$\{s_1(1)\}$
c_2	$\{s_{-1}(0.8),s_0(0.2)\}$	$\{s_0(1)\}$	$\{s_0(0.5),s_1(0.5)\}$	$\{s_0(1)\}$
c_3	$\{s_2(0.8),s_3(0.2)\}$	$\{s_1(1)\}$	$\{s_{-1}(0.5),s_0(0.5)\}$	$\{s_0(1)\}$
	a_5	a_6	a_7	
c_1	$\{s_{-2}(1)\}$	$\{s_{-1}(0.5),s_0(0.5)\}$	$\{s_0(1)\}$	
c_2	$\{s_{-1}(0.5),s_0(0.5)\}$	$\{s_0(0.3),s_1(0.7)\}$	$\{s_1(1)\}$	
c_3	$\{s_{-1}(1)\}$	$\{s_1(1)\}$	$\{s_1(0.7),s_2(0.3)\}$	

表 6.3　第二位专家给出的概率语言评估信息

	a_1	a_2	a_3	a_4
c_1	$\{s_1(1)\}$	$\{s_0(1)\}$	$\{s_0(1)\}$	$\{s_1(1)\}$
c_2	$\{s_0(1)\}$	$\{s_{-1}(1)\}$	$\{s_1(1)\}$	$\{s_{-1}(1)\}$
c_3	$\{s_2(1)\}$	$\{s_2(1)\}$	$\{s_{-2}(0.4),s_{-1}(0.6)\}$	$\{s_0(1)\}$
	a_5	a_6	a_7	
c_1	$\{s_{-2}(0.5),s_{-1}(0.5)\}$	$\{s_{-1}(1)\}$	$\{s_0(0.5),s_1(0.5)\}$	
c_2	$\{s_{-1}(0.5),s_0(0.5)\}$	$\{s_0(1)\}$	$\{s_1(0.5),s_2(0.5)\}$	
c_3	$\{s_{-1}(0.7),s_0(0.3)\}$	$\{s_0(0.5),s_1(0.5)\}$	$\{s_1(0.5),s_2(0.5)\}$	

表 6.4　第三位专家给出的概率语言评估信息

	a_1	a_2	a_3	a_4
c_1	$\{s_1(0.2), s_2(0.8)\}$	$\{s_{-1}(1)\}$	$\{s_0(0.7), s_1(0.3)\}$	$\{s_1(1)\}$
c_2	$\{s_{-1}(1)\}$	$\{s_0(1)\}$	$\{s_0(0.2), s_1(0.8)\}$	$\{s_0(1)\}$
c_3	$\{s_2(0.5), s_3(0.5)\}$	$\{s_1(1)\}$	$\{s_{-1}(1)\}$	$\{s_0(1)\}$
	a_5	a_6	a_7	
c_1	$\{s_{-2}(0.5), s_{-1}(0.5)\}$	$\{s_0(1)\}$	$\{s_1(1)\}$	
c_2	$\{s_{-1}(0.5), s_0(0.5)\}$	$\{s_0(0.5), s_1(0.5)\}$	$\{s_1(0.5), s_2(0.5)\}$	
c_3	$\{s_{-1}(1)\}$	$\{s_0(0.3), s_1(0.7)\}$	$\{s_1(1)\}$	

将三位专家的评估信息进行集成，得到专家的综合评估意见，再将收集到的定量属性的数据进行整合，建立如下混合决策矩阵。

$$D=\begin{bmatrix} \{s_1(0.6),s_2(0.4)\} & \{s_{-1}(0.6),s_0(0.4)\} & \{s_2(0.8),s_3(0.2)\} & 12.9 & 113200 & 4450000 \\ \{s_{-1}(0.3),s_0(0.7)\} & \{s_{-1}(0.3),s_0(0.7)\} & \{s_1(0.7),s_2(0.3)\} & 13.3 & 312800 & 8900500 \\ \{s_0(0.7),s_1(0.3)\} & \{s_0(0.2),s_1(0.8)\} & \{s_{-2}(0.1),s_{-1}(0.7),s_0(0.2)\} & 0.8 & 582000 & 2009000 \\ \{s_1(1)\} & \{s_{-1}(0.3),s_0(0.7)\} & \{s_0(1)\} & 6.7 & 756206 & 990400 \\ \{s_{-2}(0.7),s_{-1}(0.3)\} & \{s_{-1}(0.5),s_0(0.5)\} & \{s_{-1}(0.9),s_0(0.1)\} & 2.5 & 155024 & 1680500 \\ \{s_{-1}(0.5),s_0(0.5)\} & \{s_0(0.3),s_1(0.7)\} & \{s_{-2}(0.3),s_{-1}(0.7)\} & 15 & 680150 & 7443000 \\ \{s_0(0.5),s_1(0.5)\} & \{s_1(0.7),s_2(0.3)\} & \{s_1(0.7),s_2(0.3)\} & 4.8 & 300205 & 3650000 \end{bmatrix}$$

下面采用算法 6.1 来分析该案例。以上已经给出了步骤 1，故求解过程从步骤 2 开始。

步骤 2：根据公式（6.4）和公式（6.12）分别计算决策矩阵中的定性和定量数据的基于属性目标值的线性标准化值和基于属性目标值的向量标准化值。结果分别见表 6.5 和表 6.6。

表 6.5　混合决策矩阵中基于属性目标值的线性标准化值

	c_1	c_2	c_3	c_4	c_5	c_6
a_1	1	0	1	0.21	1	0.56
a_2	0.46	0.16	0.74	0.17	0.69	0
a_3	0.65	0.75	0.11	0.58	0.27	0.87
a_4	0.87	0.16	0.37	0.83	0	1
a_5	0	0.05	0.11	0.75	0.93	0.91
a_6	0.39	0.68	0	0	0.12	0.18
a_7	0.71	1	0.74	0.98	0.71	0.66

表 6.6　混合决策矩阵中基于属性目标值的向量标准化法值

	c_1	c_2	c_3	c_4	c_5	c_6
a_1	1	0.80	1	0.69	1	0.74
a_2	0.82	0.83	0.91	0.68	0.84	0.40
a_3	0.89	0.95	0.71	0.84	0.63	0.92
a_4	0.96	0.83	0.79	0.93	0.49	1
a_5	0.68	0.80	0.71	0.90	0.97	0.95
a_6	0.80	0.94	0.67	0.61	0.55	0.51
a_7	0.91	1	0.91	0.99	0.85	0.80

步骤 3：根据公式（6.28）得到各属性的权重调整系数分别为 $w_1^\sigma = 0.14$，$w_2^\sigma = 0.10$，$w_3^\sigma = 0.15$，$w_4^\sigma = 0.22$，$w_5^\sigma = 0.20$，$w_6^\sigma = 0.20$。根据公式（6.30）调整属性的权重，得到 $\tilde{w}_1 = 0.21$，$\tilde{w}_2 = 0.17$，$\tilde{w}_3 = 0.17$，$\tilde{w}_4 = 0.17$，$\tilde{w}_5 = 0.14$，$\tilde{w}_6 = 0.13$。

步骤 4：基于上述调整权重，根据公式（6.31）和公式（6.32）分别计算各方案的完全补偿型效用值和非补偿型效用值，结果见表 6.7。同时，基于原始权重，根据公式（6.23）计算各方案的不完全补偿型效用值，结果见表 6.7。

表 6.7　考虑属性权重调整的方案综合效用值及排序

	完全补偿型		非补偿型		不完全补偿型		综合效用值	综合排名
	$\mathrm{CCM}(a_i)$	$r_1(a_i)$	$\mathrm{UCM}(a_i)$	$r_2(a_i)$	$\mathrm{ICM}(a_i)$	$r_3(a_i)$		
a_1	0.43	2	0.17	5.5	0.88	2	0.31	3
a_2	0.23	7	0.15	3	0.77	6	0.12	5
a_3	0.42	3	0.15	3	0.84	3.5	0.32	2
a_4	0.35	4	0.15	3	0.84	3.5	0.27	4
a_5	0.26	5	0.21	7	0.78	5	0.04	7
a_6	0.24	6	0.17	5.5	0.73	7	0.05	6
a_7	0.53	1	0.06	1	0.93	1	0.59	1

步骤 5：根据方案的三种综合属性值和排序，构建综合属性决策矩阵和排序矩阵，即

$$D(u) = \begin{bmatrix} 0.43 & 0.17 & 0.88 \\ 0.23 & 0.15 & 0.77 \\ 0.42 & 0.15 & 0.84 \\ 0.35 & 0.15 & 0.84 \\ 0.26 & 0.21 & 0.78 \\ 0.24 & 0.17 & 0.73 \\ 0.53 & 0.06 & 0.93 \end{bmatrix}, \quad D(r) = \begin{bmatrix} 2 & 5.5 & 2 \\ 7 & 3 & 6 \\ 3 & 3 & 3.5 \\ 4 & 3 & 3.5 \\ 5 & 7 & 5 \\ 6 & 5.5 & 7 \\ 1 & 1 & 1 \end{bmatrix}$$

根据公式（6.25）和公式（6.26）分别将 $D(u)$ 和 $D(r)$ 进行标准化，得到如下矩阵：

$$D^N(u)=\begin{bmatrix}0.81 & 0.81 & 0.91\\0.43 & 0.71 & 0.79\\0.79 & 0.71 & 0.87\\0.66 & 0.71 & 0.87\\0.49 & 1.00 & 0.80\\0.45 & 0.81 & 0.75\\1.00 & 0.29 & 1.00\end{bmatrix},\quad D^N(r)=\begin{bmatrix}0.86 & 0.79 & 0.86\\0.14 & 0.43 & 0.29\\0.71 & 0.43 & 0.64\\0.57 & 0.43 & 0.64\\0.43 & 1.00 & 0.43\\0.29 & 0.79 & 0.14\\1.00 & 0.14 & 1.00\end{bmatrix}$$

令 $\varphi=0.5$，$\gamma_1=\gamma_2=\gamma_3=1/3$。根据公式（6.27）对上述标准化矩阵中的效用值和排序进行融合，得到各方案的综合效用值，结果见表 6.7。方案排序为 $a_7 \succ a_3 \succ a_1 \succ a_4 \succ a_2 \succ a_6 \succ a_5$。方案 a_7 最优，而 a_2、a_6 和 a_5 为倒数三名，可作为淘汰对象。

若不调整属性权重，则计算结果如表 6.8 所示。方案排序为 $a_7 \succ a_3 \succ a_1 \succ a_4 \succ a_2 \sim a_6 \succ a_5$（“～”表示无差异关系）。虽然最优方案仍然是 a_7，最差三个方案仍然是 a_2、a_6 和 a_5，但方案的具体排名与考虑属性权重调整得出的结果有一些差异。通过对比表 6.7 和表 6.8 可以发现，属性权重调整对完全补偿型效用值和非补偿型效用值的影响较大，从而对各方案的最终效用值产生一定影响。

表 6.8　不考虑属性权重调整的方案综合效用值及排序

	完全补偿型		非补偿型		不完全补偿型		综合效用值	综合排名
	$CCM(a_i)$	$r_1(a_i)$	$UCM(a_i)$	$r_2(a_i)$	$ICM(a_i)$	$r_3(a_i)$		
a_1	0.61	2	0.26	6	0.88	2	0.28	3
a_2	0.38	5	0.22	4.5	0.77	6	0.12	5.5
a_3	0.56	3	0.14	2	0.84	3.5	0.36	2
a_4	0.53	4	0.22	4.5	0.84	3.5	0.23	4
a_5	0.28	7	0.29	7	0.78	5	−0.02	7
a_6	0.32	6	0.18	3	0.73	7	0.12	5.5
a_7	0.82	1	0.08	1	0.93	1	0.59	1

下面采用其他基于属性值的多属性决策方法来求解上述案例。这里选择 PL-MULTIMOORA、PL-TOPSIS 和 PL-VIKOR 方法作为代表进行分析。为了能有效地进行对比分析，在这些方法中采用与 PL-DNMA 相同的标准化方法，即基于属性目标值的线性标准化和向量标准化方法。此外，当采用基于属性目标值的线性标准化方法时，采用调整后的属性权重向量，即 $W'=(0.21,0.17,0.17,$

$0.17,0.14,0.13)^{\mathrm{T}}$。当采用基于属性目标值的向量标准化方法时，采用原始的属性权重向量，即 $W=(0.29,0.26,0.16,0.12,0.09,0.08)^{\mathrm{T}}$。

1）混合 MULTIMOORA 方法

经典 MULTIMOORA 方法无法处理同时包含数值和概率语言数的混合多属性决策问题。为此，采用基于属性目标值的向量标准化方法替换经典 MULTIMOORA 方法中的向量标准化方法。于是，经典 MULTIMOORA 方法中的三种集成模型，比率系统、参考点法和全乘模型可分别拓展为

$$\mathrm{RS}_i=\sum_{j=1}^{n}\left(w_j\, N^{\mathrm{vec}}(a_{ij})\Big/\max_i N^{\mathrm{vec}}(a_{ij})\right) \tag{6.33}$$

$$\mathrm{RP}_i=\max_j w_j\left|1-N^{\mathrm{vec}}(a_{ij})\Big/\max_i N^{\mathrm{vec}}(a_{ij})\right| \tag{6.34}$$

$$\mathrm{FMF}_i=\prod_{j=1}^{n}\left(N^{\mathrm{vec}}(a_{ij})\Big/\max_i N^{\mathrm{vec}}(a_{ij})\right)^{w_j} \tag{6.35}$$

最后，通过经典 MULTIMOORA 方法中的优势理论对上述三种集成模型导出的方案排序进行两两对比，从而得出最终的方案排序。将这种方法称为混合 MULTIMOORA 方法。由该方法分析例 6.6 得出的方案综合效用值及排序见表 6.9。混合 MULTIMOORA 方法的比率系统模型和参考点法采用了基于目标的向量标准化方法，而 PL-DNMA 方法的完全补偿型算子和非补偿型算子采用的是基于属性目标值的线性标准化方法。

表 6.9 混合 MULTIMOORA 方法得出的方案综合效用值及排序

	比率系统		参考点法		全乘模型		最终排名
	RS_i	排名	RP_i	排名	FMF_i	排名	
a_1	0.8900	2	0.0520	4.5	0.88	2	2.5
a_2	0.7884	6	0.0520	4.5	0.77	6	6
a_3	0.8498	4	0.0464	3	0.84	3.5	4
a_4	0.8563	3	0.0459	2	0.84	3.5	2.5
a_5	0.7901	5	0.0928	7	0.78	5	5
a_6	0.7471	7	0.0580	6	0.73	7	7
a_7	0.9288	1	0.0261	1	0.93	1	1

2）混合 TOPSIS 方法

现有的 TOPSIS 方法无法处理同时包含数值和概率语言数的混合多属性决策问题。原始的 TOPSIS 方法中的标准化方法是向量标准化方法，而其多数拓展形式中采用的是线性标准化技术。为此，分别采用基于属性目标值的线性标准化方

法和基于属性目标值的向量标准化方法对经典 TOPSIS 方法进行拓展，并称之为混合 TOPSIS 方法。该方法使用的集成算子如下：

$$D_i^+ = \sqrt{\sum_{j=1}^{n} \tilde{w}_j \left(N^{\text{lin}}(a_{ij}) \big/ \max_i N^{\text{lin}}(a_{ij}) - 1\right)^2} \tag{6.36}$$

$$D_i^- = \sqrt{\sum_{j=1}^{n} \tilde{w}_j \left(N^{\text{lin}}(a_{ij}) \big/ \max_i N^{\text{lin}}(a_{ij}) - 0\right)^2} \tag{6.37}$$

$$\text{RC}_i = D_i^- \big/ (D_i^+ + D_i^-) \tag{6.38}$$

其中，D_i^+ 为方案与正理想解间的距离；D_i^- 为方案与负理想解间的距离；RC_i 为方案的相对贴近度。用基于属性目标值的向量标准化值 $N^{\text{vec}}(a_{ij})$ 替换上述公式中的基于属性目标值的线性标准化值 $N^{\text{lin}}(a_{ij})$，并将调整后的权重 $\tilde{w}_j$ 替换为原始权重 w_j，得到基于属性目标值的向量标准化 TOPSIS 方法。需要指出的是，混合 TOPSIS 方法是第 4 章提出的 PL-TOPSIS Ⅱ 算法的一般形式。由混合 TOPSIS 方法分析例 6.6 得出的方案综合效用值及排序如表 6.10 所示。

表 6.10　混合 TOPSIS 方法得出的方案综合效用值及排序

		a_1	a_2	a_3	a_4	a_5	a_6	a_7
基于线性标准化的 TOPSIS	RC_i	0.58	0.40	0.53	0.53	0.45	0.30	0.77
	排名	2	6	3.5	3.5	5	7	1
基于向量标准化的 TOPSIS	RC_i	0.85	0.76	0.82	0.81	0.77	0.72	0.91
	排名	2	6	3	4	5	7	1

3）混合 VIKOR 方法

经典的 VIKOR 方法无法处理同时包含数值和概率语言数的混合多属性决策问题。VIKOR 方法是基于线性标准化的多属性决策方法。为此，采用基于属性目标值的线性标准化方法对 VIKOR 方法进行拓展，得到混合 VIKOR 方法。该方法使用的集成算子如下：

$$\text{GU}_i = \sum_{j=1}^{n} \left(\tilde{w}_j N^{\text{lin}}(a_{ij}) \big/ \max_i N^{\text{lin}}(a_{ij})\right) \tag{6.39}$$

$$\text{IR}_i = \max_j \left(\tilde{w}_j (1 - N^{\text{lin}}(a_{ij}) \big/ \max_i N^{\text{lin}}(a_{ij}))\right) \tag{6.40}$$

$$\text{CV}_i = \theta \frac{\text{GU}_i - \text{GU}^-}{\text{GU}^+ - \text{GU}^-} + (1-\theta) \frac{\text{IR}^+ - \text{IR}_i}{\text{IR}^+ - \text{IR}^-} \tag{6.41}$$

其中，GU_i 为方案综合效用值；IR_i 为单个属性后悔值；CV_i 为妥协值。$\text{GU}^+ = \max_i \text{GU}_i$，$\text{GU}^- = \min_i \text{GU}_i$，$\text{IR}^+ = \max_i \text{IR}_i$，$\text{IR}^- = \min_i \text{IR}_i$。混合 VIKOR 方法中

的综合效用函数与单个属性的后悔值函数分别对应PL-DNMA方法的完全补偿型算子和非补偿型算子。混合VIKOR方法为第5章提出的PL-VIKOR Ⅰ算法的一般形式。由混合VIKOR方法分析例6.6得出的方案综合效用值及排序见表6.11。

表6.11　混合VIKOR方法得出的方案综合效用值及排序

	综合效用值	单个属性后悔值	$\theta=0.3$		$\theta=0.5$		$\theta=0.7$	
			CV_i	排名	CV_i	排名	CV_i	排名
a_1	0.43	0.17	0.38	4	0.47	3	0.55	3
a_2	0.23	0.15	0.31	5	0.22	5	0.13	5
a_3	0.42	0.15	0.49	2	0.53	2	0.58	2
a_4	0.35	0.15	0.43	3	0.43	4	0.42	4
a_5	0.26	0.21	0.04	7	0.06	7	0.09	7
a_6	0.24	0.17	0.20	6	0.15	6	0.11	6
a_7	0.53	0.06	1.00	1	1.00	1	1.00	1

4）对比分析

与PL-DNMA方法得出的结果相似，上述三种方法均得出a_7为最优方案。从方法的构造上来说，PL-DNMA法与混合MULTIMOORA方法的相似之处在于它们均采用了三种集成算法，包括算术加权平均算子、最小-最大算子和几何加权平均算子；不同之处在于混合MULTIMOORA方法仅将向量标准化方法与这三种集成算子相结合得出三种效用集成模型，而PL-DNMA方法考虑了线性标准化和向量标准化，并将两种标准化技术与三种集成算子进行了结合。此外，混合MULTIMOORA方法是采用优势理论对方案的子排序进行融合，而PL-DNMA方法采用一种同时考虑了方案的综合效用值和排序的聚合算法。从结果上分析，混合MULTIMOORA方法得出的方案a_2的三种综合效用值分别为$RS_2=0.7884$、$RP_2=0.0520$和$FMF_2=0.77$，对应的三类排名分别为$r_{RS}(a_2)=6$、$r_{RP}(a_2)=4.5$和$r_{FMF}(a_2)=6$。对于方案a_5，其综合效用值分别为$RS_5=0.7901$、$RP_5=0.0928$和$FMF_5=0.78$，对应的排名分别为$r_{RS}(a_5)=5$、$r_{RP}(a_5)=7$和$r_{FMF}(a_5)=5$。根据混合MULTIMOORA方法中的优势理论，对方案a_2和a_5的三种排序进行对比分析，得到其综合排名分别为$r_2=6$和$r_5=5$，即a_5优于a_2。然而，方案a_2和a_5在比率系统和全乘模型下的综合效用值十分接近，但其参考点效用值相差较大（a_2优于a_5）。综合考虑效用值的差异，可以直观地判断出a_2优于a_5。也就是说，混合MULTIMOORA方法在聚合过程中只考虑方案的排序，导致信息丢失（方案间的差异弱化），从而得出不可靠的结果。PL-DNMA方法弥补了这一缺陷，得出了与实际情况一致的结果，即a_2优于a_5。

PL-DNMA方法与混合TOPSIS方法在标准化技术与集成算法方面均不一致。

混合 TOPSIS 方法仅考虑了一种标准化方法，且其集成算法仅为加权欧氏距离。从方法的应用结果上分析，混合 TOPSIS 方法得出方案 a_1 优于 a_3。方案 a_1 与 a_3 的综合效用值相似，而 a_1 在属性 c_2 上表现很差，a_3 在所有属性上均无很差的表现。因此，人们会倾向于选择 a_3。产生这种与直觉不一致结果的主要原因是混合 TOPSIS 方法忽略了方案极差值对结果的影响。混合 TOPSIS 方法得出的结果与 PL-DNMA 方法中的完全补偿型算法和不完全补偿型算法得出的结果相似。但 PL-DNMA 方法进一步考虑了方案属性值间的不可补偿性。PL-DNMA 方法得出方案 a_3 优于 a_1，与直观判断吻合。

PL-DNMA 方法的完全补偿型集成模型与非补偿型集成模型分别和混合 VIKOR 方法的综合效用模型与单个属性后悔模型一一对应，均将线性标准化方法与算术加权平均算子相结合，以及将线性标准化方法与最小-最大算子相结合。然而，PL-DNMA 方法包含了不完全补偿型集成模型，该模型由向量标准化和积性加权平均算子构成，能在一定程度上弥补线性标准化的缺陷以及满足决策者风险规避的心理。此外，混合 VIKOR 方法采用妥协分析原则来判断妥协解，该方法虽然能找出妥协解，但是难以判断所有方案的偏好关系。PL-DNMA 方法采用聚合算子将方案的效用值和排序进行综合，能快速地得出方案的最终排序，且结果的鲁棒性更强。

基于以上分析可知，PL-DNMA 方法与其他同类型的基于属性价值的多属性决策方法相比，在适用范围、过程清晰程度、结果明确程度及结果可靠性等方面具有明显优势。例 6.7 进一步说明了 PL-DNMA 方法的实用性。

例 6.7　浅埋隧道的深度较浅，一般小于 50 米。浅埋隧道的开挖方法多种多样，性质各异，不同的方法适用于不同情况的浅埋隧道。不恰当地使用开挖方案容易导致重大事故发生，如张集铁路旧堡隧道的变形和郑西客运专线南山隧道的滑坡[137]。选择合适的开挖方案是浅埋隧道施工成功的关键。某地区有一个公路隧道建设项目，这条隧道的埋深为 5~20 米，属于浅埋隧道。围岩为风化灰岩，单轴抗压强度为 43 兆帕，岩体完整性系数为 0.36。根据这些性质，该围岩被确定为第 1 类。该隧道可采用四种开挖方案，包括交叉中隔墙法（a_1）、中心对流层法（a_2）、三台阶七步开挖法（a_3）和双侧壁导坑工法（a_4）。这四种开挖方案的优缺点见表 6.12。

表 6.12　四种挖掘方法的优缺点分析

	挖掘方法解释	优势	劣势
a_1	隧道段分为上、中、下三个台阶，台阶之间留有一定的距离进行开挖和支护	地面沉降小，闭合时间短	工艺复杂，速度慢，成本高

续表

	挖掘方法解释	优势	劣势
a_2	隧道段从中间分为左右两段，每段开挖支护后形成独立的封闭单元	闭合时间短	拆卸困难；工艺复杂
a_3	隧道段分为上、下、左、右四部分，每一部分均由临时支护和仰拱及时封闭	工作面稳定性；过程简要	机械不灵活；大地面沉降
a_4	隧道段由两道中墙构成，分为左、中、右三个小断面	施工安全；地面沉降小	地段封闭困难，工期长

为选择合适的隧道施工方案，采用五个属性对上述方案的性能进行评估，包括工程造价（c_1）、施工速度（c_2）、施工安全（c_3）、地面沉降（c_4）和技术熟练（c_5）。地面沉降指在实施一定的开挖方案时地面沉降的严重程度。技术熟练程度指项目组对开挖方案的熟练程度。假设所有的属性相互独立。属性的权重向量为 $W=(0.25,0.15,0.1,0.4,0.1)^{\mathrm{T}}$。$c_1$ 和 c_4 为成本型属性，而 c_2、c_3 和 c_5 为效益型属性。c_2、c_3、c_4 和 c_5 为定性属性。虽然 c_1 为定量属性，但其数据难以收集，仍需要专家评价各施工方案在 c_1 下的表现情况。邀请三名隧道挖掘工程师对四种挖掘方案的性能进行评估，其权重分别为 $\gamma^{(1)}=0.4$、$\gamma^{(2)}=0.3$ 和 $\gamma^{(3)}=0.3$。评价属性 c_1、c_3 和 c_5 时使用的语言术语集为 S_1={s_{-3}=非常低，s_{-2}=低，s_{-1}=稍微低，s_0=中等，s_1=稍微高，s_2=高，s_3=非常高}；评价属性 c_2 时使用的语言术语集为 S_2={s_{-3}=极其慢，s_{-2}=慢，s_{-1}=有点慢，s_0=一般，s_1=有点快，s_2=快，s_3=极其快}；评价属性 c_4 时使用的语言术语集为 S_3={s_{-3}=非常小，s_{-2}=小，s_{-1}=有点小，s_0=中等，s_1=有点大，s_2=大，s_3=非常大}。三名隧道开挖工程师给出的评估结果分别见以下三个矩阵：

$$D^{(1)}=\begin{bmatrix} \{s_2(0.7),s_3(0.3)\} & \{s_{-2}(0.8),s_{-1}(0.2)\} & \{s_1(1)\} & \{s_{-3}(1)\} & \{s_1(0.5),s_2(0.5)\} \\ \{s_0(1)\} & \{s_0(1)\} & \{s_{-1}(1)\} & \{s_{-2}(1)\} & \{s_0(1)\} \\ \{s_{-2}(0.5),s_{-1}(0.5)\} & \{s_2(0.5),s_3(0.5)\} & \{s_{-1}(0.3),s_0(0.7)\} & \{s_2(0.8),s_3(0.2)\} & \{s_0(1)\} \\ \{s_3(1)\} & \{s_{-3}(0.6),s_{-2}(0.4)\} & \{s_1(0.5),s_2(0.5)\} & \{s_{-1}(0.5),s_0(0.5)\} & \{s_{-1}(0.5),s_0(0.5)\} \end{bmatrix}$$

$$D^{(2)}=\begin{bmatrix} \{s_2(0.5),s_3(0.5)\} & \{s_{-2}(1)\} & \{s_1(0.5),s_2(0.5)\} & \{s_{-3}(1)\} & \{s_1(1)\} \\ \{s_0(0.4),s_1(0.6)\} & \{s_0(0.7),s_1(0.3)\} & \{s_{-1}(1)\} & \{s_{-2}(0.5),s_{-1}(0.5)\} & \{s_0(1)\} \\ \{s_{-2}(1)\} & \{s_2(0.5),s_3(0.5)\} & \{s_0(1)\} & \{s_2(0.6),s_3(0.4)\} & \{s_0(0.5),s_1(0.5)\} \\ \{s_3(1)\} & \{s_{-2}(1)\} & \{s_2(1)\} & \{s_{-1}(0.5),s_0(0.5)\} & \{s_{-1}(1)\} \end{bmatrix}$$

$$D^{(3)}=\begin{bmatrix} \{s_2(1)\} & \{s_{-2}(1)\} & \{s_1(0.7),s_2(0.3)\} & \{s_{-3}(1)\} & \{s_1(2)\} \\ \{s_0(0.5),s_1(0.5)\} & \{s_0(1)\} & \{s_{-1}(1)\} & \{s_{-2}(1)\} & \{s_{-1}(0.5),s_0(0.5)\} \\ \{s_{-2}(1)\} & \{s_3(1)\} & \{s_0(1)\} & \{s_2(0.5),s_3(0.5)\} & \{s_0(0.2),s_1(0.8)\} \\ \{s_2(0.5),s_3(0.5)\} & \{s_{-3}(0.8),s_{-2}(0.2)\} & \{s_2(1)\} & \{s_{-1}(0.2),s_0(0.8)\} & \{s_{-1}(0.5),s_0(0.5)\} \end{bmatrix}$$

将专家给出的评估值进行集成，得到专家的综合评估意见，从而构建如下决策矩阵：

$$D=\begin{bmatrix}\{s_2(0.7),s_3(0.3)\} & \{s_{-2}(0.9),s_{-1}(0.1)\} & \{s_1(0.8),s_2(0.2)\} & \{s_{-3}(1)\} & \{s_1(0.8),s_2(0.2)\}\\ \{s_0(0.7),s_1(0.3)\} & \{s_0(0.9),s_1(0.1)\} & \{s_{-1}(1)\} & \{s_{-2}(0.8),s_{-1}(0.2)\} & \{s_{-1}(0.2),s_0(0.8)\}\\ \{s_{-2}(0.8),s_{-1}(0.2)\} & \{s_2(0.4),s_3(0.6)\} & \{s_{-1}(0.1),s_0(0.9)\} & \{s_2(0.6),s_3(0.4)\} & \{s_0(0.6),s_1(0.4)\}\\ \{s_2(0.2),s_3(0.8)\} & \{s_{-3}(0.5),s_{-2}(0.5)\} & \{s_1(0.2),s_2(0.8)\} & \{s_{-1}(0.4),s_0(0.6)\} & \{s_{-1}(0.6),s_0(0.4)\}\end{bmatrix}$$

调准后的属性权重向量为$W'=(0.24,0.20,0.13,0.32,0.11)^{\mathrm{T}}$。令三种属性值集成模型的权重分别为$\gamma_1=0.3$、$\gamma_2=0.3$和$\gamma_3=0.4$。由 PL-DNMA 方法分析例 6.7 得出的方案综合效用值及排序见表 6.13。

表 6.13　PL-DNMA 方法得出的方案综合效用值及排序

	完全补偿型		非补偿型		不完全补偿型		综合效用值	综合排名
	$\mathrm{CCM}(a_i)$	$r_1(a_i)$	$\mathrm{UCM}(a_i)$	$r_2(a_i)$	$\mathrm{ICM}(a_i)$	$r_3(a_i)$		
a_1	0.58	1	0.21	2	0.76	1	0.52	1
a_2	0.55	2	0.13	1	0.69	2	0.49	2
a_3	0.54	3	0.32	4	0.47	4	0.11	4
a_4	0.30	4	0.24	3	0.57	3	0.15	3

方案间的占优关系为$a_1\succ a_2\succ a_4\succ a_3$。因此，$a_1$是隧道建设工程的最优开挖方案。

接着，分别用 PL-MULTIMOORA 方法、PL-TOPSIS 方法和 PL-VIKOR 方法来求解例 6.7。计算结果汇总在表 6.14 中。

从表 6.14 可以看出，除 PL-VIKOR 方法外，所有方法均推导出 a_1 为隧道建设工程的最优开挖方案。PL-VIKOR 方法得出的结果对综合效用值和单个属性后悔值的相对重要度非常敏感。分别基于两种标准化值的扩展 PL-TOPSIS 方法得到的结果不同。这表明，两种标准化方法在实际应用中可能会产生不同的结果。因此，考虑多种标准化方法可以增强结果的可靠性。PL-MULTIMOORA 方法和 PL-DNMA 方法得到的方案排序结果是相同的。由于 PL-TOPSIS 方法忽略了方案的最劣表现，其得出方案 a_3 不劣于 a_4，这与实际情况是不相符的。虽然 a_3 与 a_4 的综合表现值相似，但是 a_3 在权重较大的属性 c_4 下的表现差，而 a_4 在所有属性下的表现均没有太差。因此，实际上 a_4 优于 a_3。基于以上分析可知，由 PL-DNMA 方法得出的结果是可靠的。

接下来，用皮尔逊相关系数来分析不同多属性决策方法处理上述案例时得出的方案排序结果之间的相似性和差异，从而说明各多属性决策方法处理实际决策问题的可靠性。皮尔逊相关系数的取值范围为$[-1,1]$。①当两集合的皮尔逊相关系数大于 0 时，说明两集合之间呈正相关关系；②当两集合的皮尔逊相关系数小于 0 时，说明两集合之间呈负相关关系；③当两集合的皮尔逊相关系数等于 0 时，说明两集合之间无相关关系。在处理两个方案排序集之间的相关性时，皮尔逊相

表 6.14　不同多属性决策法得出的方案综合效用值及排序

	PL-TOPSIS（线性标准化）		PL-TOPSIS（向量标准化）		PL-VIKOR（$\theta=0.3$）				PL-MULTIMOORA				PL-DNMA	
	RC_i	排名	RC_i	排名	GU_i	IR_i	CV_i	排名	RS_i	RP_i	FMF_i	排名	ND_i	排名
a_1	0.55	1	0.63	1	0.58	0.21	0.69	2	0.80	0.12	0.76	1	0.52	1
a_2	0.54	2	0.53	2	0.55	0.13	0.97	1	0.70	0.15	0.69	2	0.49	2
a_3	0.52	3	0.40	3.5	0.54	0.32	0.26	4	0.63	0.33	0.47	4	0.11	4
a_4	0.37	4	0.40	3.5	0.30	0.24	0.30	3	0.59	0.16	0.57	3	0.15	3

关系数越大，说明两个排序集越相似。图 6.2 呈现了例 6.6 中 PL-DNMA 方法得出的方案排序集与其他三种经典的基于效用理论的多属性决策方法得出的方案排序集之间的皮尔逊相关系数。其中，混合 VIKOR 方法中方案的综合效用值与单个属性的后悔值之间的相对重要度分别为三种代表性值，即 $\theta = 0.3$（更看重个体后悔值）、$\theta = 0.5$（群体效用值与个体后悔值同等重要）和 $\theta = 0.7$（更看重群体效用值）。本章也分析了考虑线性标准化方法和考虑向量标准化方法的混合 TOPSIS 方法。当 $\theta = 0.5$ 和 $\theta = 0.7$ 时，混合 VIKOR 方法得出的方案排序与 PL-DNMA 方法得出的方案排序集完全一致，即皮尔逊相关系数为 1.00。而 PL-DNMA 方法得出的排序集与混合 MULTIMOORA 方法得出的排序集的相似度最低，皮尔逊相关系数为 0.77。PL-DNMA 方法得出的方案排序集与其他方法得出的方案排序集之间的平均皮尔逊相关系数为 0.9，是所有方法的平均皮尔逊相关系数中最大的一个。也就是说，PL-DNMA 方法得出的排序结果与其他方法得出的排序结果的相似度最高。这说明了 PL-DNMA 方法处理实际决策问题的可靠性。

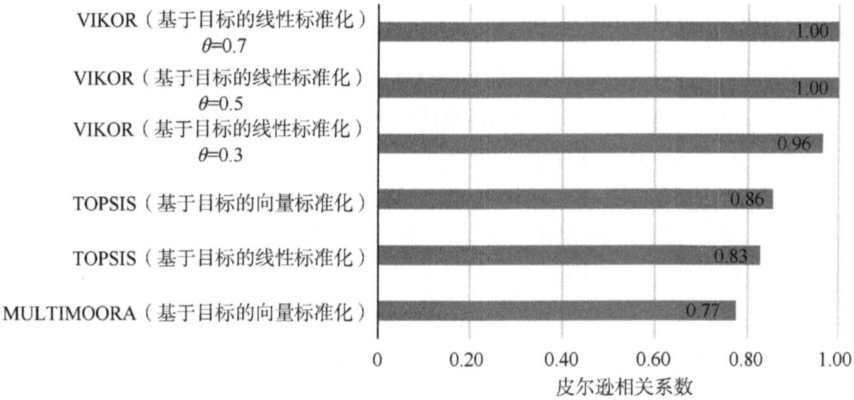

图 6.2　PL-DNMA 方法导出的方案排序与其他方法导出的排序的皮尔逊相关性分析（例 6.6）

图 6.3 呈现了例 6.7 中 PL-DNMA 方法得出的方案排序集与其他三种方法得出的方案排序集之间的皮尔逊相关系数。PL-DNMA 方法得出的排序集与混合 MULTIMOORA 方法得出的排序集完全一致，而与混合 VIKOR 和混合 TOPSIS 方法得出的结果相似性最低（皮尔逊相关系数为 0.80）。该相似性关系与例 6.6 中的相似性关系并不一致，说明不同的方法适用于不同的决策问题。针对例 6.7，PL-DNMA 方法得出的方案排序集与其他方法得出的方案排序集之间的平均皮尔逊相关系数仍然是最高的。这进一步说明了 PL-DNMA 方法的可靠性及灵活性。

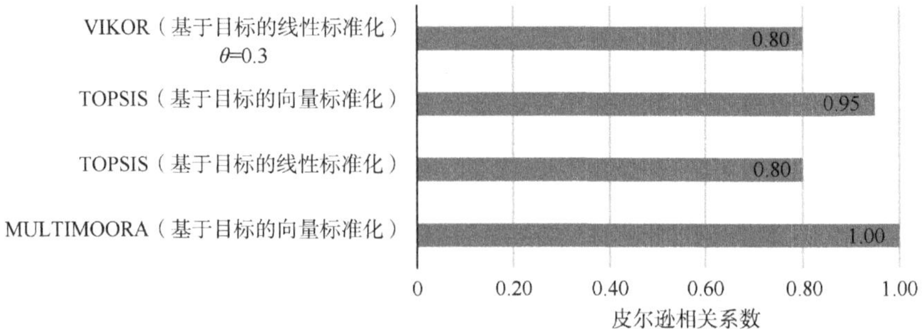

图 6.3　PL-DNMA 方法导出的方案排序与其他方法导出的排序的皮尔逊相关性分析（例 6.7）

综上所述，线性标准化法和向量标准化法具有不同的优缺点，且其优缺点具有互补关系。当采用两种标准化方法时，对于决策矩阵，如果基于目标的线性标准化法得到的结果明显不同于基于目标的向量标准化法得出的结果，应该进一步分析两种标准化方法对矩阵的适用性，可以为合适的标准化方法分配更高的权重。如果只考虑一种标准化方法，那么，因标准化方法不适用于某决策问题而导致最终结果可靠性低的风险将大大增加。此外，使用基于权重调整方法的线性标准化方法同时适用于定性和定量属性，而向量标准化法不适用于具有不同单位的属性。因此，线性标准化方法具有更广泛的应用范围。这是它被广泛应用于多属性决策方法的原因。与其他基于属性值的多属性决策方法相比，PL-DNMA 方法可以同时处理定量和定性属性，以及效益型、成本型和含有目标值的属性。此外，PL-DNMA 方法使用了两种标准化方法，增强了结果的可靠性，在线性标准化后，进行了属性之间的权衡。然而，大多数排序方法都忽略了标准化后决策矩阵会发生变化的问题。使用三种集成算子也提高了 PL-DNMA 的可靠性。在推导方案的综合效用值时，聚合算法同时考虑了由不同集成算法得出的综合效用值和方案排序关系，避免了单一考虑方案子排序的缺陷，并避免了单一考虑综合效用值的不足。在 PL-DNMA 方法中，专家可以灵活地用语言术语进行评估，决策者也可以调整集成算法的权重，以反映他们对较差属性表现的风险容忍态度。

第 7 章　概率语言环境下的属性权重确定方法

在多属性决策问题中，不同属性可能拥有不同的权重，而使用不同的权重向量可能导致不同的决策结果。属性权重的本质是属性之间的权衡系数，用以表示决策者对属性的偏好程度（即属性的相对重要性）或属性的尺度调整系数（即一个单位表示的值）。在理想情况下，通常假设属性权重完全已知。由于实际问题的复杂性以及决策者认知有限，决策者往往难以直接判断属性权重，使得属性权重可能完全未知。因此，通过数学方法正确计算属性权重具有重要意义。基于属性值的多属性决策方法中的一个重要组成部分是属性权重的确定。

本章主要介绍概率语言环境下的属性权重确定方法。首先，介绍两种基于多目标优化的概率语言客观赋权法——概率语言多目标优化法 I 和概率语言多目标优化法 III。这两种赋权法在概率语言数的运算上存在一些不足。为此，采用基于语言标度函数的概率语言距离测度对上述方法进行改进，给出概率语言多目标优化法 II 和概率语言多目标优化法 IV。其次，介绍一种概率语言组合权重确定法，该方法由概率语言主观赋权法——PL-MAHP 法和基于属性关联度的客观赋权法构成，并通过加权几何算子将两种赋权法得到的权重向量进行集成，从而得到组合属性权重向量。

7.1　基于多目标优化的概率语言客观赋权法

属性权重确定方法主要可分为三类：①主观赋权法；②客观赋权法；③组合赋权法。主观赋权法是根据决策者对属性的偏好强度来确定其权重，即决策者首先对属性的重要性进行评价，再通过数学方法将评价值转换为权重系数。由于重要度是一个抽象概念，人们往往难以直接判断某一属性的重要度大小。通过属性间的两两对比是判断重要性的简单且直观的方式。AHP 法能有效地刻画决策问题中两两比较的评估值，它是使用最广泛的主观赋权法。Xie 等[78]提出了概率语言环境下的 AHP 方法，重点考虑了概率语言判断矩阵（即基于两两对比的概率语言评估值组成的矩阵）中的一致性检验问题。然而，AHP 自提出以来一直备受争议。其使用的 1/9-9 评估标度不具备传递性。假设属性 c_1 比属性 c_2 稍微重要，用 1/9-9

标度中的 3 表示，即 $v(c_1)/v(c_2)=3$；属性 c_2 比属性 c_3 重要，用 1/9-9 标度中的 5 表示，即 $v(c_2)/v(c_3)=5$。直观而言，属性 c_1 应比属性 c_3 重要很多，即 $v(c_1)/v(c_3)=7$。然而，通过对标度的运算得到 $\left(v(c_1)/v(c_2)\right)\times\left(v(c_2)/v(c_3)\right)=3\times5=15\neq7$。为了克服这一缺陷，Lootsma[138]提出了一种基于几何尺度的 MAHP 法来提高 AHP 的合理性。Wu 等[37]将 MAHP 推广到概率语言环境下，提出了基于概率语言得分函数的概率语言 MAHP。事实上，通过两两对比进行评价的过程烦琐，决策者需要对属性进行 $n(n-1)/2$ 次对比。当属性个数较多时，专家评价的工作量极大，且烦琐的对比过程会进一步降低评估信息的一致性，从而降低评估质量。为解决此问题，Rezaei[67]对 AHP 进行了改进，提出了最好最劣法（best and worst method，BWM），该方法只要求专家分别将各属性与最优属性和最劣属性比较，减少了对比次数，也能详尽地反映专家的意见[139]。随后，Ming 等[77]提出了概率语言 BWM。

客观赋权法是根据决策矩阵中已有的信息判断属性权重，主要有以下三种方式。

（1）根据方案在各属性下的价值差异决定权重。这种方法的基本思想是单个属性下方案间的价值差异越大，方案在该属性下的区分度越大，该属性对方案的鉴别或排序所起的作用越大，则应赋予该属性较大的权重。特别地，若某属性下方案间的价值无差异，该属性无法对方案进行鉴别或排序，则应将其权重设置为 0。总之，属性的权重由属性值的差异决定，差异越大，权重越大，反之越小。常见的方法是熵权法和最大离差法。

（2）多目标优化法。该方法可以同时考虑多种因素来确定属性权重。基于 TOPSIS 的思想，Zhang 等[73]提出了概率语言多目标优化法，旨在通过对属性权重进行调整，找出与理想解最贴近的方案作为最优解。在此基础上，通过加入熵权法的思想，Zhang 等[81]提出了另一种概率语言多目标优化法来确定属性权重，该方法不仅考虑了属性值的离散度，也考虑了缩短最优解与理想解间的距离。

（3）根据属性间的关联程度来确定属性权重。在实际决策问题中，属性间可能存在因果关系或包含关系。若在不进行任何处理的情况下，直接集成具有关联关系的属性对应的价值，则具有包含关系的属性的共同决策信息将被重复集成，也就是被赋予了更大的权重。基于属性关联度的赋权法的基本思想是为综合关联性强的属性赋予较小的权重，从而减少决策信息的重复集成。Zhang 等[140]说明了采用基于属性关联度的赋权法对解决具有关联属性的决策问题的必要性。Wu 等[37]给出了概率语言环境下基于属性关联度的赋权法。

主观和客观赋权法并不是相互冲突的，而是相互补充的。主观赋权法可反映专家对属性的偏好，而客观赋权法可反映属性内部的性质。为了准确地确定属性权重，往往需要综合考虑专家偏好和属性内部性质，即采用组合赋权法。

7.1.1　概率语言多目标优化法 Ⅰ

假设一个评估信息表示为概率语言数的多属性决策问题，其决策矩阵为 $D=\left[h_S^{ij}(p)\right]_{m\times n}$。其中，$h_S^{ij}(p)=\left\{s_\alpha^{ij(l)}(p^{ij(l)})\middle|s_\alpha^{ij(l)}\in S,\sum_{l=1}^{L_{ij}}p^{ij(l)}\leqslant 1,l=1,2,\cdots,L_{ij}\right\}$ 表示方案 a_i 在属性 c_j 下的评估值。令 $\alpha^{ij(l)}$ 表示 $s_\alpha^{ij(l)}$ 的下标，在不需要特殊说明的时候简写为 α。下面介绍 Zhang 等[73]提出的基于理想解的概率语言多目标优化方法。

算法 7.1（基于理想解的概率语言多目标优化方法）

步骤 1：标准化概率语言数。首先，将决策矩阵中各概率语言数的概率之和标准化为 1（文献[73]中采用比率分配法进行标准化，这里也可以采用 1.2.2 节中介绍的其他标准化方法），得到 $\hat{h}_S^{ij}(p)=\left\{s_\alpha^{ij(l)}(\hat{p}^{ij(l)})\middle|s_\alpha^{ij(l)}\in S,\sum_{l=1}^{L_{ij}}\hat{p}^{ij(l)}=1,\ l=1,2,\cdots,L_{ij}\right\}$。其次，将所有的概率语言数 $\hat{h}_S^{ij}(p)$（$i=1,2,\cdots,m;j=1,2,\cdots,n$）中的语言术语个数调整为一致，即添加概率为 0 的语言术语到语言术语个数较少的概率语言数中，使得 $L_{ij}=L_{tk}=L$（$i,t\in 1,2,\cdots,m;j,k\in 1,2,\cdots,n$）。最后，将各概率语言数中的语言术语按照 $\alpha^{ij(l)}\times p^{ij(l)}$（$l=1,2,\cdots,L_{ij}$）由大到小的顺序排列。

步骤 2：找出决策矩阵中的正理想解 a^+。

$$a^+=\left\{\hat{h}_S^{+1},\hat{h}_S^{+2},\cdots,\hat{h}_S^{+n}\right\} \tag{7.1}$$

其中，$\hat{h}_S^{+j}=\left\{s_{\varphi_l}^+\mid s_{\varphi_l}^+\in S,l=1,2,\cdots,L\right\}$，$s_{\varphi_l}^+=s_{\max\limits_i\left\{\alpha^{ij(l)}\times p^{ij(l)}\right\}}$。

步骤 3：计算方案与正理想解间的分离度。首先，计算概率语言数之间的分离度 $d(\hat{h}_S^{ij},\hat{h}_S^{+j})$[10]。

$$d(\hat{h}_S^{ij},\hat{h}_S^{+j})=\sqrt{\frac{1}{L}\sum_{l=1}^{L}\left(\alpha^{ij(l)}\times p^{ij(l)}-\max_i(\alpha^{ij(l)}\times p^{ij(l)})\right)^2} \tag{7.2}$$

其次，计算方案与正理想解之间的分离度 $D(a_i,a^+)$。

$$D(a_i,a^+)=\sum_{j=1}^{m}w_j^2\left(d(\hat{h}_S^{ij},\hat{h}_S^{+j})\right)^2 \tag{7.3}$$

其中，w_j 表示属性 c_j 的权重，满足 $\sum_{j=1}^{n}w_j=1$。

步骤 4：基于多目标优化法估计属性权重。为找出与正理想解距离最近的方案，设计如下多目标优化模型[73]。

模型 7.1

$$\operatorname{Min} f(x)=\left(\sum_{j=1}^{n} w_j^2\left(d(\hat{h}_S^{1j},\hat{h}_S^{+j})\right)^2,\sum_{j=1}^{n} w_j^2\left(d(\hat{h}_S^{2j},\hat{h}_S^{+j})\right)^2,\cdots,\sum_{j=1}^{n} w_j^2\left(d(\hat{h}_S^{mj},\hat{h}_S^{+j})\right)^2\right)$$

$$\text{s.t. } \sum_{j=1}^{n} w_j=1,\quad w_j\geqslant 0,\quad j=1,2,\cdots,n$$

采用线性等权求和法（linear equal weighted summation method）[141]，将多目标优化模型转化为如下单目标优化模型。

模型 7.2

$$\operatorname{Min} f(x)=\sum_{i=1}^{m}\sum_{j=1}^{n} w_j^2\left(d(\hat{h}_S^{ij},\hat{h}_S^{+j})\right)^2$$

$$\text{s.t. } \sum_{j=1}^{n} w_j=1,\quad w_j\geqslant 0,\quad j=1,2,\cdots,n$$

构造拉格朗日函数求解模型 7.2，即

$$\operatorname{Lag}(w,\lambda)=\sum_{i=1}^{m}\sum_{j=1}^{n} w_j^2\left(d(\hat{h}_S^{ij},\hat{h}_S^{+j})\right)^2+2\lambda\left(\sum_{j=1}^{n} w_j+1\right) \tag{7.4}$$

其中，λ表示拉格朗日乘数。计算关于 w_j（$j=1,2,\cdots,n$）的偏导数，并将偏导数设为零，可得

$$\begin{cases}\dfrac{\partial \operatorname{Lag}(w,\lambda)}{\partial w_j}=2\sum\limits_{j=1}^{n} w_j\left(d(\hat{h}_S^{ij},\hat{h}_S^{+j})\right)^2+2\lambda=0\\[2ex] \dfrac{\partial \operatorname{Lag}(w,\lambda)}{\partial \lambda}=\sum\limits_{j=1}^{n} w_j-1=0\end{cases} \tag{7.5}$$

从而，可求出属性的权重为

$$w_j=\frac{1}{\left(\sum\limits_{j=1}^{n}\dfrac{1}{\sum\limits_{i=1}^{m}\left(d(\hat{h}_S^{ij},\hat{h}_S^{+j})^2\right)}\right)\left(\sum\limits_{i=1}^{m}\left(d(\hat{h}_S^{ij},\hat{h}_S^{+j})^2\right)\right)} \tag{7.6}$$

7.1.2　概率语言多目标优化法 II

概率语言分离度公式在度量两概率语言数之间的距离时存在不足之处，特别是其难以对语言术语与概率相乘的含义给出合理解释。为此，可根据定义 2.3 提出的概率语言距离测度替换公式（7.2），提出一种新的基于距离测度的概率语言多目标优化法，将其简称为概率语言多目标优化法 II。其计算步骤如下。

算法 7.2（基于距离测度的概率语言多目标优化方法）

步骤 1：标准化概率语言数。首先，将成本型属性下的概率语言数调整为效益型值，即 $h_S^{ij}(p)\to h_S'^{ij}(p)$，其中 $s_\alpha^{ij(l)}\to s_{-\alpha}^{ij(l)}$ 或 $s_\alpha^{ij(l)}\to s_{g-\alpha}^{ij(l)}$。例如，对于语言术语集 $S=\{s_{-2},s_{-1},s_0,s_1,s_2\}$ 上的概率语言数 $h_S(p)=\{s_0(0.3),s_1(0.5),s_2(0.2)\}$，若其表示成本型属性下的评估值，则将其转换为效益型的值为 $h_S'(p)=\{s_{-2}(0.2),s_{-1}(0.5),s_0(0.3)\}$。其次，将决策矩阵中的概率语言数中的概率和标准化为 1，即 $\hat{h}_S^{ij}(p)=\left\{s_\alpha^{ij(l)}(\hat{p}^{ij(l)})\middle|s_\alpha^{ij(l)}\in S,\sum_{l=1}^{L_{ij}}\hat{p}^{ij(l)}=1,l=1,2,\cdots,L_{ij}\right\}$。这里不需要添加语言术语使所有的概率语言数中的语言术语个数相同。

步骤 2：确定正理想解。令每个属性下最大的概率语言数为 $\hat{h}_S^{j+}(p)=\{s_\tau(1)\}$，$j=1,2,\cdots,n$。决策矩阵的正理想解为

$$a'^{+}=\{\hat{h}_S^{1+}(p),\hat{h}_S^{2+}(p),\cdots,\hat{h}_S^{n+}(p)\} \tag{7.7}$$

步骤 3：计算方案与正理想解的距离。将各属性下的概率语言数调整为与该属性下的最大概率语言数相同的概率集，再根据公式（4.13），计算方案与正理想解间的距离。

步骤 4：与基于理想解的概率语言多目标优化法中的步骤 4 一致。

下面通过水资源安全评估的案例来演示上述赋权法的计算步骤。

例 7.1（选自文献[73]）　水是人类最重要的自然资源，淡水系统与人们的生活息息相关。人口的快速增长和城市化进程的加快增加了人类对水资源的需求，并进一步加速了水的消耗与开发，从而不断地改变我国的水供应系统。与此同时，水资源利用效率低下以及水资源系统管理不善等造成大量废水的产生。水资源总量有限，废水排放量的增加加剧了水污染，威胁着水的安全。人类赖以生存的区域水系统一直在朝对人类不友好的方向发展，这种变化导致对人类社会各个层面产生负面影响，如干旱、洪水、水资源短缺、水污染和水环境的整体恶化等。目前，全球近 80%的人口面临着水安全风险[142]。水的安全性评估对促进水资源管理具有重要意义。构建评价指标体系是水安全评价的基础。一些学者建立了衡量区域水安全程度的综合指标。Schneider 等[143]建立了供水需求平衡指数来衡量流域水资源安全。van Leeuwen 等[144]基于水资源压力指数和水资源安全指数建立了评价指标体系。水安全评估的关键在于评估水的可持续性表现。现有的评价指标体系通常关注水本身的可持续性，却忽略了水、社会、经济和环境之间不可分割的相互作用关系。经济合作与发展组织开发的压力–状态–响应（pressure-state-response，PSR）模型[145]描述了人类对有条件或价值的环境要素（如水、土壤和植被覆盖）产生的压力，以及人类对环境压力和条件变化的反应。PSR 模型解决

了三个基本问题：发生了什么？为什么会发生？如何做？PSR 模式受到国内外学者的高度重视，被广泛应用于水资源、土地资源、农业可持续发展、环境保护投资等指标体系的构建中。通过挖掘水安全的内涵，运用 PSR 概念模型，可构建水安全的 PSR 框架，其中涵盖了反映水安全状况的指标，如图 7.1 所示。

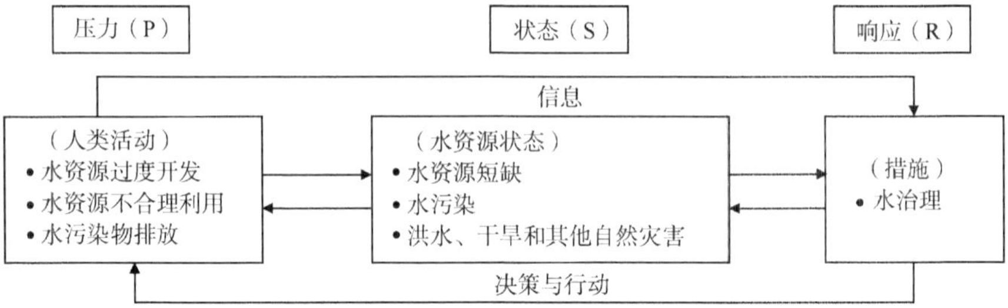

图 7.1　水安全的 PSR 框架

水安全的 PSR 框架可解释为人类活动增加了对水的压力，使得水的状态发生变化，社会为应对水的变化而改善水质，防止水污染和水资源短缺问题。水安全的 PSR 框架包含压力指标、状态指标和响应指标。

（1）压力指标。用于描述使水安全状况发生变化的原因。作用于水的压力主要来自两个方面：水的开发利用和水污染物的排放。社会经济的发展以及人口的增加导致了水需求的增加。由于水资源总量有限，水需求的增加导致更多的水资源开发和利用。水的过度开采和利用将加剧水资源短缺，从而威胁水资源安全。因此，水资源开发利用的情况是水安全的关键压力因素。此外，随着社会和经济的快速发展，居民生活、工业生产和农业灌溉对水的需求量增加，相应的废水排放增加，这导致越来越严重的水污染。因此，水污染物的排放情况是使水安全状况发生变化的主要原因之一。

（2）状态指标。该指标用于描述水的现状。描述水现状的指标包含水量和水质。水资源短缺和水污染是人类活动对水量和水质的负面影响。除水量和水污染外，水的压力还加剧了与水有关的自然灾害，如水涝和干旱。

（3）响应指标。该指标指人类采取一系列措施来减少因水的变化而对人类的发展造成的威胁。水资源治理不仅指水资源项目的建设，还包括水资源管理体系的建设、水资源管理的规范和创新等。

基于上述水安全的 PSR 分析，可建立如图 7.2 所示的指标体系。

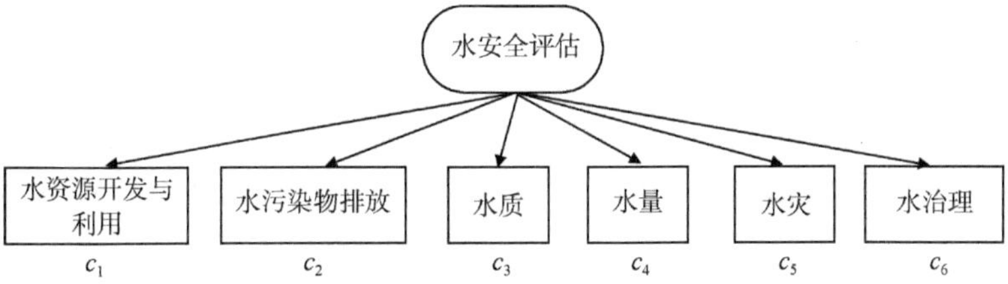

图 7.2　水安全评估指标体系

其中，属性 c_1、c_3、c_4 和 c_6 为效益型，而属性 c_2 和 c_5 为成本型。

我们选择四川的五座城市作为水安全的评估对象，包括成都（a_1）、德阳（a_2）、内江（a_3）、资阳（a_4）和自贡（a_5）。邀请五位水资源管理方面的专家分别对五座城市进行评估，包括研究水资源的学者和水利局的工作人员。评估时采用的语言术语集为 S={ s_{-4}=非常差，s_{-3}=差，s_{-2}=较差，s_{-1}=稍微差，s_0=一般，s_1=稍微好，s_2=较好，s_3=好，s_4=非常好}。先将专家的语言评估值转换为概率语言数，再集成每位专家的评估值，得到专家的综合评估意见，建立决策矩阵，如表 7.1 所示。

表 7.1　专家对五座城市的水安全综合评估意见

	c_1	c_2	c_3
a_1	$\{s_1(0.4), s_3(0.4)\}$	$\{s_{-1}(0.2), s_{-2}(0.2), s_{-3}(0.6)\}$	$\{s_{-2}(0.4), s_1(0.4), s_4(0.2)\}$
a_2	$\{s_0(0.2), s_2(0.2), s_3(0.6)\}$	$\{s_{-1}(0.6)\}$	$\{s_{-2}(0.2), s_{-1}(0.2), s_3(0.6)\}$
a_3	$\{s_{-1}(0.6), s_4(0.2)\}$	$\{s_{-2}(0.4), s_{-4}(0.4)\}$	$\{s_{-1}(0.2), s_3(0.4)\}$
a_4	$\{s_0(0.2), s_1(0.8)\}$	$\{s_{-4}(0.2), s_3(0.6)\}$	$\{s_2(0.8)\}$
a_5	$\{s_{-2}(0.2), s_1(0.4), s_2(0.2)\}$	$\{s_{-3}(0.2), s_2(0.4)\}$	$\{s_0(0.2), s_1(0.6)\}$
	c_4	c_5	c_6
a_1	$\{s_{-2}(0.6), s_1(0.4)\}$	$\{s_{-1}(0.2), s_{-4}(0.4)\}$	$\{s_{-3}(0.8), s_1(0.2)\}$
a_2	$\{s_1(0.2), s_3(0.2), s_2(0.6)\}$	$\{s_{-2}(0.8), s_1(0.2)\}$	$\{s_{-3}(0.2), s_1(0.4), s_3(0.4)\}$
a_3	$\{s_1(0.6)\}$	$\{s_{-4}(0.2), s_2(0.2), s_3(0.6)\}$	$\{s_1(0.6), s_3(0.4)\}$
a_4	$\{s_1(0.6), s_4(0.2)\}$	$\{s_{-1}(0.2), s_2(0.6)\}$	$\{s_3(0.4)\}$
a_5	$\{s_{-3}(0.2), s_1(0.8)\}$	$\{s_{-3}(0.6)\}$	$\{s_{-2}(0.2), s_2(0.2), s_3(0.6)\}$

1）采用概率语言多目标优化法 I 分析例 7.1

步骤 1：首先，将决策矩阵中的概率语言数的概率和归一化。其次，通过添加语言术语使得所有概率语言数中的语言术语个数相同，这里添加的语言术语为概率语言数中最小的语言术语。最后，构建标准化决策矩阵，如表 7.2 所示。

表 7.2　例 7.1 的标准化决策矩阵

	c_1	c_2	c_3
a_1	$\{s_1(0), s_1(0.5), s_3(0.5)\}$	$\{s_1(0.2), s_2(0.2), s_3(0.6)\}$	$\{s_{-2}(0.4), s_1(0.4), s_4(0.2)\}$
a_2	$\{s_0(0.2), s_2(0.2), s_3(0.6)\}$	$\{s_1(0), s_1(0), s_1(1)\}$	$\{s_{-2}(0.2), s_{-1}(0.2), s_3(0.6)\}$
a_3	$\{s_{-1}(0.75), s_{-1}(0), s_4(0.25)\}$	$\{s_2(0), s_2(0.5), s_4(0.5)\}$	$\{s_{-1}(0.33), s_{-1}(0), s_3(0.67)\}$
a_4	$\{s_0(0), s_0(0.2), s_1(0.8)\}$	$\{s_{-3}(0.75), s_{-3}(0), s_4(0.25)\}$	$\{s_2(0), s_2(0), s_2(1)\}$
a_5	$\{s_{-2}(0.25), s_1(0.5), s_2(0.25)\}$	$\{s_{-2}(0.67), s_{-2}(0), s_3(0.33)\}$	$\{s_0(0), s_0(0.25), s_1(0.75)\}$
	c_4	c_5	c_6
a_1	$\{s_{-2}(0.6), s_{-2}(0), s_1(0.4)\}$	$\{s_1(0), s_1(0.33), s_4(0.67)\}$	$\{s_{-3}(0.8), s_{-3}(0), s_1(0.2)\}$
a_2	$\{s_1(0.2), s_3(0.2), s_2(0.6)\}$	$\{s_{-1}(0.2), s_{-1}(0), s_2(0.8)\}$	$\{s_{-3}(0.2), s_1(0.4), s_3(0.4)\}$
a_3	$\{s_1(0), s_1(0), s_1(1)\}$	$\{s_{-3}(0.6), s_{-2}(0.2), s_4(0.2)\}$	$\{s_1(0), s_1(0.6), s_3(0.4)\}$
a_4	$\{s_1(0), s_1(0.75), s_4(0.25)\}$	$\{s_{-2}(0.75), s_{-2}(0), s_1(0.25)\}$	$\{s_3(0), s_3(0), s_3(1)\}$
a_5	$\{s_{-3}(0.2), s_{-3}(0), s_1(0.8)\}$	$\{s_3(0), s_3(0), s_3(1)\}$	$\{s_{-2}(0.2), s_2(0.2), s_3(0.6)\}$

步骤 2：根据公式（7.1）确定决策矩阵的正理想解为

$$a^+ = \left(\hat{h}_S^{+1}, \hat{h}_S^{+2}, \cdots, \hat{h}_S^{+6}\right)$$
$$= \left(\{s_0, s_{0.5}, s_{1.8}\}, \{s_{0.2}, s_1, s_2\}, \{s_0, s_{0.4}, s_{2.01}\}, \{s_{0.2}, s_{0.75}, s_{1.2}\}, \{s_0, s_{0.33}, s_3\}, \{s_0, s_{0.6}, s_3\}\right)$$

步骤 3：根据公式（7.2）计算每个属性下的概率语言数与 $\hat{h}_S^{+j}$ 之间的分离度，结果如表 7.3 所示。

表 7.3　例 7.1 中各属性下方案与理想解之间的分离度

	c_1	c_2	c_3	c_4	c_5	c_6
a_1	0.173	0.365	0.837	1.027	0.185	2.157
a_2	0.058	0.825	0.434	0.087	0.838	1.102
a_3	0.696	0.115	0.299	0.463	1.694	1.039
a_4	0.645	1.633	0.231	0.163	1.819	0.346
a_5	0.804	1.210	0.763	0.674	0.191	0.739

步骤 4：根据公式（7.6）得到属性的权重向量为

$$W = (0.28, 0.09, 0.27, 0.25, 0.06, 0.06)^{\mathrm{T}}$$

2）采用概率语言多目标优化法 II 分析例 7.1

步骤 1：首先，将成本型属性 c_2 和 c_5 下的概率语言数转换为效益型概率语言数。其次，将各概率语言数中的概率和归一化。结果与表 7.2 相似，但无须添加概率语言术语。故不再列出。

步骤 2：令决策矩阵的正理想解为

$$a'^{+} = \{\{s_4(1)\},\{s_4(1)\},\{s_4(1)\},\{s_4(1)\},\{s_4(1)\},\{s_4(1)\}\}$$

步骤 3：假设语言术语集的语义均匀分布。根据定义（2.3）计算各属性下方案与正理想解间的汉明距离，结果如表 7.4 所示。

表 7.4　例 7.1 中各属性下方案与理想解之间的汉明距离

	c_1	c_2	c_3	c_4	c_5	c_6
a_1	0.250	0.200	0.450	0.600	0.125	0.775
a_2	0.225	0.375	0.350	0.250	0.325	0.375
a_3	0.469	0.125	0.290	0.375	0.675	0.275
a_4	0.400	0.656	0.250	0.281	0.656	0.125
a_5	0.438	0.542	0.406	0.475	0.125	0.275

步骤 4：根据公式（7.6）得到属性的权重向量为

$$W' = (0.20,0.15,0.21,0.16,0.13,0.15)^{\mathrm{T}}$$

概率语言多目标优化法 I 和 II 推导出的属性权重向量差异较大。两种算法的主要区别在于概率语言距离测度法。概率语言多目标优化法 I 采用的是概率语言分离度法，该方法从严格意义上讲不属于距离测度，因为它得出的距离不属于 0~1。由表 7.3 可以看出，存在分离度超过 1 的情况。此外，每个属性下的维度并未归一化。例如，属性 c_1 和 c_3 下的最大分离度小于 1，而属性 c_2、c_5 和 c_6 下的最大分离度大于 1，这使得属性 c_1 和 c_3 的权重极大，而属性 c_2、c_5 和 c_6 的权重极小。也就是说，属性下的较差值（与理想解的距离较大的值）会极大地降低该属性的权重，这是不符合实际权重确定要求的。而概率语言多目标优化法 II 采用的是基于语言标度函数的概率语言距离测度法，该方法得出的距离测度值严格处于[0,1]中。从表 7.4 可以看出，所有的距离测度值均小于 1，且各属性下的最大距离测度值相差不大。可见，算法 7.2 避免了算法 7.1 中受极差值的影响，导出的各属性的权重也较为均衡。

7.1.3　概率语言多目标优化法 III

Zhang 等[81]提出了另一种形式的概率语言多目标优化法，它不仅考虑了所有方案与正理想解间的偏差，而且还考虑了方案的信息熵。换言之，该方法基于两个原则：最小化与正理想解间的总偏差和最大化信息熵。该方法的具体步骤如下。

算法 7.3（基于理想解和信息熵的概率语言多目标优化方法）

步骤 1：标准化概率语言数。首先，区分效益型属性和成本型属性，将成本型属性下的概率语言数调整为效益型值，即 $h_S^{ij}(p) \to h_S'^{ij}(p)$，其中 $s_\alpha^{ij(l)} \to s_{-\alpha}^{ij(l)}$ 或 $s_\alpha^{ij(l)} \to s_{g-\alpha}^{ij(l)}$。其次，将所有概率语言数调整为含有相同个数的语言术语，即 $L_{ij} = L_{tk} = L$（$i,t \in 1,2,\cdots,m$；$j,k \in 1,2,\cdots,n$）。最后，将每个概率语言数中的概率和调整为 1，得到 $\hat{h}_S^{ij}(p)$（$i=1,2,\cdots,m; j=1,2,\cdots,n$）。该步骤与算法 7.1 的步骤 1 相似。

步骤 2：计算概率语言数的期望值。Zhang 等[81]基于归一化的思想提出了如下概率语言数期望函数：

$$E(\hat{h}_S^{ij}(p)) = \frac{1}{L}\sum_{l=1}^{L}\frac{\alpha^{ij(l)} \times \hat{p}^{ij(l)} - \min\limits_i(\alpha^{ij(l)} \times \hat{p}^{ij(l)})}{\max\limits_i(\alpha^{ij(l)} \times \hat{p}^{ij(l)}) - \min\limits_i(\alpha^{ij(l)} \times \hat{p}^{ij(l)})} \tag{7.8}$$

其中，$\alpha^{ij(l)}$ 表示概率语言元素 $\hat{h}_S^{ij}(p)$ 中第 l 项语言术语 $s_\alpha^{ij(l)}$ 的下标；$\hat{p}^{ij(l)}$ 表示 $s_\alpha^{ij(l)}$ 的调整概率。$\max\limits_i(\alpha^{ij(l)} \times \hat{p}^{ij(l)})$ 表示属性 c_j 下所有的概率语言数中第 l 项的语言术语下标与其概率相乘的最大值；与之相反，$\min\limits_i(\alpha^{ij(l)} \times \hat{p}^{ij(l)})$ 为最小的值。计算所有概率语言数的期望值，建立基于期望值的概率语言决策矩阵 $D' = \left(E(\hat{h}_S^{ij}(p))\right)_{m\times n}$。

步骤 3：计算方案与最优解间的距离。令正理想解为

$$a''^{+} = \left(E(\hat{h}_S^{+1}), E(\hat{h}_S^{+2}), \cdots, E(\hat{h}_S^{+n})\right) \tag{7.9}$$

其中，$E(\hat{h}_S^{+j}) = \max\limits_i E(\hat{h}_S^{ij}(p))$。属性 c_j 下所有方案与正理想解的距离之和定义为

$$d(w_j) = w_j\sqrt{\sum_{i=1}^{m}\left(\max_i E(\hat{h}_S^{ij}(p)) - E(\hat{h}_S^{ij}(p))\right)^2} \tag{7.10}$$

所有属性下方案与正理想解的距离之和定义为

$$d(w) = \sum_{j=1}^{n} d(w_j) = \sum_{j=1}^{n} w_j\sqrt{\sum_{i=1}^{m}\left(\max_i E(\hat{h}_S^{ij}(p)) - E(\hat{h}_S^{ij}(p))\right)^2} \tag{7.11}$$

步骤 4：计算属性权重。概率语言多目标优化法 III 旨在确定一个合理的权重向量，使所有备选方案与正理想决策解之间的总偏差最小。因此，可构建以下约束优化模型。

模型 7.3

$$\min d(w) = \sum_{j=1}^{n} d(w_j) = \sum_{j=1}^{n} w_j\sqrt{\sum_{i=1}^{m}\left(\max_i E(\hat{h}_S^{ij}(p)) - E(\hat{h}_S^{ij}(p))\right)^2}$$

$$\text{s.t. } \sum_{j=1}^{n} w_j = 1, \quad w_j \geqslant 0, \quad j = 1,2,\cdots,n$$

其中，属性的权重满足 $w_j \geqslant 0$ 且 $\sum_{j=1}^{n} w_j = 1$，每个属性的权重可以理解为该属性在属性集中所占的比例。属性权重的不确定性程度可以用信息熵来表示，即

$$H = -k\sum_{j=1}^{n} w_j \ln w_j \tag{7.12}$$

其中，k 表示一个常数，$k = 1/\ln n$。特别地，若 $w_j = 0$，则令 $0\ln 0 = 0$。权重确定的另一个目标是消除每个属性权重的不确定性。根据最大熵原理，属性权重应使信息熵最大。因此，可建立以下优化模型。

模型 7.4

$$\max H = -k\sum_{j=1}^{n} w_j \ln w_j$$

$$\text{s.t.} \ \sum_{j=1}^{n} w_j = 1, \quad w_j \geqslant 0, \quad j = 1,2,\cdots,n$$

为了兼顾上述两个目标（模型 7.3 和模型 7.4），可建立以下综合规划模型。

模型 7.5

$$\min d(w) = \left\{ u\sum_{j=1}^{n} w_j \sqrt{\sum_{i=1}^{m}\left(\max_i E(\hat{h}_S^{ij}(p)) - E(\hat{h}_S^{ij}(p))\right)^2} + (1-u)\sum_{j=1}^{n} w_j \ln w_j \right\}$$

$$\text{s.t.} \ \sum_{j=1}^{n} w_j = 1, \quad w_j \geqslant 0, \quad j = 1,2,\cdots,n$$

其中，u 表示一个正系数，满足 $0 < u < 1$，是两种优化目标的相对重要性。可以根据实际情况来确定 u 的取值。

为求解上述规划问题，可建立如下拉格朗日函数：

$$\begin{aligned} L(w,\lambda) = {} & u\sum_{j=1}^{n} w_j \sqrt{\sum_{i=1}^{m}\left(\max_i E(\hat{h}_S^{ij}(p)) - E(\hat{h}_S^{ij}(p))\right)^2} \\ & + (1-u)\sum_{j=1}^{n} w_j \ln w_j - \lambda\left(\sum_{j=1}^{n} w_j - 1\right) \end{aligned} \tag{7.13}$$

根据极值存在的必要条件，得出

$$\begin{cases} \dfrac{\partial L}{\partial w_j} = u\sqrt{\sum_{i=1}^{m}\left(\max_i E(\hat{h}_S^{ij}(p)) - E(\hat{h}_S^{ij}(p))\right)^2} + (1-u)(\ln w_j + 1) - \lambda = 0 \\ \dfrac{\partial L}{\partial \lambda} = \sum_{j=1}^{n} w_j - 1 = 0 \end{cases} \tag{7.14}$$

根据公式（7.14），得出属性的权重为

$$w_j = \frac{\exp\left[-\frac{u}{1-u}\sqrt{\sum_{i=1}^{m}\left(\max_i E(\hat{h}_S^{ij}(p)) - E(\hat{h}_S^{ij}(p))\right)^2} - 1\right]}{\sum_{j=1}^{n}\exp\left[-\frac{u}{1-u}\sqrt{\sum_{i=1}^{m}\left(\max_i E(\hat{h}_S^{ij}(p)) - E(\hat{h}_S^{ij}(p))\right)^2} - 1\right]} \tag{7.15}$$

在一些情况下，决策者可能会根据自己的偏好给出一些属性间的权重关系，但难以给出所有属性的精确权重，即部分权重信息已知。决策者一般会按照五种形式给出属性的权重关系[146]，如下所示。

（1）弱排序关系：$\{w_t \geqslant w_j\}$。

（2）严格排序关系：$\{w_t - w_j \geqslant \delta_i\}$，$\delta_t \geqslant 0$。

（3）含有倍数的排序关系：$\{w_t \geqslant \delta_i w_j\}$。

（4）区间形式：$\{\delta_t \leqslant w_t \leqslant \delta_i + \varepsilon_t\}$，$\{0 \leqslant \delta_t \leqslant \delta_i + \varepsilon_t \leqslant 1\}$。

（5）排序差：$w_t - w_j \geqslant w_k - w_b$，$j \neq k \neq b$。

令 H 为已知的权重信息集，则可以构建以下多目标优化模型。

模型 7.6

$$\min d(w) = \left\{u\sum_{j=1}^{n} w_j \sqrt{\sum_{i=1}^{m}\left(\max_i E(\hat{h}_S^{ij}(p)) - E(\hat{h}_S^{ij}(p))\right)^2} + (1-u)\sum_{j=1}^{n} w_j \ln w_j\right\}$$

$$\text{s.t.}\begin{cases} w \in H \\ \sum_{j=1}^{n} w_j = 1, w_j \geqslant 0,\ j = 1,2,\cdots,n \end{cases}$$

借助 MATLAB 或 Lingo 软件可以求解模型 7.6。

7.1.4　概率语言多目标优化法Ⅳ

算法 7.3 中的步骤 2 和步骤 3 都是为了求解各属性下方案与正理想解间的距离。公式（7.8）虽然定义为概率语言数的期望函数，但是该值并非严格意义上的概率语言得分值，而是决策矩阵中某属性下各方案的概率语言数与该属性下的最优值之间的标准化距离。因此，可将公式（7.8）看作一个决策矩阵的线性标准化过程。而步骤 3 中的公式（7.10）再次计算了各属性下方案的线性标准化值与该属性最优值间的距离。可见，公式（7.8）和公式（7.10）重复计算了方案与正理想解之间的距离，这在一定程度上会使数据失真。此外，公式（7.8）将概率语言数的语言术语下标直接与概率进行乘积运算，其可解释性不强。因此，在算法 7.3 的基础上，考虑概率语言数的距离测度，提出概率语言多目标优化法Ⅳ，其具体步骤如下。

算法 7.4（基于距离测度和信息熵的概率语言多目标优化方法）

步骤 1：标准化决策矩阵。将成本型属性下的概率语言数调整为效益型值，再将概率语言数中的概率和标准化为 1，即 $\hat{h}_S^{ij}(p)=\{s_\alpha^{ij(l)}(\hat{p}^{ij(l)})\,\big|\, s_\alpha^{ij(l)}\in S, \sum_{l=1}^{L_{ij}}\hat{p}^{ij(l)}=1,\ l=1,2,\cdots,L_{ij}\}$。这里假设语言术语集 $S=\{s_0,s_1,\cdots,s_g\}$。

步骤 2：令决策矩阵的正理想解为

$$a'^{+}=\{\hat{h}_S^{1+}(p),\hat{h}_S^{2+}(p),\cdots,\hat{h}_S^{n+}(p)\} \tag{7.16}$$

其中，$\hat{h}_S^{j+}(p)=\{s_g(1)\}$。根据定义（2.3）计算各属性下概率语言数与正理想解间的距离，即

$$d\left(\hat{h}_S^{ij}(p),\hat{h}_S^{j+}(p)\right)=\left(\sum_{k=1}^{K}p^{*(k)}\left|f\left(\alpha^{ij(k)}\right)-f\left(\alpha^{j+(k)}\right)\right|\right) \tag{7.17}$$

其中，f 表示语言标度函数。这里使用的是基于概率调整的概率语言距离测度法，$\alpha^{j+(k)}$ 表示 $\hat{h}_S^{j+}(p)$ 中第 k 各语言术语的下标。

步骤 3：计算方案与理想解间的距离。首先，根据公式（7.18）将各属性下方案与正理想解之间的距离进行归一化。

$$d^N\left(\hat{h}_S^{ij}(p),\hat{h}_S^{j+}(p)\right)=\left(\frac{d\left(\hat{h}_S^{ij}(p),\hat{h}_S^{j+}(p)\right)}{\max d\left(\hat{h}_S^{ij}(p),\hat{h}_S^{j+}(p)\right)}\right) \tag{7.18}$$

其次，根据公式（7.19）计算所有属性下所有方案与正理想解的距离之和。

$$d'(w)=\sum_{j=1}^{n}w_j\sqrt{\sum_{i=1}^{m}\left(\frac{d\left(\hat{h}_S^{ij}(p),\hat{h}_S^{j+}(p)\right)}{\max d\left(\hat{h}_S^{ij}(p),\hat{h}_S^{j+}(p)\right)}\right)^2} \tag{7.19}$$

步骤 4：通过多目标规划模型求解属性权重。基于算法 7.3，构建如下优化模型。

模型 7.7

$$\min d'(w)=\left\{u\sum_{j=1}^{n}w_j\sqrt{\sum_{i=1}^{m}\left(\frac{d\left(\hat{h}_S^{ij}(p),\hat{h}_S^{j+}(p)\right)}{\max d\left(\hat{h}_S^{ij}(p),\hat{h}_S^{j+}(p)\right)}\right)^2}+(1-u)\sum_{j=1}^{n}w_j\ln w_j\right\}$$

$$\text{s.t. } \sum_{j=1}^{n}w_j=1,\quad w_j\geqslant 0,\quad j=1,2,\cdots,n$$

模型的求解过程与算法 7.3 中模型 7.5 的求解过程一致，因此不再赘述。通过求解模型可得到属性权重的计算公式，如下所示。

$$w_j=\frac{\exp\left[-\frac{u}{1-u}\sqrt{\sum_{i=1}^{m}\left(\frac{d\left(\hat{h}_S^{ij}(p),\hat{h}_S^{j+}(p)\right)}{\max d\left(\hat{h}_S^{ij}(p),\hat{h}_S^{j+}(p)\right)}\right)^2}-1\right]}{\sum_{j=1}^{n}\exp\left[-\frac{u}{1-u}\sqrt{\sum_{i=1}^{m}\left(\frac{d\left(\hat{h}_S^{ij}(p),\hat{h}_S^{j+}(p)\right)}{\max d\left(\hat{h}_S^{ij}(p),\hat{h}_S^{j+}(p)\right)}\right)^2}-1\right]} \tag{7.20}$$

例 7.2（选自文献[81]） 随着移动互联网的发展，跨界发展逐渐成为一种企业发展的趋势。传统产业与互联网的融合已经成为一种新常态，这与传统的专业经营理念截然不同。当企业选择进入一个新的行业时，需要考虑五种要素，包括①c_1（成本型）：行业障碍，也就是企业进入或退出该行业的难度；②c_2（效益型）：该行业的盈利能力；③c_3（效益型）：该行业的前景；④c_4（效益型）：与原行业的相关程度；⑤c_5（效益型）：进军新行业对企业整体战略布局的贡献程度。某传统企业打算进军新行业，初步选择了五个备选行业 a_i（$i=1,2,\cdots,5$），分别为金融服务界、游戏行业、医疗行业、体育界和房地产市场。邀请五位专家根据上述五种要素对该企业进军备选行业分别进行优劣势评估。其中，评估时采用的语言术语集为 S={ s_0=低，s_1=稍微低，s_2=中等，s_3=稍微高，s_4=高}。各专家给出的个体概率语言决策矩阵如下所示，空白部分意味着决策者无法进行相应评估。

$$D^{(1)}=\begin{bmatrix}\{s_4(1)\} & \{s_4(1)\} & \{s_4(1)\} & & \{s_4(1)\}\\ \{s_0(1)\} & \{s_4(1)\} & \{s_4(1)\} & \{s_3(1)\} & \{s_1(1)\}\\ \{s_3(1)\} & \{s_2(1)\} & \{s_3(1)\} & \{s_3(1)\} & \{s_4(1)\}\\ \{s_0(1)\} & \{s_2(1)\} & & \{s_4(1)\} & \\ \{s_2(1)\} & \{s_3(1)\} & \{s_1(1)\} & & \{s_2(1)\}\end{bmatrix}$$

$$D^{(2)}=\begin{bmatrix}\{s_3(1)\} & \{s_3(1)\} & & \{s_3(1)\} & \{s_3(1)\}\\ \{s_2(1)\} & \{s_3(1)\} & \{s_3(1)\} & & \{s_2(1)\}\\ \{s_2(1)\} & \{s_2(1)\} & \{s_2(1)\} & \{s_3(1)\} & \{s_3(1)\}\\ \{s_2(1)\} & \{s_2(1)\} & \{s_2(1)\} & \{s_4(1)\} & \{s_3(1)\}\\ \{s_3(1)\} & & \{s_1(1)\} & \{s_4(1)\} & \{s_2(1)\}\end{bmatrix}$$

$$D^{(3)}=\begin{bmatrix}\{s_2(1)\} & \{s_4(1)\} & \{s_4(1)\} & & \{s_3(1)\}\\ \{s_0(1)\} & \{s_3(1)\} & \{s_4(1)\} & \{s_3(1)\} & \{s_1(1)\}\\ \{s_2(1)\} & & \{s_0(1)\} & \{s_2(1)\} & \{s_3(1)\}\\ \{s_0(1)\} & & \{s_3(1)\} & \{s_3(1)\} & \{s_4(1)\}\\ \{s_2(1)\} & \{s_2(1)\} & \{s_0(1)\} & \{s_4(1)\} & \{s_2(1)\}\end{bmatrix}$$

$$D^{(4)}=\begin{bmatrix}\{s_3(1)\} & \{s_3(1)\} & & \{s_3(1)\} & \{s_2(1)\}\\ \{s_3(1)\} & \{s_4(1)\} & \{s_3(1)\} & \{s_2(1)\} & \{s_4(1)\}\\ \{s_3(1)\} & \{s_1(1)\} & \{s_0(1)\} & & \{s_2(1)\}\\ \{s_2(1)\} & \{s_2(1)\} & \{s_4(1)\} & \{s_3(1)\} & \{s_4(1)\}\\ \{s_3(1)\} & & \{s_0(1)\} & \{s_4(1)\} & \{s_0(1)\}\end{bmatrix}$$

$$D^{(5)}=\begin{bmatrix}\{s_4(1)\} & \{s_4(1)\} & \{s_4(1)\} & & \\ & \{s_4(1)\} & \{s_3(1)\} & \{s_2(1)\} & \{s_1(1)\}\\ \{s_3(1)\} & \{s_3(1)\} & \{s_0(1)\} & \{s_0(1)\} & \{s_2(1)\}\\ \{s_1(1)\} & \{s_3(1)\} & \{s_4(1)\} & \{s_2(1)\} & \{s_0(1)\}\\ \{s_3(1)\} & \{s_0(1)\} & \{s_2(1)\} & \{s_4(1)\} & \{s_0(1)\}\end{bmatrix}$$

赋予五位专家相同的权重，将专家的意见进行集成，得到群体决策矩阵，如下所示：

$$D=\begin{bmatrix}\{s_2(0.2),s_3(0.4),s_4(0.4)\} & \{s_3(0.4),s_4(0.6)\} & \{s_4(0.6)\} & \{s_3(0.4)\} & \{s_2(0.2),s_3(0.4),s_4(0.2)\}\\ \{s_0(0.4),s_2(0.2),s_3(0.2)\} & \{s_3(0.4),s_4(0.6)\} & \{s_3(0.6),s_4(0.4)\} & \{s_2(0.4),s_3(0.4)\} & \{s_1(0.6),s_2(0.2),s_4(0.2)\}\\ \{s_2(0.4),s_3(0.6)\} & \{s_1(0.2),s_2(0.4),s_3(0.2)\} & \{s_0(0.6),s_2(0.2),s_3(0.2)\} & \{s_0(0.2),s_2(0.2),s_3(0.4)\} & \{s_2(0.4),s_3(0.4),s_4(0.2)\}\\ \{s_0(0.4),s_1(0.2),s_2(0.4)\} & \{s_2(0.6),s_3(0.2)\} & \{s_2(0.2),s_3(0.2),s_4(0.4)\} & \{s_2(0.2),s_3(0.4),s_4(0.4)\} & \{s_0(0.2),s_3(0.2),s_4(0.4)\}\\ \{s_2(0.4),s_3(0.6)\} & \{s_0(0.2),s_2(0.2),s_3(0.2)\} & \{s_0(0.4),s_1(0.4),s_2(0.2)\} & \{s_4(0.8)\} & \{s_0(0.4),s_2(0.6)\}\end{bmatrix}$$

1）采用算法 7.3 分析例 7.2

步骤 1：属性 c_1 为成本型，因此将该属性下的概率语言数转换为效益型。此外，将所有概率语言数的语言术语个数调整为一致，将各概率语言数中的元素按照 $\alpha^{ij(l)}\times\hat{p}^{ij(l)}$ 的值由大到小排列，得到标准决策矩阵，如下所示：

$$D^N=\begin{bmatrix}\{s_2(0.2),s_1(0.4),s_0(0.4)\} & \{s_4(0.6),s_3(0.4),s_3(0)\} & \{s_4(1),s_4(0),s_4(0)\} & \{s_3(1),s_3(0),s_3(0)\} & \{s_3(0.5),s_4(0.25),s_2(0.25)\}\\ \{s_4(0.5),s_2(0.25),s_1(0.25)\} & \{s_4(0.6),s_3(0.4),s_3(0)\} & \{s_3(0.6),s_4(0.4),s_4(0)\} & \{s_3(0.5),s_2(0.5),s_2(0)\} & \{s_4(0.2),s_1(0.6),s_2(0.2)\}\\ \{s_2(0.4),s_1(0.6),s_1(0)\} & \{s_2(0.5),s_3(0.25),s_1(0.25)\} & \{s_3(0.2),s_2(0.2),s_0(0.6)\} & \{s_3(0.5),s_2(0.25),s_0(0.25)\} & \{s_3(0.4),s_4(0.2),s_2(0.4)\}\\ \{s_4(0.4),s_2(0.4),s_3(0.2)\} & \{s_2(0.75),s_3(0.25),s_3(0)\} & \{s_4(0.5),s_3(0.25),s_2(0.25)\} & \{s_4(0.4),s_3(0.4),s_2(0.2)\} & \{s_4(0.4),s_3(0.2),s_0(0.2)\}\\ \{s_2(0.4),s_1(0.6),s_1(0)\} & \{s_3(0.33),s_2(0.33),s_0(0.34)\} & \{s_2(0.2),s_1(0.4),s_0(0.4)\} & \{s_4(1),s_4(0),s_4(0)\} & \{s_2(0.6),s_0(0.4),s_0(0)\}\end{bmatrix}$$

步骤 2：根据公式（7.8）计算标准化决策矩阵中各概率语言数的期望值，得到基于期望值的概率语言决策矩阵，如下所示：

$$B=\begin{pmatrix}0 & 0.67 & 0.33 & 0.20 & 0.83\\ 0.56 & 0.67 & 0.46 & 0.28 & 0.37\\ 0.25 & 0.39 & 0.10 & 0.14 & 0.77\\ 0.92 & 0.18 & 0.64 & 0.68 & 0.53\\ 0.25 & 0 & 0.08 & 0.33 & 0.17\end{pmatrix}$$

步骤 3：当不考虑属性权重时，根据公式（7.10）计算各属性下方案与正理想解之间的距离，结果见表 7.5。

表 7.5　例 7.2 中各属性下方案与正理想解之间的距离（根据公式（7.10））

	c_1	c_2	c_3	c_4	c_5
a_1	0.84	0.00	0.09	0.23	0.00
a_2	0.13	0.00	0.03	0.16	0.22
a_3	0.44	0.08	0.29	0.29	0.00
a_4	0	0.24	0.00	0.00	0.09
a_5	0.44	0.44	0.31	0.12	0.44
距离和	1.36	0.87	0.85	0.90	0.87

步骤 4：令 $u=0.5$。根据公式（7.15）得到属性的权重向量为

$$W=(0.13,0.22,0.22,0.21,0.22)^{\mathrm{T}}$$

2）采用算法 7.4 分析例 7.2

步骤 1：将决策矩阵中的概率归一化，并将成本型属性的属性值转换为效益型属性的值，得到如下标准化决策矩阵，其中，概率语言数中的各项根据语言术语下标从小到大排列。

$$D=\begin{bmatrix} \{s_0(0.4),s_1(0.4),s_2(0.2)\} & \{s_3(0.4),s_4(0.6)\} & \{s_4(1)\} & \{s_3(1)\} & \{s_2(0.25),s_3(0.5),s_4(0.25)\} \\ \{s_1(0.25),s_2(0.25),s_4(0.5)\} & \{s_3(0.4),s_4(0.6)\} & \{s_3(0.6),s_4(0.4)\} & \{s_2(0.5),s_3(0.5)\} & \{s_1(0.6),s_2(0.2),s_4(0.2)\} \\ \{s_1(0.6),s_2(0.4)\} & \{s_1(0.25),s_2(0.5),s_3(0.25)\} & \{s_0(0.6),s_2(0.2),s_3(0.2)\} & \{s_0(0.25),s_2(0.25),s_3(0.5)\} & \{s_2(0.4),s_3(0.4),s_4(0.2)\} \\ \{s_2(0.4),s_3(0.2),s_4(0.4)\} & \{s_2(0.75),s_3(0.25)\} & \{s_2(0.25),s_3(0.25),s_4(0.5)\} & \{s_2(0.4),s_3(0.4),s_4(0.2)\} & \{s_0(0.25),s_3(0.25),s_4(0.5)\} \\ \{s_1(0.6),s_2(0.4)\} & \{s_0(0.34),s_2(0.33),s_3(0.33)\} & \{s_0(0.4),s_1(0.4),s_2(0.2)\} & \{s_4(1)\} & \{s_0(0.4),s_2(0.6)\} \end{bmatrix}$$

步骤 2：假设语言术语集的语义均衡分布，则

$$f(\alpha^{ij})=\alpha^{ij}/g \tag{7.21}$$

根据公式（7.18）计算各属性下方案与正理想解之间的距离，结果如表 7.6 所示。

表 7.6　例 7.2 中各属性下方案与正理想解之间的距离（根据公式（7.18））

	c_1	c_2	c_3	c_4	c_5
a_1	0.800	0.100	0.000	0.250	0.250
a_2	0.313	0.100	0.150	0.375	0.550
a_3	0.650	0.500	0.750	0.500	0.300
a_4	0.250	0.438	0.188	0.300	0.313
a_5	0.650	0.588	0.800	0.000	0.700

步骤 3~步骤 4：令 $u=0.5$。根据公式（7.20）计算得到属性的权重向量为

$$W'=(0.16,0.21,0.20,0.24,0.19)^{\mathrm{T}}$$

算法 7.3 和算法 7.4 得出的属性权重向量相似度较大。后者的计算过程更简便。

7.2 考虑属性关联度的概率语言组合权重确定法

本节介绍一种概率语言组合赋权法，考虑专家对属性的主观偏好以及属性间的关联性。

7.2.1 概率语言主观赋权法

著名的心理物理学专家 Weber 提出了韦伯定律，指出两个评估等级之间的语义差距呈比例（呈指数递增或递减）关系[147]。该定律能很好地解释主观语言评估值与被评估对象客观表现之间的关系。专家在做评估时，对接近于目标值的对象更为敏感。例如，消费者希望购买价格低的电脑。某消费者在评价电脑的价格时，电脑价格与其心理判断可能会有这样的特征：{ [3000,4000]（低价格），(4000,6000]（中等价格），(6000,10 000]（较高价格），>10 000（高价格）}。由此可见，每个等级的价格变化区间不一致，随着价格的增加，对应的心理等级的价格区间也增加。也就是说，消费者对较高价格的敏感度更低。当价格超过 10 000 时，消费者往往将其视作昂贵，而不再对超过 10 000 的价格进行等级细分。不同消费者对价格所对应的昂贵等级的判断有一定的区别，但大体趋势相同。基于韦伯定律，Lootsma[138]等提出了指数形式的几何标度，并推导了直接评估值与成对比较值之间的关系，最后提出了 MAHP 方法。

设一个判断矩阵为 $\mathrm{PD}=(x_{jv})_{n\times n}$，其中 x_{jv} 表示目标 x_j 对目标 x_v 的偏好度，$j,v\in\{1,2,\cdots,n\}$。指数形式的几何标度函数可表示为[138]

$$f(x_{jv})=\exp(\gamma x_{jv}) \tag{7.22}$$

其中，γ 表示标度系数，$\gamma\geqslant 0$。一般情况下，γ 的取值范围为 $[0.5,2]$。$f(x_{jv})$ 满足以下三条性质。

性质 7.1　传递性，即

$$f(x_{jv})=f(x_{jk})\times f(x_{kv}) \tag{7.23}$$

证明　$f(x_{jk})\times f(x_{kv})=\exp(\gamma x_{jk})\times\exp(\gamma x_{kv})=\exp(\gamma(x_{jk}+x_{kv}))=f(x_{jv})$。

证毕。

例如，假设属性 c_1 比 c_2 稍微重要，c_2 比 c_3 重要，用 1/9-9 标度可将其偏好关系表示为 $x_{12}=3$ 和 $x_{23}=5$。若直接根据 AHP 法中的标度运算可得到 $x_{13}=x_{12}\times x_{23}=3\times 5=15$，该值超出了 1/9-9 标度的范围。若采用标度{0-同等重要，2-稍微重要，4-重要，6-重要很多}，则根据几何标度法，可得偏好关系 $x_{12}=2$ 和 $x_{23}=4$。存在 $f(x_{12})=\exp(2\lambda)$ 和 $f(x_{23})=\exp(4\lambda)$，那么 $f(x_{13})=f(x_{12})\times f(x_{23})=\exp(2\lambda)\times\exp(4\lambda)=\exp(6\lambda)$，即 c_1 比 c_3 重要很多，这与人们主观认知一致。

性质 7.2 直接评价与成对比较的一致性，即

$$f(x_{jv})=f(x_j)\big/f(x_v) \tag{7.24}$$

考虑一个简单的例子。令一个属性重要的直接评估标度为{0-一般，2-稍微重要，4-重要，6-很重要}。假设属性 c_1 稍微重要，即 x_1=2，属性 c_2 很重要，即 x_2=6，则 $f(x_1)=\exp(2\lambda)$ 且 $f(x_2)=\exp(6\lambda)$ 。那么，$f(x_2)/f(x_1)=\exp(6\lambda)/\exp(2\lambda)=\exp(4\lambda)$，即 $x_{21}=4$，表示属性 c_2 比 c_1 重要。这与人们的认知一致。

性质 7.3 对称标度之间呈倒数关系，即

$$f(x_{jv})=1\big/f(x_{vj}) \tag{7.25}$$

将成对比较看作比例关系，即 $f(x_{jv})=f(x_j)\big/f(x_v)$。同理，$f(x_{vj})=f(x_v)/f(x_j)=1\big/f(x_{jv})$，而 $x_{jv}=-x_{vj}$。

MAHP 是处理评估信息表示为偏好关系的多属性决策方法，其基本思路是先采用间隔一致的连续数值表示直接评估值或偏好关系（成对比较关系），再通过几何标度函数将其转换为各语言术语对应的语义值，从而构建语义判断矩阵，最后通过一定的集成算法对判断矩阵进行处理，得出每个对象的属性值。在评估属性的相对重要度时，假设语言术语集为{ c_j 比 c_v 绝对更不重要（=–8），c_j 比 c_v 不重要得多（=–6），c_j 比 c_v 不重要一些（=–4），c_j 比 c_v 稍微更不重要（=–2），c_j 比 c_v 同等重要（=0），c_j 比 c_v 稍微更重要（=2），c_j 比 c_v 更重要一些（=4），c_j 比 c_v 重要得多（=6），c_j 比 c_v 绝对重要得多（=8）}。

传统的 MAHP 方法用精确数值表示带犹豫和不确定信息的偏好关系。例如，若专家“30%确定 c_j 比 c_v 稍微更重要，70%确定 c_j 比 c_v 更重要一些”，则传统 MAHP 方法只能用数值 3 来表示这样的复杂评估。显然，这种表示形式会丢失犹豫和概率信息。鉴于此，Wu 等[37]将 MAHP 方法与概率语言术语集相结合，提出了概率语言 MAHP 法（PL-MAHP），提升了 MAHP 方法刻画评估信息的能力。PL-MAHP 方法的步骤如下。

算法 7.5（PL-MAHP）

步骤 1：在判断偏好关系时，由于两两间的偏好关系具有对称性，因此使用对称形式的语言术语集 $S=\{s_{-\tau},\cdots,s_0,\cdots,s_\tau\}$。语言术语集的具体语义可根据具体问题来确定。当对决策精度要求高时，可设置一个粒度较大的语言术语集；相反，可设置一个粒度较小的语言术语集。一般情况下，成对比较中使用的语言术语集的粒度为 5~9。

步骤 2：邀请专家根据重要性对属性从最重要到最不重要进行排序，即

$$\{\max_j x_j,\cdots,\min_j x_j\}\Rightarrow\{c_1,\cdots,c_n\} \tag{7.26}$$

首先，将属性依照排序填入决策矩阵中。其次，专家基于语言术语集对属性

进行两两比较。从最重要的属性开始，将属性依次与比其重要性弱的属性进行比较。最后，将专家给出的语言偏好信息表示为概率语言数 $h_S^{jv}(p)$，$(j=1,2,\cdots,n;v>j)$。于是，可构建一个上三角判断矩阵。需要指出的是，专家不需要对下三角的两两关系进行主观判断。决策者可以根据上三角矩阵中的评估值计算获得下三角元素的值，即

$$h_S^{vj}(p)=\text{neg}(h_S^{jv}(p)),\ j=1,2,\cdots,n;v>j \tag{7.27}$$

其中，对角线上的元素满足 $h_S^{jj}(p)=\{s_0(1)\}$（$j=1,2,\cdots,n$）。于是，建立概率语言判断矩阵为 $\text{PD}=\left(h_S^{jv}(p)\right)_{n\times n}$，其中，

$$h_S^{jv}(p)=\{s_\alpha^{jv(l)}(p^{jv(l)})\mid s_\alpha^{jv(l)}\in S,l=1,2,\cdots,L_{jv},\sum_{l=1}^{L_{jv}}p^{jv(l)}=1\} \tag{7.28}$$

$$\text{PD}=\begin{bmatrix} h_S^{11}(p) & h_S^{12}(p) & \cdots & h_S^{1n}(p) \\ h_S^{21}(p) & h_S^{22}(p) & \cdots & h_S^{2n}(p) \\ \vdots & \vdots & & \vdots \\ h_S^{n1}(p) & h_S^{n2}(p) & \cdots & h_S^{nn}(p) \end{bmatrix} \tag{7.29}$$

步骤 3：根据公式（7.30），计算概率语言数的得分值（最大特征值），将概率语言判断矩阵转换为 $\text{EPD}=\left(E\left(h_S^{jv}(p)\right)\right)_{n\times n}$，其中

$$E\left(h_S^{jv}(p)\right)=\sum_{l=1}^{L_{jv}}\left(s_\alpha^{jv(l)}p^{jv(l)}\Big/\sum_{l=1}^{L_{jv}}p^{jv(l)}\right) \tag{7.30}$$

其中，$p^{jv(l)}$ 表示语言术语 $s_\alpha^{jv(l)}$ 的概率。

$$\text{EPD}=\begin{bmatrix} E\left(h_S^{11}(p)\right) & E\left(h_S^{12}(p)\right) & \cdots & E\left(h_S^{1n}(p)\right) \\ E\left(h_S^{21}(p)\right) & E\left(h_S^{22}(p)\right) & \cdots & E\left(h_S^{2n}(p)\right) \\ \vdots & \vdots & & \vdots \\ E\left(h_S^{n1}(p)\right) & E\left(h_S^{n2}(p)\right) & \cdots & E\left(h_S^{nn}(p)\right) \end{bmatrix} \tag{7.31}$$

根据几何标度函数，计算概率语言数对应的几何标度，即

$$f(x_{jv})=\exp\left(\gamma E\left(h_S^{jv}(p)\right)\right) \tag{7.32}$$

于是，可构建如下概率语言几何判断矩阵：

$$\text{GPD}=\begin{bmatrix} f(x_{11}) & f(x_{12}) & \cdots & f(x_{1n}) \\ f(x_{21}) & f(x_{22}) & \cdots & f(x_{2n}) \\ \vdots & \vdots & & \vdots \\ f(x_{n1}) & f(x_{n2}) & \cdots & f(x_{nn}) \end{bmatrix} \tag{7.33}$$

步骤 4：在判断矩阵中，评估信息为属性 c_j 比属性 c_v 重要的程度 $f(x_{jv})$（$j,v=1,2,\cdots,n$）。当采用几何标度时，单个属性的重要度与两两比较中的相对重要度具有以下关系：

$$\tilde{f}(x_{jv})=\frac{f(x_j)}{f(x_v)} \tag{7.34}$$

其中，$\tilde{f}(x_{jv})$ 表示客观上属性 c_j 比属性 c_v 重要的程度。由于人们判断能力的局限性，实际判断值 $f(x_{jv})$ 与 $\tilde{f}(x_{jv})$ 并不完全一致。可借助规划方法使得 $f(x_{jv})$ 与 $\tilde{f}(x_{jv})$ 的差异最小，计算出单个属性的最可能重要程度 $f(x_j)$。考虑到几何标度函数具有指数运算，为了简化运算，采用对数最小二乘法构建以下规划模型。

模型 7.8

$$\min\sum_{j=1}^{n}\left(\ln f(x_{jv})-\ln(f(x_j)/f(x_v))\right)$$
$$\text{s.t. } f(x_j)\geqslant 0, \quad j=1,2,\cdots,n$$

由于 $\ln f(x_{jv})=\ln\exp\left(\gamma E\left(h_S^{jv}(p)\right)\right)=\gamma E\left(h_S^{jv}(p)\right)$，令 $\tilde{w}_j=\ln f(x_j)$，$\tilde{w}_v=\ln f(x_v)$。因此，模型 7.8 可简化为模型 7.9。

模型 7.9

$$\min\sum_{j=1}^{n}\left(\gamma E\left(h_S^{jv}(p)\right)-\tilde{w}_j+\tilde{w}_v\right)$$
$$\text{s.t. } \tilde{w}_j\geqslant 0, \quad j=1,2,\cdots,n$$

求解模型 7.9，可得

$$\tilde{w}_j=\exp\left(\frac{\ln\gamma}{n}\sum_{v=1}^{n}E\left(h_S^{jv}(p)\right)\right) \tag{7.35}$$

步骤 5：对求解的属性重要度进行标准化，使属性权重和为 1。于是，

$$w_j^S=\frac{\tilde{w}_j}{\sum_{j=1}^{n}\tilde{w}_j}=\frac{\exp\left(\frac{\ln\gamma}{n}\sum_{v=1}^{n}E\left(h_S^{jv}(p)\right)\right)}{\sum_{j=1}^{n}\exp\left(\frac{\ln\gamma}{n}\sum_{v=1}^{n}E\left(h_S^{jv}(p)\right)\right)} \tag{7.36}$$

其中，γ 根据实际情况而定。本节研究取一个适中的几何标度，即 $\gamma=\sqrt{2}$。

7.2.2 考虑属性关联度的客观赋权法

大多数客观权重确定法是根据属性携带的信息量来确定其权重，如熵权法和最大离差法。当某属性下方案的差异较大时，为其赋予较大的权重。事实上，差

异较大的方案属性值对最终集成结果会产生直接的影响，而差异较小的属性值对方案最终的辨别影响较小。也就是说，在集成过程中已经考虑了属性携带的信息量。一般情况下，无须根据属性的信息量来扩大或缩小其权重。

属性“冲突”是多属性决策问题的基本前提[148]。不同的属性应提供关于备选方案性能的独立信息。然而，由于客观事物的相互关联和交互作用，属性之间往往存在着交互影响。例如，在评价教师的能力时，尊重学生与学生的满意度有因果关系。若将这些高度相关的属性提供的信息进行集成，则这些属性包含的相同信息被加倍集成，使得结果出现偏差。主成分分析法是通过合并相互依赖的属性来重新构建包含独立信息的主成分（主要属性），这种方法得到的主成分与实际属性不同，具有一定的抽象性，难以与主观权重确定法相融合来综合判断属性权重。还有一些方法是直接删除与其他属性关联度高的属性。然而，被删除的属性除了携带与其他属性相同的信息之外，还可能携带一些不同的信息，直接将其删除或多或少会丢失有用的信息。对高度相关的属性赋予较小的权重是克服这一问题的合理途径。受此启发，可使用相关系数来表示一个属性与其他属性的相关程度，相关系数越大，属性权重越小。基于此，Wu 等[37]提出了一种考虑属性相关性的概率语言客观赋权法，其具体步骤如下所示。

算法 7.6（考虑属性相关性的概率语言客观赋权法）

步骤 1：确定属性最优值与最劣值。建立概率语言决策矩阵 $D=\left[h_S^{ij}(p)\right]_{m\times n}$，其中，$h_S^{ij}(p)$ 表示属性 c_j 下方案 a_i 的概率语言评估值。根据概率语言数的得分和方差（见定义 1.17），对每个属性下的概率语言数进行比较，找出最优值 $h_S^{j+}(p)$ 和最劣值 $h_S^{j-}(p)$。

步骤 2：根据基于语言标度函数的距离测度法（见定义 2.3），计算每个属性下方案与最优值的距离 $d_{ij}=d\left(h_S^{j+}(p),h_S^{ij}(p)\right)$ 以及最优值与最劣值的距离 $d_j=d\left(h_S^{j+}(p),h_S^{j-}(p)\right)$。

步骤 3：基于皮尔逊关联测度法，计算两两属性间的关联度 R_{jv}。

$$R_{jv}=\frac{\sum_{i=1}^{m}\left[\left(\frac{d_{ij}}{d_j}-\frac{1}{m}\sum_{i=1}^{m}\frac{d_{ij}}{d_j}\right)\times\left(\frac{d_{iv}}{d_v}-\frac{1}{m}\sum_{i=1}^{m}\frac{d_{iv}}{d_v}\right)\right]}{\sqrt{\sum_{i=1}^{m}\left(\frac{d_{ij}}{d_j}-\frac{1}{m}\sum_{i=1}^{m}\frac{d_{ij}}{d_j}\right)^2}\times\sqrt{\sum_{i=1}^{m}\left(\frac{d_{iv}}{d_v}-\frac{1}{m}\sum_{i=1}^{m}\frac{d_{iv}}{d_v}\right)^2}} \tag{7.37}$$

其中，$R_{jv}\in[-1,1]$。当 $R_{jv}>0$ 时，属性 c_j 与属性 c_v 正相关；当 $R_{jv}=0$ 时，属性 c_j 与属性 c_v 无相关关系；当 $R_{jv}<0$ 时，属性 c_j 与属性 c_v 负相关。R_{jv} 的绝对值越大，说明两属性包含的相同信息越多。

步骤 4：计算考虑关联度的属性权重。首先，将 R_{jv} 转换为负向值，即 $1-R_{jv}$。其次，根据公式（7.38），计算每个属性与其他所有属性的综合关联度。最后，根据公式（7.39）进行归一化，并计算属性的权重 w_j^O（$j=1,2,\cdots,n$）。由此，可实现当一个属性与其他属性综合关联度较大时，赋予此属性较小的权重，从而弱化该属性中包含的重复信息。需要指出的是，由于考虑了所有属性的相对综合关联度，该方法不会影响非重复信息的权重。

$$R_j=\sum_{v=1}^{n}\left(1-R_{jv}\right) \tag{7.38}$$

$$w_j^O=R_j\Big/\sum_{j=1}^{n}R_j=\sum_{v=1}^{n}\left(1-R_{jv}\right)\Big/\sum_{j=1}^{n}\left(\sum_{v=1}^{n}\left(1-R_{jv}\right)\right) \tag{7.39}$$

例 7.3 可以说明考虑属性相关性的客观权重确定法的有效性。

例 7.3　考虑一个产品选择问题，三个备选产品为 $\{a_1,a_2,a_3\}$，评价属性为稳定性（c_1）、安全性（c_2）和外观（c_3），决策矩阵如下所示：

$$D=\begin{bmatrix} s_2(1) & s_2(1) & s_{-2}(1) \\ s_1(1) & s_1(1) & s_0(1) \\ s_{-2}(1) & s_{-2}(1) & s_2(1) \end{bmatrix}$$

根据决策矩阵中的数据规律可以发现，稳定性和安全性高度相关。若赋予各属性相同的权重，通过集成运算可得到方案的占优关系为 $a_1=a_2\succ a_3$。事实上，当去掉稳定性和安全性中的一列信息时，a_2 为最优方案。根据考虑属性相关性的客观权重确定法，可得到属性的权重分别为 $w_1^O=0.25$、$w_2^O=0.25$ 和 $w_3^O=0.5$。此时，稳定性和安全性被赋予相对较低的权重，而方案的占优关系为 $a_2\succ a_1=a_3$。该排序与去掉一个高度关联的属性所得出的结果一致，这说明考虑属性相关性的客观权重确定法是解决属性间有高度相关关系的多属性决策问题的有效方法。

7.2.3　概率语言组合赋权法

为了描述专家的偏好并同时考虑属性之间的关联性，将主观权重（w_j^S）和客观权重（w_j^O）相结合得到混合权重，如下所示：

$$w_j=\sqrt{w_j^O w_j^S}\Big/\sum_{j=1}^{n}\sqrt{w_j^O w_j^S} \tag{7.40}$$

其中，$w_j\geqslant 0$，$\sum_{j=1}^{n}w_j=1$。公式（7.40）采用的是积性算子集成主观权重和客观权

重。这是一个非完全补偿型的算子，当 w_j^O 或 w_j^S 中的某一项值极小甚至为 0 时，$w_j^O w_j^S$ 也会极小或为 0，这样的性质符合对两种权重融合的要求。例如，若一个属性的主观权重为 0，说明该专家认为不需要考虑此属性。因此，无论该属性包含的信息独立性强度为多少，该属性的最终权重也应该为 0。

另外一种加性的融合法为

$$w_j = (w_j^O + w_j^S) \Big/ \sum_{j=1}^{n} (w_j^O + w_j^S) \tag{7.41}$$

公式（7.41）是一种完全补偿型算子。在一些情况下，当确定属性混合权重时，决策者对主观权重和客观权重的偏好程度不同，也就是说主客观权重具有不同的重要度。此时，可以给主客观权重分配一个权系数 ψ。于是，公式（7.40）和公式（7.41）可分别转换为公式（7.42）和公式（7.43）。

$$w_j' = \left(w_j^O\right)^{\psi} \left(w_j^S\right)^{(1-\psi)} \Big/ \sum_{j=1}^{n} \left(w_j^O\right)^{\psi} \left(w_j^S\right)^{(1-\psi)} \tag{7.42}$$

$$w_j = \left(\psi w_j^O + (1-\psi) w_j^S\right) \Big/ \sum_{j=1}^{n} \left(\psi w_j^O + (1-\psi) w_j^S\right) \tag{7.43}$$

其中，$\psi \in [0,1]$。当决策者只看重主观权重时，令 $\psi = 0$；当决策者只看重客观权重时，令 $\psi = 1$；当决策者更偏向于主观权重时，令 $\psi \in (0,0.5)$；当决策者更偏向于客观权重时，令 $\psi \in (0.5,1)$；当决策者对主客观权重的偏好度一致时，令 $\psi = 0.5$。

公式（7.42）中的权系数采用指数形式的主要原因是，当其作为系数进行加权时，ψ 在该公式中会失效。

$$\begin{aligned} w_j' &= \psi w_j^O \times (1-\psi) w_j^S \Big/ \sum_{j=1}^{n} \psi w_j^O \times (1-\psi) w_j^S \\ &= \psi (1-\psi) w_j^O w_j^S \Big/ \psi (1-\psi) \sum_{j=1}^{n} w_j^O w_j^S \\ &= w_j^O w_j^S \Big/ \sum_{j=1}^{n} w_j^O w_j^S \end{aligned}$$

为便于应用，将概率语言组合权重确定法的基本步骤总结为算法 7.7。

算法 7.7（概率语言组合权重确定法）

步骤 1：构建主观判断矩阵。邀请专家基于确定的语言术语集判断两两属性之间的相对重要度，并将评价信息转换为概率语言数，建立概率语言判断矩阵 $\mathrm{PD} = \left(h_S^{jv}(p)\right)_{n \times n}$。

步骤 2：首先，根据公式（7.30）计算概率语言判断矩阵中各概率语言数的期望值；其次，确定几何标度系数 γ 的取值；最后，根据公式（7.36）计算属性主观权重。

步骤 3：构建概率语言决策矩阵。邀请专家基于确定的语言术语集评价每个属性下方案的表现，并将评价信息转换为概率语言数，建立概率语言决策矩阵 $D=\left[h_S^{ij}(p)\right]_{m\times n}$。

步骤 4：根据公式（7.37）计算属性间的关联度，再根据公式（7.39）计算属性的客观权重。

步骤 5：根据公式（7.42）计算属性的混合权重。

例 7.4 随着商业模式的发展，采购商和供应商之间的关系不断发生变化。供应链管理在制造业中得到了普遍应用，并为制造企业带来了改革和发展机会。供应链是一个由供应商、制造商、仓库、配送中心和渠道商等构成的系统。供应链管理强调系统中的各对象的紧密合作关系，其中，采购商与供应商的长期合作关系尤为重要。选择合适的供应商，能帮助制造企业降低成本、增强质量和提高效率，为企业带来长远的经济效益。因此，选择合适的供应商是供应链管理中的重要环节，也是现代制造企业战略管理的重要组成部分。多数企业主要根据价格来判断供应商的好坏，虽然低价采购能为企业在短期内获得一定经济收益，但是后续可能会因质量不过关而导致大量的索赔和客户丢失。因此，现代制造商将价格和质量联合作为选择供应商的依据。然而，随着供应链的发展，以及人们的可持续发展意识的增强，选择供应商的标准逐渐增加。在选择供应商的过程中不仅要考虑供应产品的价格和质量以确保公司的利润，还要考虑供应商的供货稳定性和及时性，以确保公司生产的连续性。

假设某制造商需要从五位零部件供应商中选择最佳供应商。将五位供应商表示为 a_i（i=1,2,3,4,5）。为使制造商获得最大利润，选取衡量供应商优劣的属性为供应价格（c_1）、供应零部件质量（c_2）、供货灵活性（c_3）、供应商信誉（c_4）和信息传递能力（c_5）。邀请三位专家对方案在各属性下的优劣以及属性的重要度进行评价。假设三位专家的重要度一致。评价方案时使用的语言术语集为 S_1={s_{-3}=无，s_{-2}=非常差，s_{-1}=差，s_0=中等，s_1=好，s_2=非常好，s_3=完美}。评价属性相对重要度时使用的语言术语为 S_2={ s_{-4}=绝对更不重要，s_{-3}=不重要得多 ，s_{-2}=不重要一些，s_{-1}=稍微更不重要，s_0=同等重要，s_1=稍微更重要，s_2=更重要一些，s_3=重要得多，s_4=绝对更重要}。各专家对方案优劣的评价信息如表 7.7~表 7.9 所示。

表 7.7　专家 e_1 给出的方案优劣语言评价信息

	c_1	c_2	c_3	c_4	c_5
a_1	非常好	非常好	好	介于好与非常好之间	介于中等与差之间
a_2	好	非常好	非常好	好	介于差与好之间
a_3	好	介于中等与好之间	介于好与非常好之间	至少非常差	介于好与非常好之间
a_4	差	非常差	好	介于中等与好之间	介于中等与差之间
a_5	中等	差	至少非常差	至少非常好	非常好

表 7.8　专家 e_2 给出的方案优劣语言评价信息

	c_1	c_2	c_3	c_4	c_5
a_1	非常好	非常好	好	非常好	介于中等与差之间
a_2	好	非常好	介于好与非常好之间	好	介于中等与差之间
a_3	好	介于中等与好之间	至少非常好	非常差	好
a_4	差	非常差	中等与好之间	中等	介于中等与差之间
a_5	中等	差	至少非常差	非常好	介于好与非常好之间

表 7.9　专家 e_3 给出的方案优劣语言评价信息

	c_1	c_2	c_3	c_4	c_5
a_1	非常好	完美	好	介于好与非常好之间	介于中等与差之间
a_2	好	非常好	介于好与非常好之间	好	介于中等与好之间
a_3	好	中等	至少非常好	至少非常差	介于好与非常好之间
a_4	差	非常差	介于中等与好之间	介于中等与好之间	中等
a_5	中等	介于中等与差之间	至少非常差	至少非常好	非常好

下面采用算法 7.7 来确定例 7.4 中属性的权重。

步骤 1：三位专家对属性的相对重要度的评估意见达成一致。他们确定的属性重要度排序为 $c_1 \sim c_2 \succ c_3 \sim c_4 \succ c_5$。将表 7.10 中的判断信息转换为概率语言数，可建立如下概率语言判断矩阵：

$$
\mathrm{PD} = \begin{bmatrix} \{s_0(1)\} & \{s_0(1)\} & \{s_2(1)\} & \{s_2(1)\} & \{s_3(1)\} \\ \{s_0(1)\} & \{s_0(1)\} & \{s_2(1)\} & \{s_2(1)\} & \{s_3(1)\} \\ \{s_{-2}(1)\} & \{s_{-2}(1)\} & \{s_0(1)\} & \{s_0(1)\} & \{s_1(1)\} \\ \{s_{-2}(1)\} & \{s_{-2}(1)\} & \{s_0(1)\} & \{s_0(1)\} & \{s_1(1)\} \\ \{s_{-3}(1)\} & \{s_{-3}(1)\} & \{s_{-1}(1)\} & \{s_{-1}(1)\} & \{s_0(1)\} \end{bmatrix}
$$

表 7.10　三位专家给出的属性重要度语言评价信息

	c_1	c_2	c_3	c_4	c_5
c_1		同等重要	更重要一些	更重要一些	重要得多
c_2			更重要一些	更重要一些	重要得多
c_3				同等重要	稍微更重要
c_4					稍微更重要
c_5					

步骤 2：根据公式（7.36）得到属性的主观权重向量为

$$W^S=(0.30,0.30,0.15,0.15,0.11)^{\mathrm{T}}$$

步骤 3：将表 7.7~表 7.9 中的语言评估信息转换为概率语言数，并根据定义 1.7 将三位专家的评估集成为综合评估意见，从而构建如下决策矩阵：

$$D=\begin{bmatrix} \{s_2(1)\} & \{s_2(0.7),s_3(0.3)\} & \{s_1(1)\} & \{s_1(0.3),s_2(0.7)\} & \{s_{-1}(0.5),s_0(0.5)\} \\ \{s_1(1)\} & \{s_2(1)\} & \{s_1(0.3),s_2(0.7)\} & \{s_1(1)\} & \{s_{-1}(0.3),s_0(0.4),s_1(0.3)\} \\ \{s_1(1)\} & \{s_0(0.7),s_1(0.3)\} & \{s_1(0.2),s_2(0.5),s_3(0.3)\} & \{s_{-3}(0.3),s_{-2}(0.7)\} & \{s_1(0.7),s_2(0.3)\} \\ \{s_{-1}(1)\} & \{s_{-2}(1)\} & \{s_0(0.3),s_1(0.7)\} & \{s_0(0.7),s_1(0.3)\} & \{s_{-1}(0.3),s_0(0.7)\} \\ \{s_0(1)\} & \{s_{-1}(0.8),s_0(0.2)\} & \{s_{-3}(0.5),s_{-2}(0.5)\} & \{s_2(0.7),s_3(0.3)\} & \{s_1(0.2),s_2(0.8)\} \end{bmatrix}$$

步骤 4：根据公式（7.37）计算得到两两属性间的关联度，结果如表 7.11 所示。根据公式（7.39）得到属性的客观权重向量为

$$W^O=(0.14,0.14,0.22,0.24,0.26)^{\mathrm{T}}$$

表 7.11　例 7.4 中两两属性间的关联度

	c_1	c_2	c_3	c_4	c_5
c_1	1.000	0.938	0.398	0.000	–0.167
c_2	0.938	1.000	0.440	0.128	–0.324
c_3	0.398	0.440	1.000	–0.664	–0.517
c_4	0.000	0.128	–0.664	1.000	–0.157
c_5	–0.167	–0.324	–0.517	–0.157	1.000

步骤 5：假设主观权重和客观权重的重要度一致，根据公式（7.42）计算得到属性的混合权重向量为 $W=(0.22,0.22,0.19,0.20,0.18)^{\mathrm{T}}$。

参 考 文 献

[1] Zadeh L A. The concept of a linguistic variable and its application to approximate reasoning—Ⅰ. Information Sciences, 1975, 8：199-249.

[2] Zadeh L A. The concept of a linguistic variable and its application to approximate reasoning—Ⅱ. Information Sciences, 1975, 8：301-357.

[3] Zadeh L A. The concept of a linguistic variable and its application to approximate reasoning—Ⅲ. Information Sciences, 1975, 9：43-80.

[4] 廖虎昌, 缑迅杰, 徐泽水. 基于犹豫模糊语言集的决策理论与方法综述. 系统工程理论与实践, 2017, 37 (1)：35-48.

[5] Herrera F, Martínez L. A 2-tuple fuzzy linguistic representation model for computing with words. IEEE Transactions on Fuzzy Systems, 2000, 8(6)：746-752.

[6] Wang J H, Hao J Y. A new version of 2-tuple fuzzy linguistic representation model for computing with words. IEEE Transactions on Fuzzy Systems, 2006, 14(3)：435-445.

[7] 王坚强, 李婧婧. 多粒度直觉二元语义的多准则群决策方法. 科技信息, 2009, (33)：8-9.

[8] Liu P D, Jin F. Methods for aggregating intuitionistic uncertain linguistic variables and their application to group decision making. Information Sciences, 2012, 205：58-71.

[9] Rodríguez R M, Martínez L, Herrera F. Hesitant fuzzy linguistic term sets for decision making. IEEE Transactions on Fuzzy Systems, 2012, 20：109-119.

[10] Pang Q, Wang H, Xu Z S. Probabilistic linguistic term sets in multi-attribute group decision making. Information Sciences, 2016, 369：128-143.

[11] Herrera F, Herrera-Viedma E, Martínez L. A fusion approach for managing multi-granularity linguistic term sets in decision making. Fuzzy Sets and Systems, 2000, 114：43-58.

[12] Xu Z S. EOWA and EOWG operators for aggregating linguistic labels based on linguistic preference relations. International Journal of Uncertainty, Fuzziness and Knowledge-Based Systems, 2004, 12：791-810.

[13] Xu Z S. A method based on linguistic aggregation operators for group decision making with linguistic preference relations. Information Sciences, 2004, 166：19-30.

[14] Liao H C, Wu X L, Liang X D, et al. A continuous interval-valued linguistic ORESTE method for multi-criteria group decision making. Knowledge-Based Systems, 2018, 153：65-77.

[15] Wang J Q, Wu J T, Wang J, et al. Interval-valued hesitant fuzzy linguistic sets and their applications in multi-criteria decision-making problems. Information Sciences, 2014, 288：

55-72.
[16] Liao H C, Qin R, Gao C Y, et al. Score-HeDLiSF：a score function of hesitant fuzzy linguistic term set based on hesitant degrees and linguistic scale functions：an application to unbalanced hesitant fuzzy linguistic MULTIMOORA. Information Fusion, 2019, 48：39-54.
[17] Wu X L, Liao H C. A consensus-based probabilistic linguistic gained and lost dominance score method. European Journal of Operational Research, 2019, 272(3)：1017-1027.
[18] Wang H, Xu Z S, Zeng X J. Modeling complex linguistic expressions in qualitative decision making：an overview. Knowledge-Based Systems, 2018, 144：174-187.
[19] Xu Z S. Uncertain linguistic aggregation operators based approach to multiple attribute group decision making under uncertain linguistic environment. Information Sciences, 2004, 168(1/2/3/4)：171-184.
[20] Zhang G Q, Dong Y C, Xu Y F. Consistency and consensus measures for linguistic preference relations based on distribution assessments. Information Fusion, 2014, 17(1)：46-55.
[21] Meng F Y, Chen X H, Zhang Q. Multi-attribute decision analysis under a linguistic hesitant fuzzy environment. Information Sciences, 2014, 267：287-305.
[22] 朱斌. 基于偏好关系的决策方法及应用研究. 东南大学博士学位论文, 2014.
[23] Yang J B, Xu D L. Evidential reasoning rule for evidence combination. Artificial Intelligence, 2013, 205：1-29.
[24] Degani R, Bortolan G. The problem of linguistic approximation in clinical decision making. International Journal of Approximate Reasoning, 1988, 2(2)：143-162.
[25] Kaufmann A, Gupta M M. Fuzzy Mathematical Models in Engineering and Management Science. Amsterdam：Elsevier Science Publishers, 1988.
[26] Dubois D, Prade H. Fuzzy Sets and Systems：Theory and Applications. New York：Academic Press, 1980.
[27] Yager R R. Concepts, theory, and techniques—a new methodology for ordinal multiobjective decisions based on fuzzy sets. Decision Sciences, 1981, 12：589-600.
[28] Delgado M, Verdegay J L, Vila M A. On aggregation operations of linguistic labels. International Journal of Intelligent Systems, 1993, 8：351-370.
[29] Herrera F, Herrera-Viedma E, Verdegay J L. Direct approach processes in group decision making using linguistic OWA operators. Fuzzy Sets and Systems, 1996, 79：175-190.
[30] Wu X L, Liao H C. An approach to quality function deployment based on probabilistic linguistic term sets and ORESTE method for multi-expert multi-criteria decision making. Information Fusion, 2018, 43：13-26.
[31] Liao H C, Jiang L S, Lev B, et al. Novel operations of PLTSs based on the disparity degrees of linguistic terms and their use in designing the probabilistic linguistic ELECTRE Ⅲ method. Applied Soft Computing, 2019, 80：450-464.
[32] Zhang X F, Xu Z S, Ren P J. A novel hybrid correlation measure for probabilistic linguistic term sets and crisp numbers and its application in customer relationship management. International Journal of Information Technology & Decision Making, 2019, 18(2)：673-694.

[33] Song Y M, Li G X. A large-scale group decision-making with incomplete multi-granular probabilistic linguistic term sets and its application in sustainable supplier selection. Journal of the Operational Research Society, 2019, 70(5)：827-841.
[34] Fang R, Liao H C, Yang J B, et al. Generalised probabilistic linguistic evidential reasoning approach for multi-criteria decision-making under uncertainty. Journal of the Operational Research Society, 2021, 72(1)：130-144.
[35] Liao H C, Mi X M, Xu Z S. A survey of decision-making methods with probabilistic linguistic information：bibliometrics, preliminaries, methodologies, applications and future directions. Fuzzy Optimization and Decision Making, 2020, 19(1)：81-134.
[36] Mi X M, Liao H C, Wu X L, et al. Probabilistic linguistic information fusion：a survey on aggregation operators in terms of principles, definitions, classifications, applications and challenges. International Journal of Intelligent Systems, 2020, 35(3)：529-556.
[37] Wu X L, Liao H C, Xu Z S, et al. Probabilistic linguistic MULTIMOORA：a multicriteria decision making method based on the probabilistic linguistic expectation function and the improved Borda rule. IEEE Transactions on Fuzzy Systems, 2018, 26(6)：3688-3702.
[38] Zhang Y X, Xu Z S, Wang H, et al. Consistency-based risk assessment with probabilistic linguistic preference relation. Applied Soft Computing, 2016, 49：817-833.
[39] Gou X J, Xu Z S. Novel basic operational laws for linguistic terms, hesitant fuzzy linguistic term sets and probabilistic linguistic term sets. Information Sciences, 2016, 372：407-427.
[40] Farhadinia B, Xu Z S. Ordered weighted hesitant fuzzy information fusion-based approach to multiple attribute decision making with probabilistic linguistic term sets. Fundamenta Informaticae, 2018, 159：361-383.
[41] Bai C Z, Zhang R, Qian L X, et al. Comparisons of probabilistic linguistic term sets for multi-criteria decision making. Knowledge-Based Systems, 2017, 119(C)：284-291.
[42] Liu P D, Li Y. The PROMETHEE Ⅱ method based on probabilistic linguistic information and their application to decision making. Informatica, 2018, 29(2)：303-320.
[43] Chen S J, Hwang C L. Fuzzy Multiple Attribute Decision Making. Berlin：Springer, 1992.
[44] Hwang C L, Yoon K. Multiple Attribute Decision Making. Berlin：Springer, 1981.
[45] Roy B. Multicriteria Methodology for Decision Aiding. Berlin：Kluwer Academic Publishers, 1996.
[46] Krantz D H, Luce R D, Suppes P. Foundations of Measurement, Volume Ⅰ：Additive and Polynomial Representations. New York：Academic Press, 1971.
[47] Opricovic S. Multicriteria optimization of civil engineering systems. Belgrade：PhD Thesis, Faculty of Civil Engineering, 1998.
[48] Liao H C, Wu X L, Herrera F. DNBMA：a double normalization-based multi-aggregation method//Medina J, Ojeda-Aciego M, Verdegay J L, et al. Information Processing and Management of Uncertainty in Knowledge-Based Systems：Applications. Cham: Springer, 2018: 63-73.
[49] Liao H C, Wu X L. DNMA：a double normalization-based multiple aggregation method for

multi-expert multi-criteria decision making. Omega, 2020, 94：102058.

[50] Roy B. Classement et choix en présence de points de vue multiples. Revue Française d'Informatique et de Recherche Opérationnelle, 1968, 2(8): 57-75.

[51] Brans J P, Vincke P. Note—A preference ranking organisation method: the PROMETHEE method for multiple criteria decision making. Management Science, 1985, 31：647-656.

[52] Liao H C, Yu J Y, Wu X L, et al. Life satisfaction evaluation in earthquake-hit area by the probabilistic linguistic GLDS method integrated with the logarithm-multiplicative analytic hierarchy process. International Journal of Disaster Risk Reduction, 2019, 38：101190.

[53] Dyer J S, Smith J E. Innovations in the science and practice of decision analysis：the role of management science. Management Science, 2021, 67(9)：5301-5967.

[54] Fishburn P C. Utility Theory for Decision Making. New York：Wiley, 1970.

[55] Figuera J, Greco S, Ehrgott M. Multiple Criteria Decision Analysis: State of the Art Surveys. New York：Springer, 2005.

[56] Keeney R L, Raiffa H. Decisions with Multiple Objectives：Preference and Value Tradeoffs. New York：John Wiley & Sons, 1976.

[57] Roy B. Problems and methods with multiple objective functions. Mathematical Programming, 1971, 1(1)：239-266.

[58] Jacquet-Lagreze E, Siskos J. Assessing a set of additive utility functions for multicriteria decision-making, the UTA method. European Journal of Operational Research, 1982, 10(2)：151-164.

[59] Choquet G. Theory of capacities. Annales de l'Institut Fourier, 1954, 5：131-295.

[60] Mayag B, Bouyssou D. Necessary and possible interaction between criteria in a 2-additive Choquet integral model. European Journal of Operational Research, 2020, 283：308-320.

[61] Saaty T L. A scaling method for priorities in hierarchical structures. Journal of Mathematical Psychology, 1977, 15：234-281.

[62] Roubens M. Preference relations on actions and criteria in multicriteria decision making. European Journal of Operational Research, 1982, 10(1)：51-55.

[63] Liao H C, Wu X L, Liang X D, et al. A new hesitant fuzzy linguistic ORESTE method for hybrid multicriteria decision making. IEEE Transactions on Fuzzy Systems, 2018, 26(6)：3793-3807.

[64] Li J L, Luo L, Wu X L, et al. Prioritizing the elective surgery patient admission in a Chinese public tertiary hospital using the hesitant fuzzy linguistic ORESTE method. Applied Soft Computing, 2019, 78：407-419.

[65] Brauers W K M, Zavadskas E K. Project management by MULTIMOORA as an instrument for transition economies. Ukio Technologinis Ir Ekonominis Vystymas, 2010, 16(1)：5-24.

[66] Dong L, Gu X, Wu X L, et al. An improved MULTIMOORA method with combined weights and its application in assessing the innovative ability of universities. Expert Systems, 2019, 36(2)：e12362.

[67] Rezaei J. Best-worst multi-criteria decision-making method. Omega, 2015, 53：49-57.

[68] Govindan K, Jepsen M B. ELECTRE：a comprehensive literature review on methodologies and

applications. European Journal of Operational Research, 2016, 250(1)：1-29.

[69] Pan L, Ren P J, Xu Z S. Therapeutic schedule evaluation for brain-metastasized non-small cell lung cancer with a probabilistic linguistic ELECTRE Ⅱ method. International Journal of Environmental Research and Public Health, 2018, 15(9)：1799.

[70] Wu X L, Zhang C, Jiang L S, et al. An integrated method with PROMETHEE and conflict analysis for qualitative and quantitative decision-making：case study of site selection for wind power plants. Cognitive Computation, 2020, 12：100-114.

[71] Gomes L F A M, Lima M M P P. TODIM：basic and application to multicriteria ranking of projects with environmental impacts. Foundations of Computing and Decision Sciences, 1991, 16：113-127.

[72] Liu P D, You X L. Probabilistic linguistic TODIM approach for multiple attribute decision-making. Granular Computing, 2017, 2(4)：333-342.

[73] Zhang Y X, Xu Z S, Liao H C. Water security evaluation based on the TODIM method with probabilistic linguistic term sets. Soft Computing, 2019, 23：6215-6230.

[74] Liang W Z, Luo S Z, Zhao G Y. Evaluation of cleaner production for gold mines employing a hybrid multi-criteria decision making approach. Sustainability, 2018, 11：1-20.

[75] Liu P D, Teng F. Probabilistic linguistic TODIM method for selecting products through online product reviews. Information Sciences, 2019, 485：441-455.

[76] Feng X Q, Liu Q, Wei C P. Probabilistic linguistic QUALIFLEX approach with possibility degree comparison. Journal of Intelligent & Fuzzy Systems, 2019, 36(1)：719-730.

[77] Ming Y, Luo L, Wu X L, et al. Managing patient satisfaction in a blood-collection room by the probabilistic linguistic gained and lost dominance score method integrated with the best-worst method. Computers & Industrial Engineering, 2020, 145：106547.

[78] Xie W Y, Xu Z S, Ren Z L, et al. Probabilistic linguistic analytic hierarchy process and its application on the performance assessment of Xiongan new area. International Journal of Information Technology & Decision Making, 2018, 17(6)：1693-1724.

[79] Lin M W, Xu Z S. Probabilistic linguistic distance measures and their applications in multi-criteria group decision making//Collan M, Kacprzyk J. Soft Computing Applications for Group Decision-Making and Consensus Modeling. Cham: Springer, 2017: 411-440.

[80] Liao H C, Xu Z S, Zeng X J. Distance and similarity measures for hesitant fuzzy linguistic term sets and their application in multi-criteria decision making. Information Sciences, 2014, 271：125-142.

[81] Zhang X F, Gou X J, Xu Z S, et al. A projection method for multiple attribute group decision making with probabilistic linguistic term sets. International Journal of Machine Learning and Cybernetics, 2019, 10：2515-2528.

[82] de Luca A, Termini S. A definition of a nonprobabilistic entropy in the setting of fuzzy sets theory. Information and Control, 1972, 20：301-312.

[83] Al-Sharhan S, Karray F, Gueaieb W, et al. Fuzzy entropy: a brief survey. 10th IEEE International Conference on Fuzzy Systems, 2001.

[84] Pal N R, Bezdek J C. Measuring fuzzy uncertainty. IEEE Transactions on Fuzzy Systems, 1994, 2(2)：107-118.

[85] Farhadinia B. Determination of entropy measures for the ordinal scale-based linguistic models. Information Sciences, 2016, 369：63-79.

[86] Gou X J, Xu Z S, Liao H C. Hesitant fuzzy linguistic entropy and cross-entropy measures and alternative queuing method for multiple criteria decision making. Information Sciences, 2017, 388/389：225-246.

[87] Zhao N, Xu Z S, Liu F J. Uncertainty measures for hesitant fuzzy information. International Journal of Intelligent Systems, 2015, 30(7)：818-836.

[88] Liu H B, Jiang L, Xu Z S. Entropy measures of probabilistic linguistic term sets. International Journal of Computational Intelligence Systems, 2018, 11：45-57.

[89] Torra V. Hesitant fuzzy sets. International Journal of Intelligent Systems, 2010, 25(6)：529-539.

[90] Wu X L, Liao H C, Lev B, et al. A multiple criteria decision-making method with heterogeneous linguistic expressions. IEEE Transactions on Engineering Management, 2021, (99)：1-14.

[91] Parreiras R O, Ekel P Y, Martini J S C, et al. A flexible consensus scheme for multicriteria group decision making under linguistic assessments. Information Sciences, 2010, 180：1075-1089.

[92] Yager R R. The power average operator. IEEE Transactions on Systems, Man, and Cybernetics - Part A：Systems and Humans, 2001, 31：724-731.

[93] Xu Z S, Yager R R. Power-geometric operators and their use in group decision making. IEEE Transactions on Fuzzy Systems, 2010, 18：94-105.

[94] Xu Y J, Merigó J M, Wang H M. Linguistic power aggregation operators and their application to multiple attribute group decision making. Applied Mathematical Modelling, 2012, 36：5427-5444.

[95] Zhou L G, Chen H Y. A generalization of the power aggregation operators for linguistic environment and its application in group decision making. Knowledge-Based Systems, 2012, 26：216-224.

[96] Zhu C X, Zhu L, Zhang X Z. Linguistic hesitant fuzzy power aggregation operators and their applications in multiple attribute decision-making. Information Sciences, 2016, 367/368：809-826.

[97] Kobina A, Liang D C, He X. Probabilistic linguistic power aggregation operators for multi-criteria group decision making. Symmetry, 2017, 9(12)：320.

[98] 刘亚楠. 共享单车发展研究分析. 时代金融, 2017, 8：251, 254.

[99] 赵丽, 国晓丽. 我国共享单车的用户体验研究——基于摩拜单车、ofo 以及政府公共自行车用户的调查. 时代经贸, 2018, (12)：17-18.

[100] Lai Y J, Liu T Y, Hwang C L. TOPSIS for MODM. European Journal of Operational Research, 1994, 76(3)：486-500.

[101] Jahan A, Mustapha F, Ismail M Y, et al. A comprehensive VIKOR method for material selection. Materials & Design, 2011, 32：1215-1221.

[102] Salih M M, Zaidan B B, Zaidan A, et al. Survey on fuzzy TOPSIS state-of-the-art between

2007 and 2017. Computers & Operations Research, 2019, 104：207-227.

[103] Hadi-Vencheh A, Mirjaberi M. Fuzzy inferior ratio method for multiple attribute decision making problems. Information Sciences, 2014, 277：263-272.

[104] Gul M, Celik E, Aydin N, et al. A state of the art literature review of VIKOR and its fuzzy extensions on applications. Applied Soft Computing, 2016, 46：60-89.

[105] Zhang X L, Xing X M. Probabilistic linguistic VIKOR method to evaluate green supply chain initiatives. Sustainability, 2017, 9(7)：1231.

[106] Tang C X, Zhang Y C, Chen L P, et al. The growth of private hospitals and their health workforce in China：a comparison with public hospitals. Health Policy and Planning, 2014, 29(1)：30-41.

[107] Wu X L, Liao H C, Al-Barakati A. Operations on hybrid linguistic representations. 2019 IEEE International Conference on Fuzzy Systems (FUZZ-IEEE), 2019.

[108] Ou-Yang Y P, Shieh H M, Leu J D, et al. A VIKOR-based multiple criteria decision method for improving information security risk. International Journal of Information Technology & Decision Making, 2009, 8(2)：267-287.

[109] Golec A, Kahya E. A fuzzy model for competency-based employee evaluation and selection. Computers & Industrial Engineering, 2007, 52：143-161.

[110] Dursun M, Karsak E E. A fuzzy MCDM approach for personnel selection. Expert Systems with Applications, 2010, 37(6)：4324-4330.

[111] Lin H T. Personnel selection using analytic network process and fuzzy data envelopment analysis approaches. Computers & Industrial Engineering, 2010, 59(4)：937-944.

[112] Dağdeviren M. A hybrid multi-criteria decision-making model for personnel selection in manufacturing systems. Journal of Intelligent Manufacturing, 2010, 21(4)：451-460.

[113] 刘宗劳. Fuzzy 方法在科技人才考评中的应用. 汽车科技, 2004, (4)：59-62.

[114] 贾明媚, 张兰霞, 付竞瑶, 等. 基于竞优评析的高层次科技人才评价. 科技进步与对策, 2017, 34(16)：120-125.

[115] 赵伟, 包献华, 屈宝强, 等. 创新型科技人才分类评价指标体系构建. 科技进步与对策，2013, 30(16)：113-117.

[116] Chang C L. Evaluation of basin environmental vulnerability：the weighted method compared to the compromise method. International Journal of Environmental Science and Technology, 2013, 10：1051-1056.

[117] Vahdani B, Mousavi S M, Hashemi H, et al. A new compromise solution method for fuzzy group decision-making problems with an application to the contractor selection. Engineering Applications of Artificial Intelligence, 2013, 26(2)：779-788.

[118] Opricovic S, Tzeng G H. Compromise solution by MCDM methods：a comparative analysis of VIKOR and TOPSIS. European Journal of Operational Research, 2004, 156(2)：445-455.

[119] Brauers W K M, Zavadskas E K. The MOORA method and its application to privatization in a transition economy. Control and Cybernetics, 2006, 35(2)：445-469.

[120] Chakraborty S. Applications of the MOORA method for decision making in manufacturing

environment. The International Journal of Advanced Manufacturing Technology, 2011, 54: 1155-1166.

[121] Brauers W K M, Zavadskas E K. Multimoora optimization used to decide on a bank loan to buy property. Technological and Economic Development of Economy, 2011, 17(1): 174-188.

[122] Altuntas S, Dereli T, Yilmaz M K. Evaluation of excavator technologies: application of data fusion based MULTIMOORA methods. Journal of Civil Engineering and Management, 2015, 21(8): 977-997.

[123] Dorfeshan Y, Mousavi S M, Mohagheghi V, et al. Selecting project-critical path by a new interval type-2 fuzzy decision methodology based on MULTIMOORA, MOOSRA and TPOP methods. Computers & Industrial Engineering, 2018, 120: 160-178.

[124] Chen X, Zhao L, Liang H M. A novel multi-attribute group decision-making method based on the MULTIMOORA with linguistic evaluations. Soft Computing, 2018, 22: 5347-5361.

[125] Hafezalkotob A, Hafezalkotob A, Liao H C, et al. An overview of MULTIMOORA for multi-criteria decision-making: Theory, developments, applications, and challenges. Information Fusion, 2019, 51: 145-177.

[126] Karande P, Chakraborty S. Application of multi-objective optimization on the basis of ratio analysis (MOORA) method for materials selection. Materials & Design, 2012, 37: 317-324.

[127] Hafezalkotob Arian, Hafezalkotob Ashkan, Liao H C, et al. Interval MULTIMOORA method integrating interval Borda rule and interval bestworst-method-based weighting model: case study on hybrid vehicle engine selection. IEEE Transactions on Cybernetics, 2020, 50(3): 1157-1169.

[128] 杨季美，史本山．群体评价中的并合方法．系统工程理论与实践, 1992, (1): 49-51, 13.

[129] Brusche L A. Gaps in academic literature on venture capitalists' decision-making on funding for early-stage, high-tech ventures. Technology Transfer and Entrepreneurship, 2016, 3(2): 82-89.

[130] Edwards W, Barron F H. SMARTS and SMARTER: improved simple methods for multiattribute utility measurement. Organizational Behavior and Human Decision Processes, 1994, 60(3): 306-325.

[131] Jahan A, Edwards K L. A state-of-the-art survey on the influence of normalization techniques in ranking: improving the materials selection process in engineering design. Materials & Design (1980—2015), 2015, 65: 335-342.

[132] Jahan A, Bahraminasab M, Edwards K L. A target-based normalization technique for materials selection. Materials & Design, 2012, 35: 647-654.

[133] Hafezalkotob A, Hafezalkotob A. Comprehensive MULTIMOORA method with target-based attributes and integrated significant coefficients for materials selection in biomedical applications. Materials & Design, 2015, 87: 949-959.

[134] Belton V, Gear T. The legitimacy of rank reversal—a comment. Omega, 1985, 13(3): 143-144.

[135] Duckstein L, Opricovic S. Multiobjective optimization in river basin development. Water Resources Research, 1980, 16(1): 14-20.

[136] 李宝平, 高诗明, 王睿, 等. 层次权重决策分析法在浅埋隧道开挖方法选择中的应用. 隧道建设, 2013, 33(9)：726-730.

[137] Xu Y J, Da Q L. Standard and mean deviation methods for linguistic group decision making and their applications. Expert Systems with Applications, 2010, 37(8): 5905-5912.

[138] Lootsma F A. Scale sensitivity in the multiplicative AHP and SMART. Journal of Multi-Criteria Decision Analysis, 1993, 2(2)：87-110.

[139] Mi X M, Tang M, Liao H C, et al. The state-of-the-art survey on integrations and applications of the best worst method in decision making: why, what, what for and what's next?. Omega, 2019, 87: 205-225.

[140] Zhang C, Wu X L, Wu D, et al. An intuitionistic multiplicative ORESTE method for patients' prioritization of hospitalization. International Journal of Environmental Research and Public Health, 2018, 15(4)：777.

[141] French S, Hartley R, Thomas L C, et al. Multi-Objective Decision Making: Based on the Proceedings of a Conference on Multi-Objective Decision Making. New York: Academic Press, 1983.

[142] Bakker K. Water security：research challenges and opportunities. Science, 2012, 337：914-915.

[143] Schneider K, Turner J L, Jaffe A, et al. Choke point China：confronting water scarcity and energy demand in the world's largest country. Vermont Journal of Environmental Law, 2011, 12：713-734.

[144] van Leeuwen C J, Frijns J, van Wezel A, et al. City blueprints：24 indicators to assess the sustainability of the urban water cycle. Water Resources Management, 2012, 26：2177-2197.

[145] Wolfslehner B, Vacik H. Evaluating sustainable forest management strategies with the analytic network process in a Pressure-State-Response framework. Journal of Environmental Management, 2008, 88(1)：1-10.

[146] Kim S H, Ahn B S. Interactive group decision making procedure under incomplete information. European Journal of Operational Research, 1999, 116(3)：498-507.

[147] Gibbon J. Scalar expectancy theory and Weber's law in animal timing. Psychological Review, 1977, 84(3)：279-325.

[148] Wu X L, Liao H C, Zavadskas E K, et al. 2022. A probabilistic linguistic VIKOR method to solve MCDM problems with inconsistent criteria for different alternatives. Technological and Economic Development of Economy, 28(2)：559-580.

附　录

部分符号说明如下。

$A=\{a_1,a_2,\cdots,a_m\}$	方案集
$C=\{c_1,c_2,\cdots,c_n\}$	属性集
$E=\{e_1,e_2,\cdots,e_Q\}$	专家集
$i,t=1,2,\cdots,m$	方案的数目
$j,v,k=1,2,\cdots,n$	属性的数目
w_i（$i=1,2,\cdots,n$）	属性权重
γ_q（$q=1,2,\cdots,Q$）	专家权重
$S=\{s_{-\tau},\cdots,s_\tau\}$或$\{s_0,\cdots,s_g\}$	语言术语集
$f(s_\alpha)$	语言标度函数
$h_S(p)$，$h_S^{ij}(p)$	概率语言数
$\hat{h}_S(p)$，$\hat{h}_S^{ij}(p)$	标准概率语言数
$h_S^*(p)$，$h_S^{*ij}(p)$	调整概率的概率语言数
$E\left(h_S(p)\right)$	概率语言数的得分值
$\sigma\left(h_S(p)\right)$	概率语言数的离差值
$d\left(h_S^i(p),h_S^v(p)\right)$	概率语言数的距离测度
$\rho\left(h_S^i(p),h_S^v(p)\right)$	概率语言数的相似性测度
$R\left(H_{S_j}^j(p),H_{S_t}^t(p)\right)$	概率语言术语集的关联测度
$U(h_S(p))$	概率语言数的熵测度
$h_S^{ij}(p)$	方案a_i在属性c_j下的概率语言数
x^{ij}	方案a_i在属性c_j下的区间数
$D=\left[h_S^{ij}(p)\right]_{m\times n}$	概率语言决策矩阵
$\hat{D}=\left[\hat{h}_S^{ij}(p)\right]_{m\times n}$	标准化的概率语言决策矩阵

$D_N = \left[N(a_{ij})\right]_{m\times n}$	概率语言标准化的决策矩阵
$D_N^{\text{lin}} = \left[N^{\text{lin}}(a_{ij})\right]_{m\times n}$	概率语言线性标准化的决策矩阵
$D_N^{\text{vec}} = \left[N^{\text{vec}}(a_{ij})\right]_{m\times n}$	概率语言向量标准化的决策矩阵
$D^{\text{hyb}} = \left[h_S^{ij}(p), x^{ij'}\right]_{m\times n}$	混合决策矩阵
$h_S^{j*}(p)$	属性 c_j 下的目标值
$h_S^{j+}(p)$	属性 c_j 下的最优值
$h_S^{j-}(p)$	属性 c_j 下的最劣值
a^+	正理想解
a^-	负理想解
$v(x^{ij})$	方案 a_i 在属性 c_j 下的值函数
$u(a_i)$	方案 a_i 的效用值
$r(a_i)$	方案 a_i 的排序
$\text{PD} = \left(h_S^{jv}(p)\right)_{n\times n}$	概率语言判断矩阵